Dietz
Taschen
buch 9

Alexander
von Plato

"Der Verlierer geht nicht leer aus"
Betriebsräte geben zu Protokoll

Verlag J.H.W. Dietz Nachf.

ISBN 3-8012-3009-0
Copyright © 1984 by Verlag J.H.W. Dietz Nachf. GmbH
Berlin · Bonn
Godesberger Allee 143, D-5300 Bonn 2
Lektorat: Charles Schüddekopf
Umschlag: Karl Debus, Bonn
Satz: Satzstudio Hülskötter, Burscheid-Dürscheid
Druck und Verarbeitung: J. Ebner, Graphische Betriebe, Ulm
Alle Rechte vorbehalten
Printed in Germany 1984

Inhalt

Vorbemerkung 9

I. Erfahrungen aus Nationalsozialismus und Krieg 13

  1. Von den Alten, die nicht die Alten blieben. 13

    a) „Ich habe meine Ehre nicht befleckt" oder vom Versuch,
    im alten Milieu zu überleben.
    (Walter Fausts Lebensgeschichte) 13

    b) „Und stell Dir vor — den haben sie abtransportiert
    ins KZ Bergermoor" oder von der Angst der Altaktiven.
    (Albert Uriczeks Lebensgeschichte) 15

    c) „Auf niemanden konnte man sich mehr verlassen"
    oder von umgefallenen Genossen und dem verlorenen
    Vertrauen in Nachbarn, Freunde und Kollegen.
    (Marga Bergers Lebensgeschichte) 17

    d) „In der Pause haben wir zusammen gebuttert" oder
    vom Betrieb als begrenztem Refugium.
    (Jan Wesels Lebensgeschichte) 21

    e) „Mir konnten sie nix, weil ich ein guter Arbeiter war"
    oder vom Arbeitsstolz und vom Schutz durch
    qualifizierte Arbeit.
    (Ernst Steckers Lebensgeschichte) 23

    f) „Ich hatte vierzig Fremdarbeiter unter mir" oder von
    Unterschleiferfahrungen.
    (Horst Fromms Lebensgeschichte) 28

    g) „In Zukunft gemeinsam marschieren und vereint
    schlagen" oder über die Erfahrung der Gemein-
    samkeiten zwischen Christen, Kommunisten und
    Sozialdemokraten.
    (Alexander Stoppoks Lebensgeschichte) 34

    h) „Kapitalist ist nicht gleich Kapitalist" oder von
    klassenübergreifenden Gemeinschaftserfahrungen.
    (Anton Cronenbergs Lebensgeschichte) 36

i) „Krieg ist nichts für den kleinen Mann" oder vom
„Glückhaben" im Krieg.
(Klaus Woiwods Lebensgeschichte) 39

k) „So viel Geld auf einmal" oder von sozialen
Attraktionen des Nationalsozialismus.
(Hermann Kaisers Lebensgeschichte) 46

l) Zwischenbilanz 50

2. „. . . Unsere Generation war auch nicht schlechter
als andere" — die Jungen 52

a) „Der Arbeiter war ja der höchste Adel, den Sie da
erringen konnten" oder von individuellen Aufstiegen
in neuer Gemeinschaft.
(Gisbert Pohls Lebensgeschichte) 52

b) „Das war nichts für mich. Ich konnte keinen
Kommando-Ton herausbringen" oder von
persönlichen Abneigungen.
(Gerda Gehrmanns Lebensgeschichte) 57

c) „Ich mußte mich immer irgendwo beteiligen" oder
von den alten und den neuen Gemeinschaften.
(Emil Oppelns Lebensgeschichte) 62

d) „Ich lag immer etwas über dem Durchschnitt" oder
vom Arbeitsstolz und von Militarisierungs-
Erfahrungen am Arbeitsplatz, in der Schule und
an der Front.
(Hans Müllers Lebensgeschichte) 70

e) „Wir wollten die Welt erobern — ist bloß schiefgegangen" oder von den Kriegserfahrungen.
(Paul Kellers Lebensgeschichte) 75

f) „Recycling — das hatten wir schon bei den Nazis"
oder über soziale Attraktionen.
(Heinz Geders Lebensgeschichte) 85

g) Zwischenbilanz 88

II. Erfahrungen der unmittelbaren Nachkriegszeit............. 93

1. „Nichts galt mehr" oder vom Durchschlagen durch die
   Nachkriegsnot bei Jung und Alt.
   (Erich Bergers Lebensgeschichte) 93

2. „Im Betrieb waren keine Chefs" oder von einigen
   besonderen Erfahrungen der „Alten" aus der
   unmittelbaren Nachkriegszeit.
   (Klarissa Leibolds Lebensgeschichte) 102

3. „Zuerst einmal von Politik die Schnauze voll" oder die
   Jungen in der ersten Nachkriegszeit zwischen Lethargie
   und gewerkschaftlichem Aktivismus.
   (Adolf Gerlachs Lebensgeschichte) 113

III. Zum Aktions- und Sozialprofil der Betriebsräte in den
     Fünfziger Jahren..................................... 124

1. „Wie ist die Zeit damals über uns weggerollt" oder von
   den ambivalent erfahrenen Niederlagen der Nachkriegszeit bis zum Betriebsverfassungsgesetz von 1952.
   (Helmut Krämers Lebensgeschichte) 124

2. „Zeiten, wo man politisch resignierte, aber nicht persönlich"
   oder von der Loslösung der politischen Opposition von
   der privaten Wohlstandserfahrung.
   (Klaus Gerbers Lebensgeschichte) 136

IV. Zu einigen heutigen Haltungen der Betriebsräte 144

1. „Was wäre ohne uns?" oder von der eigenen Rolle in der
   Geschichte der Bundesrepublik.
   (Erwin Fennes Lebensgeschichte) 144

2. „Überall in der Welt herrscht das Rentabilitätsprinzip"
   oder vom Verhältnis des Einzelbetriebs zur Gesamtge-
   sellschaft.
   (Werner Jabels Lebensgeschichte)..................... 155

3. „Die wußten, die machen das schon für Dich" —
   zum Stellvertreterbewußtsein.
   (Undine Ravens Lebensgeschichte) 171

4. „Ganz oben und Prolet geblieben?" oder über vertikale
   und horizontale Dichotomie.
   (Konrad Vogels Lebensgeschichte) 180

V. Zusammenfassung.................................... 188

Nachtrag 204

Anmerkungen 207

Vorbemerkung

Lebensberichte großer Persönlichkeiten gibt es reichlich, obwohl die Personen — nicht nur nach eigener Einschätzung — Raritäten sind. Umgekehrt gibt es Arbeiter und Arbeiterinnen „massenhaft", aber die Zahl ihrer Biografien ist spärlich. Dieses Buch kann ein solches Mißverhältnis nicht ändern, aber es soll Berichte von Arbeitern und Arbeiterinnen über ihre Lebenswege und ihre Tätigkeit wiedergeben und analysieren, die sie Historikern gegenüber geäußert haben[1]. Sie wurden zwischen 1899 und 1930 geboren und haben in der Nachkriegszeit im Ruhrgebiet Funktionen im Betriebsrat und in der Gewerkschaft eingenommen; die meisten sind im Laufe ihrer politischen Entwicklung zur Sozialdemokratie gestoßen, auch wenn viele früher eine andere politische Heimat besaßen.

Gewerkschaftlich organisierte Betriebsräte wurden zu einer der wichtigsten Basiseliten der Bundesrepublik. Sie kamen aus zumeist sehr armen Verhältnissen und gelangten in hohe einige sogar in höchste Positionen im Betrieb, in der Wirtschaft, in den Parteien, in sozialen Institutionen oder im Staat. Ihrer eigenen Bedeutung sind sie sich sehr bewußt.

> „Wir haben die Bundesrepublik, wie sie heute ist, mit aufgebaut. Aber davon steht hier in Büchern nichts, aber auch nicht eine Zeile drin, von dem, was der Betriebsrat geleistet hat, für die Firma und die Stadt. Und deswegen möchte ich Sie bitten, das in Ihre Betrachtungen mit einzubeziehen. Das soll ja der Nachwelt auch erhalten bleiben."

Folgt man der Geschichtsschreibung über die Gewerkschaften, so begann für sie nach 1945 eine neue Zeitrechnung: organisatorisch gesehen schien 1945 — zweifelhaft genug — die „Stunde Null". Folgt man jedoch den Lebensgeschichten der Gewerkschafter selbst, so gab es diese „Stunde Null" nicht, denn sie alle hatten vor dieser neuen Zeitrechnung gelebt. So banal diese Feststellung ist, so wenig wurde sie dennoch gerade in der Beschreibung der Gewerkschaftsgeschichte beachtet. Anhand der Geschichten dieser Personen läßt sich nachzeichnen, welche Erfahrungen sie aus der Weimarer Republik, dem Nationalsozialismus, dem Krieg und der unmittelbaren Nachkriegszeit mitbrachten und welche Bedeutung diese Erfahrungen für ihre Tätigkeit im Betrieb, in der Gewerkschaft, in der Sozialdemokratie und für ihr Verhältnis zur Bundesrepublik hatten. Ihre Geschichten können auch zeigen, wie unterschiedlich diese Erfahrungen je nach Altersgruppe, politischer Herkunft, Konfession oder Geschlecht aussahen: Waren die Älteren beispielsweise noch von der Zeit der Weimarer

Republik oder gar des Kaiserreichs geprägt, so sind die Jüngeren im Nationalsozialismus aufgewachsen und vor allem von der Hitler-Jugend (HJ) und dem Bund Deutscher Mädchen (BDM) in den Griff genommen worden. Waren während der Weimarer Republik das katholische Zentrum und die KPD im Ruhrgebiet die dominanten politischen Parteien in der Arbeiterklasse, so wurde dies die SPD in der weiteren Nachkriegszeit.[2]

Mit unterschiedlichen Voraussetzungen gingen diese Personen also an die Reorganisation ihres privaten Lebens und an den Aufbau der Betriebe, der Gewerkschaften, der Parteien und „mitbestimmter Institutionen" der Nachkriegszeit. Ihre Geschichten können einen Beitrag zur Untersuchung der Bewußtseinslage von Arbeitern und Arbeiterinnen und ihrer Funktionsträger in der Nachkriegszeit im Westen Deutschlands liefern.

Über diese Erfahrungsgeschichte wurde bisher wenig geschrieben oder nur weitgehend spekuliert. Meistens wird vom Wahlverhalten oder von der politisch-sozialen Entwicklung auf das Bewußtsein „der" Bevölkerung zurückgeschlossen. Deshalb sollen hier die befragten Personen selbst zu Wort kommen. Es wäre jedoch ein umgekehrter Fehler, würde man nun die Berichte der Interviewpartner als „die wirkliche Geschichte" nehmen, also Geschichte auf Erfahrungsgeschichte reduzieren und die Ergebnisse der Forschung zur Geschichte der Gewerkschaften und der Betriebsräte in der Nachkriegszeit[3] unberücksichtigt lassen.

Politik- und organisationsgeschichtliche Arbeiten und die Auswertung örtlicher Betriebsrats- und Gewerkschaftsakten beispielsweise zeigen anschaulich die große Bedeutung der Alliierten für die Nachkriegspolitik auch der Gewerkschaften und der Betriebsräte; insbesondere zeigt sich, daß die britischen Besatzungsbehörden in Nordrhein und Westfalen nur einen verzögerten Aufbau der Gewerkschaften auf örtlicher und regionaler Ebene zuließen. Die wichtigen Weichenstellungen sind von den Alliierten getroffen worden. Aber diese Weichenstellungen bis hin zur Teilung Deutschlands und der deutschen Gewerkschaftsbewegung hätten sicher nicht — wie geschehen — zum Erfolg geführt, wenn nicht auch in den Köpfen der Arbeiter und Arbeiterinnen und ihrer Funktionäre Veränderungen stattgefunden hätten.

Auch der Dominanzwechsel im Ruhrgebiet (wie auch in einigen anderen industriellen Ballungszentren) von den früher bestimmenden Parteien der KPD und dem katholischen Zentrum zur Sozialdemokratie der Nachkriegszeit ist nicht allein erklärbar durch die auseinanderfallenden Interessen der Siegermächte und ihrer Politik, denn die KPD hatte bereits in den Wahlen von 1946 — also vor Beginn des Kalten Krieges — geringeren Einfluß als vor 1933.[4] Und der Kalte Krieg wie auch die Wiedererstarkung des Kapitalismus in den Westzonen bzw. der Bundesrepublik hätten nicht so durchschlagend sein können, wenn neben Elementen der Ablehnung dieser Entwicklung nicht auch Konsenselemente in der Arbeiterschaft wirkungsvoll gewesen wären.

Schaut man sich die Wahlen zu den Betriebsräten und zu den Gewerkschaftsdelegierten[5] sowie die großen Demonstrationen und Hungermärsche von 1946 bis 1948 an[6], dann scheint es in der unmittelbaren Nachkriegszeit eine lebendige, wirkungsvolle politische Bewegung unter „linker Hegemonie" gegeben zu haben, während nach 1948 die großen politischen Fragen und Forderungen wie zum Beispiel zur Einheit Deutschlands, zur Sozialisierung oder zur überbetrieblichen Mitbestimmung nicht mehr die Rolle gespielt haben wie in den Jahren zuvor.

Es stellt sich also die Frage nach der „Tiefe" wie nach der Bedeutung der „großen Politik" auf Regierungsebene für Arbeiter und Arbeiterinnen in der Nachkriegsentwicklung. War ihnen diese Bedeutung bewußt, wie es politikgeschichtliche Ergebnisse nahelegen? Oder entwickelten sich parteipolitische Wahlentscheidungen nach anderen als den „großen" politischen Erfahrungen? Die Beantwortung dieser Fragen ist nicht allein durch politik-, organisations- und sozialgeschichtliche Untersuchungen möglich, sondern bedarf der Untersuchung der Verarbeitung von Erfahrungen.

Die großen gesellschaftlichen Umwälzungen, verursacht durch die Weltwirtschaftskrise, den Nationalsozialismus, den Krieg und die Nachkriegsnot wie durch die Bergbaukrise Ende der fünfziger Jahre, als die Sozialdemokratie zur bestimmenden Partei dieser Region wurde, können nicht ohne tiefgehende Änderungen im Bewußtsein der Beteiligten geblieben sein. Denn die SPD mußte in dieser Region Wählerschaften der Christen und Kommunisten und sogar national bis nationalsozialistisch orientierte Arbeiter und besonders Angestellte angesprochen haben; darüber hinaus mußte sie auch diejenigen aus der jüngeren Generation gewonnen haben, die im Nationalsozialismus ihre ersten öffentlichen Erfahrungen gemacht hatten. Deshalb stellt sich die Frage nach den Gründen und den Auswirkungen dieser Umorientierungen.

Schon ein kurzer Blick auf die Altersstatistik der Gewerkschaften von 1948[7] zeigt, daß bereits zu diesem Zeitpunkt mehr als ein Drittel der Mitglieder die verschiedenen Strömungen der alten Arbeiterbewegung der Weimarer Zeit nur aus Erzählungen der Eltern und Großeltern gekannt haben konnte. Die Bedeutung dieser Generation nahm natürlicherweise zu und damit auch ihr Gewicht am Aufbau und der Gestaltung des gesellschaftlichen Lebens der Bundesrepublik. Daran schließt sich die Frage an: Wie wirkte sich dieser Generationswechsel in den Arbeiterorganisationen bis heute aus?

Unter diesem Gesichtswinkel muß auch die häufig vorgetragene Kritik an der Gewerkschaftspolitik nach 1945 betrachtet werden; so benennt beispielsweise Theo Pirker Verantwortungen der Gewerkschaften für die Wiedererstarkung des Kapitalismus im Westen Deutschlands: sie hätten das Machtvakuum in den Industriebetrieben nach 1945 nicht radikal ausgenutzt, hätten kein politisches Programm mit dem Betrieb als Zentrum gehabt und hätten die Niederlage mit dem Betriebsverfassungsgesetz von 1952, das die großen Möglichkeiten der Betriebsräte in den ersten Nachkriegsjahren zurücknahm, nicht begriffen. Theo Pirker schränkt dann jedoch ein: „... nüchtern betrachtet war das Betriebsverfassungsgesetz nur dann eine Niederlage, wenn man es an den antikapitalistischen Forderungen des Münchener Grundsatzprogramms maß ... Das Grundsatzprogramm von München war von der gewerkschaftlichen Tagesarbeit so weit entfernt wie die Sonntagspredigt vom Börsengeschäft."[8] Diese Verantwortung der Gewerkschaftsorganisationen darf jedoch nicht den Blick für die Frage verstellen, ob ihre Politik dem Bewußtsein der großen Masse der Mitglieder und Betriebsfunktionäre entsprach oder nicht.

Das sind nur einige der Probleme und Fragestellungen an die lebensgeschichtliche Befragung von Betriebsräten und Gewerkschaftern der Nachkriegszeit, die alle in die große Frage nach dem Verhältnis von Bruch und Kontinuität im Deutschland des Jahres 1945 münden; die Lebensberichte selbst erweitern diese Probleme noch um ein Vielfaches.

Diese Berichte werden im folgenden in chronologischer Folge zuzusammengefaßt und beginnen mit den Erfahrungen, die Angehörige der älteren und der jüngeren Generation mit dem Nationalsozialismus machten. Ein Kapitel wird jeweils eingeleitet mit einer längeren Interviewpassage, die die Problematik des entsprechenden Kapitels aufreißt; dann folgt die zusammengefaßte Lebensgeschichte einer Interviewperson, ehe das anlytische Problem des jeweiligen Kapitels weitergeführt wird — auch mit Zusammenfassungen und Zitaten anderer Interviewpartner. Auf diese Weise werden 25 Lebensgeschichten vorgestellt; um den Lesern die Mühsal der indirekten Rede zu ersparen, sind die Biografien im Indikativ zusammengefaßt.

I. Erfahrungen aus Nationalsozialismus und Krieg

1. Von den Alten, die nicht die Alten blieben.[9]

a) *„Ich habe meine Ehre nicht befleckt" oder vom Versuch, im alten Milieu zu überleben.*

(Walter Fausts Lebensgeschichte)

> „Dann kam die Machtergreifung durch Hitler 1933, die Gleichschaltung der Gewerkschaften . . . Die NSBO, die Nationalsozialistische Betriebs(zellen)organisation, die haben dann den Betriebsrat aufgelöst, und wir beide, Willie Haferkamp und ich, flogen dann in hohem Bogen aus dem Beriebsrat raus. Ich persönlich hatte mich (dann) auch mit Flugschriften-Verteilen damals befaßt und wurde im Januar 1934 verhaftet und inhaftiert . . . und wegen Vorbereitung zum Hochverrat zu zwei Jahren Gefängnis — Zuchthaus sogar — verurteilt."[10]

So berichtet Walter Faust, der 1908 geboren wurde und aus einer harmonischen, katholisch-sozialdemokratischen Familie stammt. Seine Mutter war Hausfrau, sein dominierender Vater freigewerkschaftlich organisierter Bergmann, der nach dem großen Bergarbeiterstreik von 1905 gemaßregelt worden war. Nach der Spaltung der SPD ging er für kurze Zeit zur USPD. Die Mutter mußte bis spät in die Nacht arbeiten, um die vier Kinder, die alle in der Familie mithelfen mußten, durchzubringen. Kein Kleidungsstück ist damals weggeworfen worden, sondern wurde gestopft und für das nächst jüngere Kind aufgebessert. Trotz dieser Not hat Walter Faust in einem ländlichen Viertel mit überwiegend katholischer Bevölkerung eine „freie, sehr freie" Jugend erlebt. Nach dem Besuch der Volksschule und abgebrochener Anstreicherlehre begann er 1923 als Former in einer Gießerei und konnte bald seinen wöchentlichen Lohn zu Hause abliefern; das war deshalb wichtig, weil sein Vater und seine beiden Brüder Bergleute waren und nur alle vierzehn Tage Geld erhielten, das in der Inflation nach einer Woche wertlos war. Sein ältester Bruder war Kommunist; das hat jedoch „den Familienfrieden nicht gestört". Walter trat in den Arbeitersportverein ein und konnte als hervorragender Turner an internationalen Wettkämpfen in Hamburg teilnehmen. Hier lernte er seine Frau — Buchbinderin von Beruf — kennen; nach der Hochzeit 1932 erklärte er: „Entweder hörst Du auf zu arbeiten oder ich." Sie hörte dann auf. 1923 wurde er Mitglied des DMV (Deutscher Metallarbeiterverband), war aktiv in der gewerkschaftlichen Jugendarbeit, wurde 1932 Betriebsrat und gleich nach einem Streik entlassen. In dem Prozeß, in dem er 1934 mit fünf anderen angeklagt war, wurden ihm die Ehrenrechte aberkannt, womit er auch wehrunwürdig wurde. Er fand dann zu seinem Erstaunen nach einer zweijährigen Zuchthausstrafe 1936 wieder Arbeit in seinem alten Betrieb. 1941 hätte er seine „nationale Ehre" und „Wehrwürdigkeit" durch eine freiwillige Meldung zum Kriegsdienst wieder herstellen können, was er mehrfach mit der Begründung ablehnte, er hätte seine Ehre nicht befleckt. Seine Frau war im Krieg evakuiert und kehrte 1944 zurück. Das Mietshaus, in dem sie wohnten, wurde nicht zerstört. Im Sommer 1942 wurde Walter Faust dann zum Strafbataillon 999 eingezogen, wo er mit Kriminellen und anderen „Politischen" bei besonders gefährlichen Kommandos eingesetzt wurde, vor allem in Nordafrika. Bereits 1943 geriet er in Gefangenschaft, erkrankte schwer an Typhus, bekam Kontakt zur Menschenrechtsliga, kehrte 1947 unter abenteuerlichen Umständen nach Hause zurück und wurde in seinem alten Betrieb wieder eingestellt. Dort hatte sein früherer Betriebsratskollege und Freund Haferkamp bereits den Vorsitz des neuen Betriebsrats übernommen; Walter Faust wurde ebenfalls wieder in den Betriebsrat gewählt und nach kurzer Zeit Beriebsratsvorsitzender. Er nahm dann Funktionen in der örtlichen Gewerkschaft, im Stadtrat und in der SPD wahr.

Diese Geschichte von Walter Faust scheint ein Paradebeispiel zu sein für einen ungebrochenen Widerstandwillen in der Arbeiterklasse gegenüber dem Nationalsozialismus, ein Beispiel auch für die Versuche, im gewerkschaftlich-sozialdemokratischen Zusammenhang in Selbstachtung zu überleben. Solche Versuche gab es auch und besonders unter den befragten ehemaligen oder heute noch organisierten Kommunisten, die allerdings darauf hinweisen, daß es „nach 1935 aus war. Da brachen die Kontakte ab", nachdem so viele Freunde und Genossen abgeholt worden waren[11]. Auch Arbeiter, die vor 1933 in der katholischen Arbeiterbewegung tätig waren, berichten von weiteren Treffen im kirchlichen Männerchor, von Gruppenabenden oder Gottesdiensten.[12] Fast alle waren daher erschüttert, daß ihre alten Vereine von den Nazis verboten oder mit neuer Leitung übernommen wurden.

Berichte über Widerstandsaktionen sind innerhalb aller Interviews jedoch selten; die Erzählungen der Befragten zeigen ansonsten das weite Spektrum zwischen individueller Ablehnung des Nationalsozialismus, Rückzug in das Privatleben und begrenzter (damaliger) Anerkennung von Teilleistungen des Nazi-Regimes innerhalb der Ruhrarbeiterschaft — erstaunlich angesichts der relativ geringen Erfolge, die der Nationalsozialismus bei den letzten politischen Wahlen im Ruhrgebiet eringen konnte.

Walter Faust ist der einzige unter den Befragten, der wegen politischer Aktivitäten während des Nationalsozialismus verhaftet und zu einer längeren Zuchthausstrafe verurteilt worden ist. Aber auch er berichtet enttäuscht sowohl von sich selbst wie auch von seiner Umgebung, daß nach seiner Entlassung jeder Widerstand aufgegeben wurde; das war für ihn „vergebliche Mühe" gewesen, da die „Arbeiter indifferent" waren, schlimmer noch: das deutsche Volk ist 1939 „mit Hurra in den Krieg gezogen... So war es, sonst betrügt man sich selbst."[13] Schon nach 1933 waren er, seine Freunde und seine Familie sehr deprimiert darüber gewesen, daß alle „Hosiannah" gerufen hätten:

> „Es war eine schwere Zeit... Ich habe nur noch meine Pflicht und Schuldigkeit ... in puncto Arbeit getan. Ich lief mit Schlappohren rum."[14]

b) „Und stell Dir vor – den haben sie abtransportiert ins KZ Bergermoor" oder von der Angst der Altaktiven.

(Albert Uriczeks Lebensgeschichte)

> „Ich habe einen gekannt, ein sehr guter Genosse, der hieß Gerd Albers, und den hat man von (der Zeche) Emscher-Lippe rausgeschmissen, die Wohnung mußte er verlassen, hatte er Privatwohnung, so eine erbärmliche Wohnung in der Emscher Straße. Mit dem habe ich mich zusammengeschlossen, und der war schweigsam. Und wir haben noch in der faschistischen Zeit Flugblätter verteilt. Wir sollten die eigentlich verteilen an der Schachtanlage Emscher-Lippe zum Generalstreik gegen Hitler. Aber damals war doch die Arbeiterklasse nicht so weit. Und wenn wir die Flugblätter wirklich verteilt hätten, Generalstreik wäre nicht gekommen und unser Kopf wäre weg. Das hab ich gesehen. Wir haben sie aber nachts verteilt und da kriegten die Faschisten die Blätter in die Hände. Dann haben sie mich verhaftet und auf dem Amt Gerd Albers und mich persönlich zum Verhör genommen. Rausgeschmissen! — ‚Sagt bloß die Wahrheit, wir haben acht Zeugen' — mit solchen Methoden. Und stell Dir mal vor, diesen Gerd Albers, den haben sie verhaftet und ins KZ-Lager Bergermoor abtransportiert. Nach seiner Verhaftung hat seine Frau ohne Überlegung, nur aus Wut im Hof ihres Hauses gerufen: ‚Euer Scheiß-Hitler kann mich mal am Arsch lecken!', worauf sie täglich trotz Schwangerschaft ins Amt kommen mußte, um den Hitler-Gruß abzulegen. Gerd Albers ist im KZ umgebracht worden."[15]

Diese Geschichte erzählt der 1904 geborene Albert Uriczek, dessen Vater mit 45 Jahren an Silikose starb: „Da gab es keine Rente. Wir waren mit acht Personen zu Hause, und meine Mutter mußte wandern mit dem Hausierkorb, um uns zu ernähren." 1919 begann er als Bergmann, schloß sich der Gewerkschaft und 1926 der KPD an, wurde 1928 entlassen, wechselte auf eine Zeche nach Aachen. Er heiratete 1931 und lebte mit seiner Frau bei seiner Mutter „auf dem Flur". Nach schlechten Übergangswohnungen bekamen sie schließlich 1940 eine Zechenwohnung. Sie haben zwei Söhne, die heute Bergleute sind, und zwei Pflegesöhne, die heute in der DDR leben. Albert, während der ersten Ehejahre wieder längere Zeit arbeitslos, fing 1938 erneut auf einer Zeche im Ruhrgebiet an. Dort erlebte er mehrfach Verhaftungen von Genossen; er selbst hatte keine politischen Kontakte mehr. Im Krieg war er wie die meisten Bergleute unabkömmlich (u.k.) gestellt und mußte harte und gefährliche Arbeit mit vielen Sonderschichten leisten. Über Tage hat es während einiger Bombenangriffe auch auf dem Zechengelände Tote gegeben. Er wollte gerne wie viele andere aus der Stadt ziehen. „Wenn ich allein gewesen wäre, dann hätte ich solche Arbeiten nicht durchgeführt. Wenn Du verheiratet bist, bist Du gefesselt, kannst die Familie nicht im Stich lassen." Er erlebte mehrere Bombenangriffe, bei denen er wie die ganze Bevölkerung eine Heidenangst ausstand. Einmal landete ein Blindgänger in der Küche. Da er mit seiner Familie in der Nähe eines Bunkers wohnte, schliefen häufig Bekannte bei ihnen auf dem Fußboden. Im Krieg und in der Nachkriegsnot wurde er „Spezialist" für das Schlachten von Hunden und Katzen und ihre schmackhafte Zubereitung. Unmittelbar nach Kriegsende baute er die örtliche Bergarbeitergewerkschaft mit auf und war aktiv im Betrieb und in der KPD. 1950 wurde er als Kommunist aus der Gewerkschaft ausgeschlossen, was ihn, der nach seinen Worten im Nationalsozialismus mehr riskierte als andere, tief verbitterte. Nach dem KPD-Verbot 1956 arbeitete er politisch in der Deutschen Friedensunion und in der DKP. Ansonsten hatte er keine öffentlichen Funktionen. Er ist heute Rentner.

In seiner Geschichte wie in den Erzählungen vieler anderer Altaktiver klingt die Enttäuschung über Arbeitskollegen unter dem Nationalsozialismus an, die zusammen mit der Angst zu einer Vereinzelung führte.

Für diese Enttäuschung, Angst und Vereinzelung — ein immer wiederkehrendes Motiv — zwei weitere Beispiele:

> Frage: „Hatten sie während des Nationalsozialismus noch Kontakt zu anderen Genossen?" Anton Cronenberg, aktiver Gewerkschafter und weniger aktives KPD-Mitglied: „Ja, das war weniger. Die kamen alle auseinander. Gott, Gleichgesinnte hat man schon mal getroffen, vom Sportverein untereinander. Zusammen war man schon mal. Das wohl. Man traf sich ja auch nur, wenn man auf dem Sportplatz war . . . Viele sind ja auch weggeholt worden . . . Und wo ich dann hinzog, da hatte ich auch loyale Mitmieter. Die kümmerten sich nicht um was. Waren auch Arbeiter."[16]

Oder Jan Wesel: „Die haben sich doch alle danach gefügt, hier (im Betrieb) auch. An sich haben die (Nazis) doch hier gar keine Schwierigkeiten gehabt mit den Leuten. Wer sollte denn da was sagen? Der wurde dann doch sofort weggeholt, wenn der was sagte. Deshalb waren die doch alle ruhig. Die haben doch das gemacht, was die gesagt haben, und fertig."[17]

c) „Auf niemanden konnte man sich mehr verlassen" oder von umgefallenen Genossen und dem verlorenen Vertrauen in Nachbarn, Freunde und Kollegen.

(Marga Bergers Lebensgeschichte)

Vom allgemeinen Mißtrauen ist immer wieder in den Gesprächen mit diesen alten Betriebsräten die Rede als eine der auffälligen Gemeinsamkeiten.

So frage ich auch Erich und Marga Berger — beide aktive Sozialdemokraten:

„Wie war denn zu der Zeit (nach 1933) der Kontakt mit den Genossinnen und Genossen?"
Er: „Das war teilweise schwer . . ."
Sie: „Weil man teilweise nicht wußte, ob er ein Verräter war oder ob er auf unserer Seite war."
Er: „Weil man viele Leute nicht durchschauen konnte . . ."
Sie: „Bei meinem Vater war das ja so: Sein Parteigenosse (aus der SPD) wurde sein Nachfolger und wurde sein schlimmster Feind. Der wurde dann im Dritten Reich Obmann (im Betrieb)."
Er: „Ich will gar nicht sagen, daß das überzeugte Nationalsozialisten waren. Das waren zum Teil Mitläufer. Aber immerhin. Wir haben z. B. mal einen prima Kerl, mit dem wir in der Jugendorganisation zusammen gewesen waren. . . . Da mußte ich mal mit meinem Omnibus eine Fahrt zur Rhön machen. Ich hatte mit ihm vereinbart, daß ich meine Frau und Tochter mitnehmen durfte." Das lehnte der jedoch zunächst ab.
Sie: „Und der war Leiter von KdF — unser Jugendgenosse."
Diesen hätten sie mal wieder getroffen.
Er: „Wir gehen rauf (auf den Berg) und treffen unser Juppken. Da sagen wir: ‚Tag!' Steht er auf: ‚Heil Hitler!' Eujeujeu, dachte ich, na." (Beide lachen und berichten, daß dieser Freund Jupp nach dem Zweiten Weltkrieg wieder aktiv in der SPD wurde). Er: „Und hat auch noch einen schönen Posten gekriegt. Aber das sind so die Unzuträglichkeiten, die wird es wahrscheinlich überall geben . . ."
Sie: „Wir waren ganz alleine, waren keine Zeugen da, da brauchte der ja nicht so zu grüßen." (. . .)
Ich: „Ist das denn ein Einzelfall?"
Er: „Insgesamt gesehen sind es Einzelfälle, aber es kommen einige zusammen.

Aber das ist ja nur gekommen, weil Sie vorhin fragten, wie das Vertrauensverhältnis war. Das war dadurch ein bißchen erschüttert."

Ich: „Aber hatten sie denn sonst so Gruppen, in denen Sie mit Sozialdemokraten offen reden konnten?"

Sie: „Ja, das hatte man."

Er: „Mit Gruppen an und für sich nicht."

Sie: „Aber man hat mit Leuten gesprochen."

Er: „Ja, mit einzelnen. Mit einer Tante zum Beispiel."

Sie: „Mit Erna ihrer Mutter."

Ich: „Mit Gruppen also nicht, mit einzelnen ja?"

Beide: „Ja, ja." . . .

Ich: „Und wie war das hier in der Nachbarschaft? War das auch so erschüttert, das Verhältnis?"

Sie: „Au, hier war eine Nazissin."

Er: „Ja, bei uns total"[18]

Marga und Erich Berger hatten sich schon kennen und lieben gelernt, als sie Jugendarbeit in der USPD leisteten. Aus der Kirche waren sie ausgetreten, weil sie deren Haltung gegenüber dem Krieg ablehnten. Nach Rückkehr des einen USPD-Flügels zur Mehrheitssozialdemokratie wurden sie gemeinsam in der Sozialistischen Arbeiterjugend (SAJ) aktiv. Dort wurden sie von der prüden örtlichen Verbandsleitung gerügt, als ihre „Liebelei" bekannt wurde.

Ihre Mutter — von Beruf Hausfrau, Sozialdemokratin (mit einem USPD-Zwischenspiel wie ihr Mann) und streng evangelisch — wanderte 1884 aus Pommern ins Ruhrgebiet ein; ihr Vater — Buchbinder von Beruf („ein Stehkragenproletarier"), eingeschriebener Sozialdemokrat und Katholik der Konfession nach — kam 1904 nach Gelsenkirchen. Sie selbst (Jahrgang 1908) arbeitete früh mit ihrer Mutter in der Arbeiterwohlfahrt und trat, da sie zu jung für eine politische Organisation war, mit 12 Jahren dem Guttempler-Orden bei. Ihr Vater tauchte während des Kapp-Putsches unter, obwohl er „alles andere als ein Radikaler" war; sie mußte als junges Kind gegenüber den Nachbarn Lügen über den Aufenthaltsort ihres Vaters erzählen. 1925 wurde sie Mitglied der SPD, heiratete 1928 Erich Berger, mit dem sie drei Töchter hat. Da sie ihre kränkliche Mutter und die Familie ihres Mannes versorgen mußte, war sie dreifach belastet und konnte ihren Jugendtraum, „eine zweite Rosa Luxemburg zu werden, nicht verwirklichen." Auch die höhere Schule konnte sie wegen Geldmangels, trotz eigenen Willens und guter Leistungen, nicht besuchen. Während des Nationalsozialismus versuchte sie zu verhindern, daß ihre Töchter aktiv im BDM wurden, obwohl die Älteste sehr traurig war, daß sie nicht die Uniform tragen durfte, sondern bei Aufmärschen „in Zivil" hinter den anderen hermarschieren sollte. Manchmal hat Marga Berger sich gewünscht, daß jemand „mit Mut" Hitler erschießen würde. Noch heute hat sie Schuldgefühle, daß ihre Generation es nicht geschafft hat, den Nationalsozialismus zu verhindern. Während des Krieges wurde sie dreimal ausgebombt, bis sie schließlich 1944 in die Niederlausitz und das Saarland evakuiert wurde. Die letzten Monate zog sie mit ihrem Mann mit, der in der „Etappe" Kfz-Meister bei der Wehrmacht geworden war. Nach dem Kriege baute sie sofort die SPD-Ortsgruppe mit auf und wurde schließlich langjährige Vorsitzende der örtlichen SPD-Frauengruppe. Sie trauert heute der alten Ortsgruppe nach, die „noch eine richtige Gemeinschaft" war. Sie „nahm nie eine Funktion an, die mir Geld brachte". So war es früher allgemein auch bei ihrem Vater und ihrem Bruder gewesen, während ihr Enkel sagt: „Ich will doch weiter kommen, ich will mir meine Stellung nicht verbauen"; sie antwortet ihm dann: „Du brauchst ja auch nichts zu befürchten." Obwohl sie ab und zu bedauert, nicht mehr in der Politik mitmachen zu können, ist sie mit ihrer Rolle als Familienmutter zufrieden und beanstandet, daß heute so viele Frauen ihre Kinder im Stich lassen. Sie könne mit ihrem Mann politische Probleme beraten.

Viele andere aus der Generation der Alten erzählen wie die Bergers von ihrer Enttäuschung über Nachbarn, Freunde und Genossen, die sich dem NS-Regime anpaßten. So auch Horst Fromm:

> „Man wußte aber, wenn man zu dieser Zeit mit Kollegen zusammenkam, daß man vorsichtig sein mußte. Mein Nachbar war Sozialdemokrat, den habe ich eine ganze Zeit nicht gesehen. Als wir uns dann wieder einmal trafen, legte ich so richtig los und schimpfte über die braunen Lumpen. Da bin ich ins Fettnäpfchen getreten. Oh Herr, habe ich gedacht, wieder einer. Wir hatten damals aber ein Kränzchen, wo wir uns regelmäßig getroffen haben im engeren Freundeskreis. Das waren alles Kollegen aus dem früheren Mandolinenorchester. Es waren sechs Familien, wir haben Kaffee getrunken, auch mal kalte Küche gemacht, uns immer sonntags getroffen — damals gab es ja noch keinen freien Samstag. Da war ein Akkordeonspieler, und dann kam schnell ein Tagesthema, wir haben dann die Tagesthemen besprochen, paar Witzchen gemacht. Es war eine schöne Zeit." Das ging so bis Mitte der fünfziger Jahre und dann hat es aufgehört.[19]

Nicht immer wirkten sich die Bekanntschaften mit umgefallenen Genossen nur negativ enttäuschend aus wie bei den Bergers. So erzählt Hermann Kaiser, daß es für ihn einmal brenzlig geworden sei: Am Ende einer Schicht sei ihm ein Kohlestoß ausgelaufen. Deshalb mußte er noch weiter arbeiten und die Kohle wegschüppen. Einem Nazi sagte er:

> „Da denkst Du, Du bist mit der Arbeit fertig und da kriegste noch son Schlag von der Winterhilfe."[20]

Dieser Ausspruch sei zwar ein geflügeltes Wort unter Arbeitern gewesen, regte den Nazi aber doch fürchterlich auf; so wurde Hermann Kaiser bei der Betriebsführung gemeldet. Am anderen Tag kam die Durchsage, daß er zum „Vertrauensmann hochkommen mußte, schwarz, ohne mich zu waschen." Er hatte jedoch das Glück, daß dieser ein alter Bekannter aus dem Sportverein war. Deshalb kam er „schließlich aus der Sache raus", indem er sich offiziell für den Ausspruch entschuldigte. Das Schlimme war jedoch „das Zusammenspiel zwischen den großen Nazis und den kleinen Fürzen" im Betrieb:

> „In jeder Kameradschaft auf der Zeche befand sich mindestens ein Nazi als Vertrauensmann, der die Kollegen aushorchte und kontrollierte. Diese Nazis standen meistens nur rum, und da ja alles Kameradschaftsgedinge war, mußten wir für die mitarbeiten. Unter den Kollegen ist aber auch denunziert worden, um bessere Arbeit zu bekommen."[21]

Nicht nur von diesen Problemen ist in den Berichten die Rede, sondern auch von vielen anderen zermürbenden Schwierigkeiten: Sollte man flaggen, auf die 1. Mai-Demonstrationen gehen, der Tochter den Eintritt in den BDM erlauben und ihr dafür auch noch den blauen Rock und die weiße Bluse nähen, am Arbeitsplatz über die Erhöhung der Arbeitszeit meckern, gefundene oppositionelle Flugblätter melden oder weiterreichen, die Schließung der konfessionellen Schulen kritisieren usw. usf. Niemals war man sich im klaren, was richtig sei, und sich wirklich beraten konnte man nur mit ganz vertrauten Personen.

Besonders stark war — das ist evident — die Vereinzelung, das Herausreißen aus dem alten Milieu, im Krieg durch Evakuierung, durch die Einziehung zur Front, durch Umzug nach Ausbombung. In der ersten Phase des Krieges entstanden auch Zweifel an der eigenen Grundhaltung, wie bei Werner Jabel:

> „Eines muß ich Ihnen aber noch erzählen. Ich war ja nun nie Nazi, aber während der Zeit der Blitzkriege, als der Hitler ein Land nach dem anderen besiegte, Polen, Frankreich usw., da hab ich doch wie viele andere gedacht: der Hitler, der schafft das also doch. Da war man von beeindruckt, ob man wollte oder nicht."

Werner Jabel fährt dann verallgemeinernd fort:

> „Und das ging nicht nur mir so, das ging noch vielen so. Denn die große Masse, die denkt ja nicht politisch. Und wenn da zehn Prozent Aktive sind, die dann auch noch eine große Organisation haben, die Zeitungen haben, die Rundfunk und Wochenschau haben, die ziehen dann fünfzig, sechzig Prozent mit. So war das bei den Nazis, das müssen Sie sich vorstellen, die hatten den Volksempfänger, vorher hatten wir immer nur mit Kopfhörer dagesessen und da konnten immer nur zwei hören, oder man legte ihn in eine große Schale. Aber das war nicht nur bei den Nazis so, das ist immer so. Ein paar Aktive ziehen die Masse mit."[22]

So mündet die Erfahrung aus dem Nationalsozialismus in eine Theorie von der allgemeinen Manipulierbarkeit der Menschen.

d) „In der Pause haben wir zusammen gebuttert" oder vom Betrieb als begrenztem Refugium.

(Jan Wesels Lebensgeschichte)

Frage: „Wurde denn hier im Betrieb mit dem Hitler-Gruß gegrüßt?" Jan Wesel: „Nein, ich hab nicht . . . wir haben uns nicht mit dem Hitlergruß gegenseitig begrüßt." Frage: „Auch nicht gegenüber dem Obmann? Antwort: „Aber nicht die Alten (!) hier, das konnte der mit anderen machen (lacht), wir haben doch keine Hand hoch gehoben. Da draußen(!), sicher, da ging das alles unter Zwang. Wenn dann eine Fahne kam, wenn sie dann aufmarschierten, die Hand ging dann schnell wieder runter. Wer da die Hand nicht hochhob, den haben sie direkt verhaftet, haben sie direkt mitgenommen. Am ersten Mai . . . dann mußten wir abmarschieren. Wir hatten ja meistens keine Stimmung für die ganze Geschichte gehabt. Und wir sind dann, wenn wir auf dem Platz waren, dann waren wir verschwunden, abgehauen. Um die Ecke rum waren wir weg. Wir sind doch nicht dageblieben! Wir waren verschwunden, aber hier (im Betrieb) mußten wir uns ja melden. Als wir geschlossen abmarschierten, wurde auch aufgepaßt . . ., daß keiner türmen ging unterwegs. Und wenn wir dann irgendwo auf dem Platz ankamen — keine fünf Minuten waren wir weg." Frage: „Mit welchen Ausreden?" Antwort: „Ausreden . . ., Ausreden haben wir doch keine gehabt. Wir sind dann einfach . . ., wir haben da kein Interesse dran gehabt, was die da gesprochen haben."
Frage: „Hatten denn hier im Betrieb noch Sozialdemokraten oder Kommunisten untereinander Kontakt?" Antwort: „Die Sozialdemokraten und die Kommunisten — wenn irgendwie eine Pause war und wir haben, wollen wir mal sagen, gebuttert, dann haben sich diese Leute immer zusammengesetzt. Also die waren immer Kollegen, die haben sich immer unter sich unterhalten. Und die anderen haben sich dann abgesondert. Es waren immer ein und dieselben, die da zusammensaßen in der Pause."[23]

Diese Geschichte erzählt Jan Wesel, der 1910 geboren wurde; seine Mutter war Hausfrau, streng katholisch und stammte aus Ostpreußen; sein Vater — Bergmann im Ruhrgebiet — war ebenfalls streng katholisch und starb schon 1912, so daß die Mutter die 10 Kinder allein durchbringen mußte; das konnte sie nur mit vielen Nebenarbeiten und der Hilfe der katholischen Gemeinde oder katholischer reicher Gönner. So wurde Jan Wesel zu seiner Kommunion von einem Unternehmer eingekleidet wie mehrere andere Schulkameraden auch. Die „bittere Armut" in der Familie hat ihn geprägt. Nach dem Besuch der katholischen Volksschule begann er 1924 eine Schlosserlehre, die er abbrach, als die Gesellen ihm als Initiationsritus den „Schlosserstempel aufdrücken" wollten: Der Lehrling wurde auf einen Amboß gelegt, eine Schüppe auf dem Hintern, und dann schlug einer mit dem Vorschlaghammer drauf. Der „grimmige" und kräftige Jan Wesel weigerte sich, verprügelte einige Gesellen mit einer Eisenstange und brach die Lehre ab. 1925 wurde er Former und blieb über 50 Jahre in demselben Betrieb bis zu seiner Rente. 1931 heiratete er; seine Frau bekam zwei Kinder, wovon das ältere früh starb. Jan Wesel trat 1925 dem DMV bei, wurde jedoch nicht gewerkschaftlich aktiv; er wählte immer die SPD. Während des Krieges war er u.k. gestellt und hatte über 30 Fremdarbeiterinnen „unter sich". 1945 organisierte er sofort den ersten Betriebsrat, trat noch vor offizieller Zulassung im Oktober 1945 der Metallgewerkschaft bei. Im gleichen Jahr wurde er Vorarbeiter und Werkmeister der Gießerei der Firma. 1957 wurde er Obermeister und 1958 Gießerei-Leiter. 1976 ging er in Rente. Er wohnt seit 1945 in derselben Zweizimmerwohnung, die die Familie sich nach Ausbombung aus Trümmern renoviert hatte. Seinem Sohn rät er aus seiner Lebenserfahrung „eine staatliche Beschäftigung. Der Staat ist immer das Sicherste, sag ich, fliegste so schnell nicht raus. Militär oder Luftwaffe stellt auch was vor". Der Sohn ging zur Polizei.

Seine Eingangserzählung zeigt nicht nur das „Sich-durch-Mogeln" durch die Zeit des Nationalsozialismus, wie es in den Berichten vieler älterer Betriebsräte auftaucht, sondern zeigt darüber hinaus den Arbeitsplatz als „Refugium". Im Betrieb konnte man sich — neben dem familiären und engstem nachbarschaftlichem Raum — etwas „heraushalten". Dort kannte man sich, wußte sich einzuschätzen. Wenn überhaupt, dann erfuhr man dort (begrenzte) Solidarität.

Alexander Stoppok, wie Herr Wesel u.k. gestellt bis zum Kriegsende, führte z. B. einmal freie Reden und wurde denunziert. Der Nazi-Obmann kam zu ihm und sagte:

> „„Wenn Du Deine Reden nicht aufhörst, dann kann ich Dich nicht retten. Halt doch endlich die Schnauze mal' . . . Dann hat er mir den Namen gegeben." Frage: „Welchen?" Antwort: „Vom Denunzianten. Ja, der konnte gehen, der wurde von keinem mehr beachtet. Der kriegte keine Arbeit mehr. Der stand drei Tage lang von morgens bis abends in der Werkstatt. Daß er nicht geheult hat, war alles . . . Dann hat er den Betrieb wechseln müssen."[24]

Auch die Kommunistin Klarissa Leibold berichtet von ähnlichem kollegialen Schutz.[25] Und Hermann Kaiser, der 1936 auf einer Zeche „anlegte", erzählt, daß er dort viele Bekannte traf.

> „Und dadurch war mein Gang 1936 zur Zeche auf der einen Seite sehr leicht. Der gesamte Jungreichsbanner (Jugendorganisation des Reichsbanner), der mich kannte, waren meine Freunde sofort auf dem Pütt. Und verschiedene

Leute aus dem Sport kannten mich. Und das allergrößte Glück: mein Revier-steiger, mit dem war ich in der Fußballjugend in einer Mannschaft zusammen-gewesen. ‚Heinrich, Du!‘ hieß es sofort. Und ich muß eigentlich sagen, dadurch, daß ich als Sozialdemokrat bekannt war, wurde ich son klein wenig Schattenführer von gesinnungstreuen Leuten. Wenn ich irgendwo stand, schar-ten sich die anderen sofort zu uns hinzu. Und das war für mich eine ganz gefährliche Situation. Die Nazis hier auf dem Pütt, waren Gottseidank keine intelligente Leute — wenn das intelligente Leute gewesen wären, die hätten uns alle umgebracht. Damit war ich auch auf der einen Seite in Gefahr und auf der anderen Seite durch ihre Tolpatschigkeit konnte ich mich durchschlingeln, wenn ich mal so sagen will." Aber man mußte immer aufpassen, da „überall, auch unter den einfachen Arbeitern, Nazis dazwischen waren".[26]

Auf meine Frage nach dem „Deutschen Gruß" in seinem Handwerksbe-trieb antwortet Anton Cronenberg:

> „Ja, da war mal einer bei uns und fing an zu arbeiten. Der kam mit ‚Heil Hitler!‘ rein — wir haben gar keine Antwort gegeben. Drei oder vier Tage später kam er mit ‚Guten Morgen‘ rein. Da haben wir auch ‚Guten Morgen‘ gesagt. (Lacht) So ungefähr war das. Wir ließen uns nix merken, ja, ja."[27]

Reinhold Heber meint: „Auf der Zeche hatten wir viele Nazis, auch unter den Kumpels", die den Kriegsbeginn mit „Hurra" begrüßten. Anders sei es in der Siedlung gewesen: „Wir waren eine reine Bergmannssiedlung, und ich kann sagen, hier bei uns haben wir überhaupt keine Nazis gehabt" — nur ein „paar Mitläufer", die aber von den Nachbarn nicht anerkannt worden wären.[28]

Der Betrieb war und blieb auch nach 1945 ein fester Angelpunkt, um den sich das Leben vieler Befragten drehte, die häufig mehr als 30 Jahre bei derselben Firma blieben.

e) *„Mir konnten sie nix, weil ich ein guter Arbeiter war" oder vom Arbeitsstolz und vom Schutz durch qualifizierte Arbeit.*

(Ernst Steckers Lebensgeschichte)

Häufiger und wichtiger als die Form des Schutzes an der Arbeitsstelle durch alte Bekannte und Freunde scheint jedoch eine andere gewesen zu sein: die persönliche Absicherung durch qualifizierte Facharbeit und ein gutes Verhältnis zu Vorgesetzten. So erzählt Ernst Stecker:

> „Ich sag, ich krieg das alles klar, ich mach das hier schon. Und scheinbar hab ich das gut gemacht. Ich hab denen da die Maschinen aufgestellt und eingerich-tet — das war für mich eine Kleinigkeit . . . Meinem Chef hab ich gesagt: ‚Ich könnte normalerweise das doppelte verdienen.‘ ‚Ja‘, sagt der, ‚warum denn nicht?‘ ‚Ja‘, sag ich, ‚ich hab was gegen Uniformen.‘ Da sagt er: ‚Werden wir

mal sehen, hier brauchen Sie da nicht rein.' Mein Chef war auch ein richtiger Essener Jung. Und ich habe dann den Kram da gemacht, eingerichtet und war praktisch Vorarbeiter, wurde überall gebraucht.,Geh mal zum Ernst', hieß es. Ich bin sehr gut mit dem Meister zurechtgekommen, auch mit den Gesellschaftern, auch mit dem kaufmännischen Chef. Das waren alle keine Nazis, trotzdem sie irgendwie da auch in der Partei sein mußten." Ernst Stecker bekam sechs bis sieben Stellungsbefehle, „die immer abgelehnt wurden. Ich hatte ein dickes Ei bei den Chefs." Einmal wurde statt seines Namens der eines Kollegen auf die Gestellungsliste gesetzt. Nach seiner Ausbombung zog er sogar in das Haus seines Chefs, „mit dem wurde ich dann fest Freund." Der habe sich mit ihm gut gestellt, weil er sich für die Zeit nach der erwarteten Niederlage absichern wollte: „Es waren Rückversicherer auch, die hab ich später massenweise kennengelernt."[29]

Ernst Stecker wurde 1906 geboren; seine Mutter, die schon 1923 starb, stammte aus einer evangelischen Wirtsfamilie; sein Vater, der nicht wieder heiratete, kam aus einer bergischen katholischen Bergarbeiterfamilie; er war wegen gewerkschaftlicher Betätigung von der Bergschule geflogen. Nach dem Tod seiner Frau mußte er sieben Töchter und zwei Söhne allein aufziehen. Ernst Stecker schloß nach dem Besuch der Volksschule 1924 eine Schlosserlehre ab, war bei Beginn der Lehre 1920 schon dem DMV beigetreten. Er beteiligte sich „bei allem, was mit Arbeiter" zu tun hatte: dem Arbeitersport, besonders dem Schwimmverein, dem Esperanto- und Freidenkerverband, der Sozialistischen Arbeiterjugend, der Kommunistischen Jugend, später dem Rotfrontkämpferbund; außerdem spielte er Mandoline. Die Spaltung zwischen dem kommunistischen und dem sozialdemokratischen Arbeitersport lehnte er ab und verstand sie nicht; deshalb bewegte er sich in Organisationen beider Parteien. Nach der Lehre bekam er zunächst keine Stelle; nach einer kurzen Arbeitszeit mußte er dann wieder 1926 und 1927 stempeln. Als er eine Stelle bekam, heiratete er, denn „Ledige flogen aus erste raus, deshalb habe ich geheiratet". Ende der Weimarer Republik wurde er wieder arbeitslos. Nun ging er außer zu seinen sozialistischen Vereinen auch zu einer Stahlhelmer-Organisation, dem Luisenbund, zusammen mit anderen Arbeitslosen: „Die waren in meinem Alter. Das waren nicht wenige, die sind in die SA gegangen, weil sie dort einen neuen Anzug kriegten, Stiefel — einwandfrei." Und bei den Stahlhelmern „gabs da Teller Erbsensuppe bei und paar Groschen. Dadrum ging es mir doch" während der Arbeitslosigkeit. Trotz dieser Betätigungen klebte er nachts Plakate gegen die Nationalsozialisten.

1934 bekam er wieder Arbeit bei der Firma, bei der er bis zu seiner Berentung blieb. Im Krieg wurde er u.k. gestellt, wurde Lehrlingsmeister, arbeitete in einer kriegswichtigen Filiale seiner Firma in Lüttich und hatte Fremdarbeiter „unter sich". Nach der Kapitulation wurde er in seiner Fabrik sofort Betriebsrat mit zeitweiligem Vorsitz und blieb dies bis

Anfang der sechziger Jahre. Schon bei Kriegsende baute er sich zusammen mit seiner Frau eine zerstörte kleine Dreizimmerwohnung auf dem Dachboden eines Firmenhauses aus, in der er noch heute wohnt. 1945 trat er auch in die Gewerkschaft und die KPD ein, obwohl er weder die KPD noch die SPD schätzte: die „einen kamen mit dem Holzhammer" und die anderen sind zu lasch. Anfang der fünfziger Jahre versuchten ihn Sozialdemokraten zusammen mit Angestelltenvertretern und Unternehmern aus dem Betriebsrat zu „kippen", was ihnen zwar nicht gelang, ihn aber trotzdem verbitterte, da er diese Leute noch „mit Schwertern" als HJler gesehen hat. Das Verbot der KPD 1956 traf ihn nicht besonders, da er sich als Betriebsfunktionär und Gewerkschafter fühlte. Der Tod seiner Frau 1979 hat ihn tief deprimiert, da sie ihm „Kameradin, Beraterin und Frau" war.

Er trägt sich ebenso wie schon einmal während der großen Inflation 1923 mit Selbstmordgedanken; er hat Alpträume, weil er viel falsch gemacht hat in seinem Leben.

In seiner Eingangserzählung betonte er die Notwendigkeit einer guten, zuverlässigen Arbeit als Schutz vor nationalsozialistischer Unbill. Dies tun auch viele andere. So auch Jan Wesel:

> Frage: „Warum wurden Sie denn u.k. gestellt?" Jan Wesel: „Das hat hier ja an der Firma gelegen. Ich war ja ein fleißiger Arbeiter, habe nie gefeiert, ich hab keinen Krankenschein mal gehabt, war immer pünktlich, und sie brauchtes ja auch Leute, um hier die Arbeit herzustellen. Wir waren ja vielseitig, wir mußten alles machen hier in der Gießerei, und da konnten sie noch gute Leute gebrauchen, die paar, die sie hier hatten noch. Dann hatten wir ja auch die Ausländer hier (Fremdarbeiter), die mußten wir ja auch anlernen und auch viele Frauen dabei."[30]

Diese Berichte über die gute, qualifizierte Arbeit als Schutz vor Verfolgungen durch Nazis, vor Denunziation, Entlassung oder Einziehung zur Front zeigen: Es war im Gegensatz zu dem Schutz durch befreundete oder bekannte Kollegen oder gar gewerkschaftlicher Solidarität der Weimarer Zeit ein *individueller* Schutz. Häufig konnte er nur erreicht werden durch ein gleichzeitiges gutes Verhältnis zu den Chefs und Meistern. Es nimmt daher nicht Wunder, wenn in den Erzählungen ein immer wiederkehrendes Motiv das Lob des Chefs über die gute Arbeit ist. Der Schutz durch qualifizierte, pünktliche, ordentliche Arbeit ging auch manchmal zu Lasten anderer Kollegen, die dann statt der eigenen Person eingezogen wurden.

Innerhalb des Rückzugs auf die qualifizierte Arbeit bemühten sich einige während des Nationalsozialismus um einen Aufstieg in bessere Positionen im Betrieb — sie wurden Meister: immerhin vier von 13 männlichen

Befragten der Jahrgänge bis 1910. Besonders sie waren vom technischen Fortschritt während des Krieges fasziniert.

Ein hohes Arbeitsethos hat wohl auch vor 1933 bei Facharbeitern geherrscht und wurde auch zu jener Zeit als Schutz vor Entlassungen verstanden; aber während des Nationalsozialismus wurde es eines der Elemente der Überlebensstrategie der von den Nazis mißtrauisch beäugten „Roten" und „Schwarzen". Deshalb erstaunt es kaum, in keinem der Interviews von Arbeitssabotage während des Krieges zu hören. Die Arbeit erscheint zu dieser Zeit in extrem verschärfter Form ebenso wie die technischen Neuerungen von ihrem Zweck — in diesem Fall für den Krieg — abgelöst. Vielleicht liegt hier eine der Wurzeln für das besonders strenge Arbeitsethos und für ein technisch-funktionales Fortschrittsdenken, das ein großer Teil dieser Alten heute an den Tag legen; beides mußte sich jedoch von den politischen Absichten und den Kriegszielen der Nationalsozialisten, die man ablehnte, abspalten. Die Arbeit hat Vorrang; erst dann steht — wenn überhaupt — die Frage nach dem politischen Zweck und dem gesellschaftlichen Umfeld der Arbeit und der technischen Innovationen. Hier scheint mir eine der Ähnlichkeiten zu den Erfahrungen des Aufbaus nach 1945 vorzuliegen, als man politisch zunächst der Bürgerblockregierung unter Adenauer unterlag, aber dann (nachdem man die „Ärmel aufgekrempelt hatte") einen ökonomischen Aufstieg auch im Lebensstandard erlebte: Harte, zuverlässige und qualifizierte Arbeit in einer funktionierenden Produktion auf hohem technischen Standard war — das zeigt die gesamte Lebenserfahrung dieser Arbeiter — die beste persönliche Berufs- und Lebensversicherung.

Auch von Schuldgefühlen wegen der eigenen Beteiligung an Kriegsarbeiten ist fast nichts zu berichten. Man begriff sich als Gegner und in begrenzter Weise auch als Opfer des Nazi-Regimes, hatte mit diesem nichts zu tun und weist deshalb irgendeine Mitverantwortung an dessen Verbrechen zurück.

Auffällig ist die häufige u.k.-Stellung der Betriebsräte der „ersten Stunde" zum Zeitpunkt des Kriegsendes — 11 von 15 Männern —, aber erstaunlich ist sie nicht. Sie ermöglichte ihnen solche Funktionen, die die anderen Überlebenden nach der Kapitulation nicht übernehmen konnten, da sie noch im Lazarett, in der Gefangenschaft oder auf der Flucht waren.

So zeigen sich die Arbeit und die Arbeitsstelle in diesen Interviews mit alten, vor 1933 bereits aktiven Personen in einer schillernden Mischung: Begrenzte Kollektivität und kollegialer Schutz reiben sich mit individueller Sicherung durch qualifizierte Arbeit und ein gutes Verhältnis zu Vorgesetzten, mit einem persönlichen Arbeitsstolz und mit gewachsenem Leistungsbewußtsein. Anpassung und Rückzug auf die unmittelbaren Arbeitsvorgänge als Folgen des allgemeinen Klimas der Angst und des

Mißtrauens auch gegenüber Kollegen stehen gegen die Trauer um die verlorenen Formen früherer Solidarität in den alten Zusammenhängen der Arbeiterbewegung, die in den Erzählungen über die Bekannten aus Arbeitersport, Reichsbanner, katholischer und sozialistisch-kommunistischer Jugend aufscheint.

Um so enttäuschter war man über die verlorengegangene Solidarität unter den Kollegen und deren Unterwerfung unter das nationalsozialistische Regime. So berichtet Reinhold Heber, daß es noch 1934 in seinem Betrieb eine Aktion gegen die erzwungene Eingliederung in die Deutsche Arbeitsfront (DAF) und die automatische Abkassierung des DAF-Beitrags vom Lohn in seinem Betrieb gab. Ungefähr 100 Arbeiter hätten sich versammelt, um zu erreichen, daß die Beiträge „freiwillig" gezahlt werden konnten. Die Aktion blieb jedoch erfolglos, da die Kollegen angesichts der Drohung mit Entlassung und Verhaftung aufgaben.[31]

Zu Beginn der Einführung des Zwölfstunden-Arbeitstages in den Kriegsjahren habe es keinen offenen Protest mehr gegeben. Walter Faust erinnert sich an die Rede des NSBO-Kreisobmannes aus diesem Anlaß auf einer Betriebsversammlung:

> „,Ab morgen wird hier 12 Stunden gearbeitet. Der Führer hat das befohlen. Wir müssen das machen. Und wer das nicht will, für den hat uns der Führer die Pistole gegeben.' (Dabei) hat er auf seine Pistole geklopft. Dann haben wir gemeinsam das Lied ,Die Fahne hoch' gesungen, und (es) wurde 12 Stunden gearbeitet."[32]

Oder Jan Wesel:

> „Und dann mußte man ja auch hier im Betrieb aufpassen, man durfte ja nichts sagen. Man mußte sich immer geschickt rausreden können, sonst war man irgendwie doch mal dran gewesen ... Die in der Partei waren, die hatten doch alles gehabt. Die hatten doch besser gelebt wie wir, das haben wir doch alle festgestellt. Aber da mußte man doch genau untersuchen, wer das war, mit wem man sich darüber unterhalten hat ... Bei den Nazis mit dem Betriebsrat (Vertrauensrat) war ich auch nicht mit zufrieden gewesen. Wenn ich was hatte, bin ich selbst zum Chef raufgegangen, hab um Geld verhandelt, um meinen Akkord. Da bin ich gar nicht zum Betriebsrat hingegangen. Ich nicht." Frage: „Wie sind Sie denn mit dem Obmann oder den SA-Leuten im Betrieb ausgekommen?" Herr Wesel: „Ich persönlich bin da ganz gut mit ausgekommen. Ich hab keine Schwierigkeiten gehabt mit denen."[33]

Man mußte sich mehr als in den Jahren zuvor individuell durchschlagen, nachdem die alten Solidarzusammenhänge zerschlagen worden waren und nachdem auch unter alten Freunden, Genossen und Nachbarn Nazis auftauchten.

f) „Ich hatte vierzig Fremdarbeiter unter mir" oder von Unterschleiferfahrungen

(Horst Fromms Lebensgeschichte)

„Eines Nachts, ich hatte Nachtschicht, gegen Morgen fünf Uhr, ich war einen Bericht am Schreiben in meiner Bude, kommt der Deutsche rein und sagt: ‚Der Timoschenkow, der hat mich mit dem Messer bedroht.' Ich sag: ‚Wo ist der?' ‚Hier draußen'. Und da geh ich raus — das war so ein achtzehnjähriger Junge, so ein schmaler aufgeschossener Junge. Und wie ich rauskam, da stand der und war am Zittern. Ich sag: ‚Komm mal her.' Ich sag: ‚Was ist los?' Da sagt er: ‚Emil immer kloppen' — also: Emil schlägt ihn immer. Und da hab ich den Deutschen, war nur sone Handvoll, hab ich ihn so am Hals genommen und hab gesagt: ‚Wenn Du noch einmal den Jungen schlägst, dann hau ich Dich hier gegen die Wand, daß Du kleben bleibst, Du alter Drecksack.' Und der hat mich gemeldet. Ja, da mußte ich andere Woche zum Chef und da war der Vertrauensrat dabei, der Nazi. Und dann sagt der Alte zu mir: ‚Ja, Herr Fromm, was war denn da vorige Woche los?' Ich hab da gar nicht mehr dran gedacht und dann sagt dieser Vertrauensrat: ‚Das mit dem Ostarbeiter, der den Deutschen mit dem Messer bedroht hat.' ‚Was willst Du denn', sag ich, ‚wie Du arbeiten solltest' sag ich, ‚da hast Du Dir doch die Papiere hier geben lassen wegen Arbeitsmangel, Du Stromer.' ‚(weil er sich drücken wollte — Pl.) Ich sag: ‚Herr Doktor, wenn der tot geschlagen worden wär, hätt ich dann einen Neuen?' ‚Nee', sagt er, ‚wir haben ja keinen.' Ich sag (zum Vertrauensrat: ‚Dann kannst Du ja rüber kommen, kannst den totschlagen und bleibst da und machst die Arbeit. Aber da bist du zu faul für.' Dann hab ich mich umgedreht und bin weggegangen." Dafür mußte Horst Fromm dann vier Wochen hinter der Front Panzergräben ausheben. Draufhin sagte er zum Chef: ‚Herr H., machen Sie nicht son Wind. Was Millionen deutscher Männer können, kann ich auch.' Und eine andere Episode: „Eines Tages kommt ein Ostarbeiter zu mir und sagt: ‚Meister, kommen mal.' Na, ich geh raus und da decken die den Essenskübel auf. Da ist mir bald schlecht geworden. Und dann habe ich unseren Betriebsmeister angerufen, er möchte doch mal eben kommen. Und dann habe ich ihm gesagt: ‚Sehen Sie sich den Fraß mal an. Von diesen Menschen soll ich Arbeit verlangen? Die kippen ja um', sag ich. Und dann hat der sich direkt im Lager dazu verwandt. . . Und dann war für ein paar Tage das Essen besser und dann war doch wieder der alte Schlendrian da."[34]

Horst Fromm, der diese Geschichten erzählt, wurde 1903 geboren. Vater und Mutter stammten beide aus Ostpreußen. Sein Vater — von Beruf Walzwerker — starb ein Jahr nach der Geburt seines Sohnes. Horst besuchte die Volksschule, ging danach mit seiner Mutter, die keine Unterstützung erhielt und durch Näharbeiten kaum das notwendige Geld verdiente, wieder nach Ostpreußen. Seine Jugend verlief „wie jede andere auch. Was soll man da erzählen? Wir hatten nichts zu fressen". Nach seiner Rückkehr ins Ruhrgebiet 1918 blieb er bei der Firma „hängen", bei der er

— mit Ausnahme zweier mehrjähriger Unterbrechungen — bis zu seiner Rente arbeitete. Er wurde bereits 1919 Mitglied der Gewerkschaft, durch die er an Fortbildungskursen teilnahm, wurde dort Klassensprecher und Vertrauensmann. Er war Mitglied in mehreren Arbeiterkulturorganisationen, u. a. im Mandolinenorchester, aber in keiner Partei. 1930 heiratete er, erzählt aber über seine Frau nur wenig. Nach 1933 beschloß er, sich auf seinen Beruf im Hüttenwerk zu konzentrieren und wurde einige Jahre später Meister am Hochofen. An seinem Beruf schätzt er vor allem die Männerkameradschaft. Während des Krieges war er u.k. gestellt. Sein Sohn, der während des Krieges auf das Gymnasium ging, wurde evakuiert mit der Kinderlandverschickung. In den letzten Kriegsmonaten sollte Horst Fromm noch zum Volkssturm eingezogen werden; er tauchte jedoch unter in der früheren Nachbarschaft seiner Frau. Nach Kriegsende renovierte er mit geklautem Zement die zerstörte Wohnung; als ein Bahnpolizist ihn und seinen Sohn — „der war am Zittern" — beinahe erwischt hätte, war er bereit, dem „aus Selbsterhaltungstrieb direkt mit der Schüppe einen vor den Latz" zu knallen. Gegen seinen Willen setzte man ihn zu Aufräumarbeiten in der Stadt ein. 1947 mußte er sich an einem Tumor der Wirbelsäule operieren lassen, „denn ich war fast ein Krüppel". Das hat ihn, der stolz auf seine Kraft und Zähigkeit war, sehr mitgenommen. Er wechselte zunächst in einen anderen Betrieb, kehrte dann zu seinem alten Großbetrieb zurück. Dort wurde er 1950 Betriebsrat, später Betriebsratsvorsitzender. Er nahm dann in den nächsten Jahren zahlreiche Funktionen im sozialen Bereich und der Gewerkschaft wahr. Bei der Gewerkschaft und bei dem heutigen Betriebsrat, zu dem er auch nach seiner Pensionierung 1968 einen guten Draht hat, genießt er einen fast legendären Ruf.

Wie Horst Fromm hatten fast alle späteren Betriebsräte mit Fremdarbeitern zu tun, denn in manchen Betrieben waren während des Krieges bis zu 30 % der Belegschaften Kriegsgefangene und ausländische Arbeiter; auch die elf u.k. Gestellten unter den Befragten lernten diese an und führten die Aufsicht über sie.

Die zitierten Erzählungen Fromms zeigen erneut: Wenn einer mal „eine dicke Lippe riskierte" oder sich für Fremdarbeiter einsetzte, dann mußte er sicher sein, daß ihn die Notwendigkeiten einer guten Arbeit absicherten. Darüber hinaus lassen diese Erzählungen eine Massenerfahrung mit Fremdarbeitern (und Kriegsgefangenen) aufscheinen, deren Ausmaß und Bedeutung kaum abzuschätzen ist.[35]

Mit einer schwer zu interpretierenden Mischung aus Mitleid und Verantwortungsgefühl, aber auch herablassender Chefhaltung berichten die Alten von ihren Kontakten mit Fremdarbeitern. Allerdings taucht bei ihnen offener Rassismus, der in anderen Interviews mit Angestellten und Arbeitern beiderlei Geschlechts anklingt, nicht auf, dafür manchmal gönnerhaft formulierte Beschreibungen der mangelnden Zivilisiertheit, vor allem der „Ostarbeiter" und Mentalitätseinschätzungen, die auf nationale Eigenheiten zurückgeführt werden. Solche Erzählungen sind jedoch immer eingehüllt in mitleidvolle Berichte über Hilfeleistungen.

So erzählt Jan Wesel, daß in seinem Betrieb die deutschen die ausländischen Arbeiter unterstützt hätten:

> „Die kamen zu uns zu Weihnachten; da habe ich immer drei, vier zu Weihnachten in meine Wohnung geholt ... Ich bin der erste gewesen, der die hier (in der Stadt) rumgeführt hat, auf meine Verantwortung. Wenn mir einer weggelaufen wäre, dann wär ich der Dumme gewesen damals. Mit den Ukrainern in die Stadt — barfuß liefen die da rum. Die hatten noch niemals Schuhe gehabt, gar nichts anzuziehen gehabt. Da bin ich hiermit durch die Stadt marschiert, ich. (. . .) Da haben wir uns für eingesetzt. Die haben ihre schwere Arbeit gemacht und dann haben wir uns für sie eingesetzt oben beim Chef, damit die auch raus konnten. Die Nazis hatten das verboten. Dann kriegten die später das Wappen mit ‚Ost' drauf. Da durften die ja hier raus. Und da war ich der erste gewesen. Da hatten wir hier Geld bekommen — fünf oder sechs Mark, oder was sie da hatten. Und da hatten die für ihr ganzes Geld Eis geholt. Ich durfte gar nicht mehr weggehen. Da waren die immer am Betteln: ‚Bleiben Sie hier. Noch einen.' Das war son Wassereis mit Süßstoff drin während des Krieges. Und da haben die ihr ganzes Geld verfuttert mit Eis. Haben sie so Spaß gehabt, daß sie Eis essen konnten. Ich bin hier mit den Ukrainern gut zurecht gekommen." Wenn er sonntags Überstunden machte, dann kamen 50—60 Fremdarbeiter runter von ihren Schlafstellen im Werk. Wenn ein anderer kam, dann wollten die nicht mitgehen. Er habe auch dafür gesorgt, daß sie mittags in der Kantine ihr Essen bekamen und auch ein Stück Brot als Zulage. Weihnachten, Ostern und Pfingsten seien einige zu ihnen nach Hause gekommen. Dann hätten sie manchmal ein Kaninchen geschlachtet.
> Frau Wesel fügt hinzu, daß ihr Mann mal eine Ukrainerin mitgebracht hätte — „ja, eine Ukrainerin, aber eine nette, also wirklich nette Menschen. Und die waren so dankbar. Und die eine wollte immer kommen und wollte mit mein Haus putzen, meinen Haushalt machen. Das wollte ich ja nicht. Ich war noch jung, ich konnte selbst was machen. Die mußten hier ja genug arbeiten."[36]

Bei der Einarbeitung der Ausländer mußten die hiesigen Arbeiter durchaus aufpassen, daß sie sich nicht durch ein zu gutes Anlernen ausländischer Arbeiter selbst überflüssig machten und dann an die Front geschickt wurden. Herr Bergmann beschreibt eine solche Situation:

> „Jetzt steht ein Fräser an einer Maschine. Der kriegte jetzt eine Frau (Fremdarbeiterin) dabei gestellt. Die soll er anlernen, die soll ihn nachher ersetzen, er soll Soldat werden. Ja, meinen Sie, der macht denn so schnell? Der sagt: ‚Ich bin doch nicht, säg mir doch nicht selbst den Ast nicht ab.' Und die Frauen hatten

auch kein Interesse dran. Das ist so einfach nicht, einfach Kommandieren von oben. Das geht meistens in die Hose."[37]

In einigen Berufen brachte die Teilersetzung von Facharbeitern mit Ausländern eine Arbeitserschwernis:

"Ich weiß, daß wir 1941 eine ganze Menge russische Frauen hatten, die in der Gießerei gearbeitet haben. Die Frauen, die konnten ja nicht mit dem flüssigen Eisen umgehen. Und dann mußten wir Deutschen denen ihre Arbeit oder ihre Produktion, was die geformt haben in der Maschinenformerei, das mußten wir mit gießen, weil die nicht konnten oder durften. In der Regel trägt man mit der Handpfanne Eisen — so jeden Tag, wenn man seine eigene Produktion abgießt, 20, 25 Handpfannen. Und wie die Russen da waren, da haben sie uns rangekriegt. Da haben wir manchmal so 90, 95, 100 und über 100 Pfannen Eisen geschleppt am Tag. Da haben wir geschwitzt, als wenn wir in der Sauna gewesen wären."
Frage: „Wie haben denn die Zwangsarbeiter hier gelebt?"
Antwort: „Auf dem Werk hatten die hier extra für sich so ein Lager."
Frage: „Wie war die Verbindung der Deutschen zu diesen Arbeitern?" Antwort: „Das war so: Wir haben von uns aus, meine Frau, die mußte immer doppelte Butterbrote machen, haben wir dann mit genommen. Und wenn wir Pause gemacht haben, dann haben wir denen die zugesteckt. Also, da mußten wir noch vorsichtig bei sein. Die haben ja damals auch nicht viel zu essen gekriegt."[38]

Der Bergmann Uriczek erinnert sich, daß in jener Zeit die besonders schwierigen oder gefährlichen Arbeiten von russischen Kriegsgefangenen gemacht wurden. Die Gefangenen seien schlecht behandelt oder gar geschlagen worden und bekamen mieses Essen, „so daß sie oft auf den Feldern klauen gingen". Als nach einem Bombenangriff mehrere Kriegsgefangene ums Leben kamen, seien die Leichen einfach weggeschafft worden. Er habe immer versucht, den Kriegsgefangenen zu helfen. Das Essen, das die Kinder stehen ließen, schmuggelte er zu den Russen, und diese brachten selbstgemachtes Spielzeug:

Frage: „War das denn gefährlich?" Antwort: „Das war gefährlich. Weißt Du, was der Vorarbeiter mir mal gesagt hat? Der hat mich mal geschnappt, da hat er gesagt: ‚Wenn Du das noch einmal machst, dann melde ich Dich!' Das waren Schweinehunde, die Vorarbeiter und Betriebsführer. Das waren alles Faschisten."
Er differenziert dann zwischen den verschiedenen Nationalitäten der Fremdarbeiter, wie dies auch neuere Arbeiten über dieses Thema ausweisen: Die Franzosen hätten immer die leichteren Arbeiten bekommen, seien besser gekleidet gewesen und verpflegt worden. Die Russen dagegen hätten unter ganz erbärmlichen Bedingungen gelebt und bekamen die härtesten und gefährlichsten Arbeiten.[39]

Anton Cronenberg antwortet auf die Frage nach Fremdarbeitern in seinem Kleinbetrieb:

„Ja, Kriegsgefangene. Die hab ich gut behandelt. Immer. (Lacht.) Die halfen uns. Die kriegten wir mal ab und zu welche bei. Waren Sowjetbürger." Frage: „Gab es da Schwierigkeiten?" Antwort: „Ne, ne. Die waren sehr froh, wenn sie bei uns waren. Ja, die haben wir gut behandelt." Frage: „Ging es denen denn dreckig im Lager?" Antwort: „Ja, das weiß man nicht. Ich bin ja nicht da gewesen. Sie sprachen auch nicht viel . . . Die konnten ja denken, wenn sie was sagten, daß wir was sagen, ne. Ich meine, das waren russische Kriegsgefangene, und man weiß ja, wie das war. Aber man hat sich gut verstanden. Die waren billig, ne, haben gerne gearbeitet mit uns."[40]

Seine hilflose Unsicherheit gegenüber den Kriegsgefangenen beschreibt Willi Erbach:

„Die russischen Kriegsgefangenen — da hatte ich einen Russen, der sprach perfekt deutsch. Der war uns zugeteilt. Ich nehme an, daß er irgendwas war in seiner Abteilung . . . Ich wollte ihm sagen, wer ich war (seit 1923 SPD-Mitglied Pl.), aber ich habe es nachher doch nicht riskiert. Man wußte ja auch nicht, was los war. Die wurden furchtbar behandelt. Furchtbar ist gar kein Ausdruck. Die waren halb verhungert. Man soll (heute) nicht sagen: ‚Die anderen haben das auch gemacht.' Das ist keine Entschuldigung — zumal in Deutschland." In seinem Betrieb gab es auch einen sogenannten „Gestapo-Keller". „Wer da nicht parierte, der kam da runter und wurde verhauen. Wie das so üblich war. Und das waren vor allen Dingen Gastarbeiter, die Russen . . ."
Frage: „Und wer hat die da vermöbelt? Der Meister doch wohl nicht selber — oder?" Willi Erbach: „Ja, das waren unsere eigenen Kollegen, die der SA angehörten, bloß das wußte man nicht." Der verantwortliche Meister wurde deshalb später angeklagt, „aber man konnte eben nichts beweisen, weil keiner Mut hatte, etwas zu sagen." Auch Willi Erbach erzählt, daß „die Mutter mir Butterbrote mitgab für den Russen. Geben durft ich's ihm ja nicht. Da hab ich es auf die Erde fallen lassen. Da hat er es aufgehoben. Und wenn ich aufgefallen wäre, wär es schlimm geworden."
Etwas später folgt die Frage: „Waren alle Fremdarbeiter widerwillig da?" Willi Erbach: „Ja, die Frage ist schwer. Ich hab auch lang mal drüber nachgedacht. Ich hatte manchmal den Eindruck, daß die so überzeugte Bolschewiken sind, daß sie alles über sich ergehen ließen. Zumal wir ja kaum mit ihnen sprechen konnten — nur Anweisungen geben. Und nur einer sprach gebrochen deutsch. Ja, wie sollte man sich mit denen verständigen."
Frage: „Haben Sie die angelernt, eigentlich?" Antwort: „Ja, sicher. Wie gesagt, es gab immer Arbeit, das gibt da — sagen wir — was zu biegen, was zu bohren, jedenfalls Arbeit, gab's, gibt's in deutschen Betrieben immer (!)."[41]

Bei kaum einem Thema wird die meistens widerwillige, aber ohnmächtige Anpassung an eine dumpfe Brutalisierung des Betriebes oder der Nachbarschaft so fühlbar wie in den Erzählungen über Fremdarbeiter. Diese Brutalisierung wird in den Berichten zumindest der Altaktiven fast durchweg gesehen und abgelehnt; man selbst war jedoch in sie verstrickt und versuchte sie durch persönliche kleine Hilfen abzumildern — besonders dann, wenn man wegen der guten Arbeit auch der Fremdarbeiter ein begrenztes kollegiales Verhältnis entwickelte oder in der Arbeit aufeinander angewiesen war. Trotzdem scheint auch hinter diesen Berichten anderes auf:

— ein gewisser Stolz darüber, daß „hier Ukrainer, Franzosen, Belgier, Holländer gearbeitet" haben — „alle hier gearbeitet"[42]; „ich habe eine große Baustelle gehabt als Monteur aus Franzosen und Holländern und allen möglichen Leuten . . ., das waren Russen, das waren alles, Franzosen, Holländer. Alle möglichen Leute. Stattliche Anzahl"; „da war ein Franzose dabei, der hat mir erzählt, er wäre Oberkellner im Moulin Rouge in Paris. Und wenn der Krieg vorbei wäre, würde er mich einladen."[43] „Die Welt traf sich in Essen" — so beschreibt Ulrich Herbert etwas überspitzt diese Haltung.[44] Und die Welt traf sich zumindest anfänglich hier, weil es „in Deutschland Arbeit gab" und bei den anderen nicht. Erst im Krieg kamen die Zwangsarbeiter, deren gewaltsamen, mindestens unfreiwilligen Abtransport ins Ruhrgebiet man ebenso ablehnte wie deren Lebensbedingungen.

— Ein Stolz auch darüber, daß man hier einen höheren Stand der technischen Entwicklung hatte als in den Herkunftsländern der Fremdarbeiter.

— Man selbst konnte in der Arbeit besser mit dieser Technik umgehen als die schlecht ausgebildeten und unerfahrenen ausländischen Arbeiter.

— Einige meinten, einen höheren Grad an Zivilisiertheit zu besitzen als die Fremdarbeiter, vor allem aus ländlichen Gebieten Osteuropas, die sich noch naiv an billigem Eis erfreuen konnten, die die vielen Autos und die großen Städte bewunderten und keine richtigen Schuhe hatten.

— Selbst in der mitleidvollen Hilfe erscheint eine gönnerhafte Haltung und in der Arbeit ein Chefgebaren: Man hatte „diese Leute unter sich", man lernte sie an, lebte unter besseren Bedingungen und war nicht mehr der „underdog". Hier zeigt sich eine „Unterschleif"-Erfahrung, die von den Polen der Einwanderungszeit (und den entsprechenden „Pollacken"-Witzchen) über die „freiwilligen" Fremdarbeiter, den Zwangsarbeitern und Kriegsgefangenen bis zu den „Gastarbeitern" (und den Türkenwitzen) dieser Tage reicht. In jeder deutschen Arbeitergeneration wurde diese Unterschleiferfahrung gemacht. Es nimmt daher nicht Wunder, daß diese verschiedenen „Ausländer" manchmal — auch sprachlich — ähnlich widersprüchlich behandelt werden, wie bei Klaus Woiwod:

„Wenn wir die Pollacken nicht gehabt hätten, hier im Ruhrgebiet, wäre das Ruhrgebiet nie hoch gekommen. Heute kommen die Türken und die anderen Ausländer. Aus dem Osten die Arbeiter waren mir lieber. Der Slawe stand in der Arbeit. Der Südländer konnte auch die manuelle Arbeit nicht so leisten hier auf der Hütte . . . Aber sagen wir mal mit den Jugoslawen, der slawische Typ konnte die manuelle Arbeit besser verkraften."[45]

g) „In Zukunft gemeinsam marschieren und vereint schlagen" oder über die Erfahrung der Gemeinsamkeiten zwischen Christen, Kommunisten und Sozialdemokraten.

(Alexander Stoppoks Lebensgeschichte)

„In dieser Zeit (1934) habe ich als Monteur eine Anlage in einem Zweigbetrieb mit installiert. Und da stand ich da mit einem Vertreter der ehemals christlichen Gewerkschaften zusammen, einem praktizierenden, ehrlichen, sauberen, anständigen christlichen Gewerkschafter. Da war wieder so ein Fall (von Terror) gewesen, und wir unterhielten uns beide über die Schreckenstaten. Man hatte einen Mann da draußen bei uns zusammengeschlagen. Das war der Grund. Da sagte der Fritz Rauschenbach, so heißt der Mann . . . mit dem stand ich da mitten auf der Montage, da sagt der zu mir: ‚Alex, sollten wir diesen Dreck überleben, dann müssen wir nicht nach dem Motto: Getrennt marschieren, vereint schlagen (handeln) — dann müssen wir e i n e Gewerkschaft machen.' Und wir beide haben nach dem Zusammenbruch lange Jahre im Betriebsrats-vorstand zusammen gesessen."[46]

Alexander Stoppok, der diese Episode erzählt, wurde 1899 geboren; seine Eltern waren „natürlich katholisch und meine Frau auch." Seine Mutter war von Beruf Hausfrau; sein Vater arbeitete als Sattler in einem Großbetrieb und war gewerkschaftlich organisierter Sozialdemokrat. „Er war katholischer Sozialdemokrat und das waren nicht die Schlechtesten", aber ist in „weltlichen" Gesangsvereinen ein „gesuchter zweiter Baß" gewesen; auch die Mutter sang im Verein. Der Vater hat sogar mal vor dem Kaiser gesungen. Man führte ein harmonisches Familienleben. Nach dem Besuch der katholischen Volksschule machte Alexander eine Schlosser-lehre von 1913 bis 1917 in demselben Betrieb, in dem sein Vater arbeitete. Mit dem Ende der Lehrzeit wurde er eingezogen, reklamierte diese Einzie-hung auch nicht, obwohl dies bei seiner Jugend möglich gewesen wäre und er in einem kriegswichtigen Betrieb arbeitete. „Ich habe es hinterher an der Front bitter bereut, daß ich so dusselig war". Er kehrte unverwundet zurück und begann in einer anderen Abteilung seiner alten Firma. 1919 trat er in den DMV ein. Während des Kapp-Putsches beteiligte er sich am Streik: „Ich hab dann zu meinen damaligen Kollegen gesagt: ‚Ihr wollt doch wohl nicht hier (im Betrieb) bleiben. Raus! Da kann ja jeder in Berlin sagen: ‚Alles hört auf mein Kommando!' Natürlich war der Spuk schnell zu Ende." Mit der Roten Armee hatte er nicht viel im Sinn, weil er „kein Kommunist war und auch keiner sein wollte". 1923 trafen die Massenentlassungen auch ihn. Er arbeitete dann bei verschiedenen Kleinbetrieben. 1927 heiratete er; seine Frau „mußte nie arbeiten". Ein Jahr später kam der erste Sohn, der heute als Diplomingenieur in der Industrie arbeitet. 1928 trat Alexander Stoppok in die SPD ein und kehrte im gleichen Jahr in seine alte Firma zurück, bei der er bis zu seiner Rente 1964 blieb. Während des Nationalsozialismus „überwinterte" er und wurde während des Krieges u.k. gestellt. Er war nie davon überzeugt gewesen, daß „Hitler den Krieg gewinnen kann", sondern hat sogar gemeint, daß Hitler „nur von außen" gestürzt werden könne, da er seine „Garden zu sehr ausgerichtet" hatte. Nach dem Krieg trat Alexander Stoppok sofort wieder in die Gewerkschaft ein und wurde Betriebsrat. Er sieht mit Befriedigung auf die Zeit nach dem Kriege zurück, als er viel für seinen Betrieb und die Stadt leisten konnte, die Belegschaft versorgt und die Demontagen wenigstens zu einem Teil verhindert hat. Er war sich mit anderen einig, daß man nie wieder Krieg wollte, aber man hätte in den Kriegsbetrieben auch Friedensprodukte machen können. Da er „das Eigentum bejaht", war er gegen die Sozialisierung. Er hat auch als Leiter der SPD-Fraktion in der Gewerkschaft mit geholfen, die Kommunisten zurückzudrängen. Er ist stolz darauf, zu „seinem Betrieb" zu gehören und in seinen Funktionen große Menschen wie den König Paul von Griechenland kennengelernt zu haben. Seit Anfang der fünfziger Jahre arbeitete er als Schiedsmann (bis 1980) und erhielt für seine Tätigkeit das Bundesverdienstkreuz. Er führt mit seiner Frau bis heute ein „glückliches katholisches Familienleben". Sie waren häufige Kirchgänger, bis eine schwere Arthritis ihm den Kirchenbesuch verwehrte.

Wie Alexander Stoppok erzählen auch andere von Gemeinsamkeitserfahrungen ehemals konkurrierender Gewerkschafter und Betriebsräte aus den verschiedenen Lagern der kommunistischen, christlichen und sozialdemokratischen Arbeiterbewegung. Ob am Arbeitsplatz wie hier, ob im Krieg, im Strafbataillon, in der Gefangenschaft — im Angesicht der nationalsozialistischen Herrschaft schrumpften die Differenzen zwischen den verschiedenen Richtungen; der Angst und dem Anpassungsdruck war man gemeinsam ausgesetzt. Allerdings wird diese Gemeinsamkeits-Erfahrung selten so explizit formuliert wie von Herrn Stoppok, sondern eher als Selbstverständlichkeit gehandelt. Kommunisten betonen überdies,

„daß die Einheitsgewerkschaft in den KZs geschmiedet"[47]
worden sei. Allen — auch den Altaktiven aus der katholischen Arbeiterbewegung — war nach dem Krieg „vollkommen klar", daß die zukünftige

Gewerkschaft eine Einheitsgewerkschaft sein müsse. Bereits vor der Kapitulation wurden deshalb die ersten Schritte zum Aufbau der Gewerkschaften von paritätisch besetzten Ausschüssen auf der unteren Betriebsebene unternommen.

h) „Kapitalist ist nicht gleich Kapitalist" oder von klassenübergreifenden Gemeinschaftserfahrungen.

(Anton Cronenbergs Lebensgeschichte)

„Der Meister war auch kein Nationalsozialist direkt. Der sagte auch nicht ‚Heil Hitler!', wenn er in die Werkstatt kam. Der sagte bloß ‚Guten Morgen'. Wir waren auch alle organisiert in der Werkstatt, wurden zwangsweise übernommen (in die Deutsche Arbeitsfront)."[48]

Anton Cronenberg wurde 1900 geboren. Sein Vater — Bohrer und Fräser von Beruf — war streng katholisch; seine Mutter war „in Glaubensfragen weniger extrem", war Kindererzieherin und Hausfrau. Sie mußte, um die sechs Kinder zu ernähren, im Nebenerwerb putzen und nähen. Anton machte nach dem Besuch der katholischen Volksschule von 1914 bis 1917 eine Lehre als Klempner und Installateur. 1918 wurde er zur Marine eingezogen, wo er aber keine Einsätze mehr machen mußte: „Ich bin immer freiwillig zurückgeblieben, ich hatte nämlich für den Krieg nicht viel über". In Wilhelmshaven erlebte er die Novemberrevolution, von der er jedoch wenig mitbekam. Im Dezember 1918 kehrte er nach Hause zurück. 1916 trat er bereits in die ‚Arbeiterjugend' ein, wo er Bücher von Marx, Engels und Bebel las: „‚Die Frau und der Sozialismus' hab ich als junger Mann schon gelesen — ein wunderbares Buch". Über seinen Bruder bekam er auch den „Wahren Jacob" (sozialdemokratische satirische Zeitung). 1919 wurde er Mitglied des DMV und trat im gleichen Jahr aus der Kirche aus; er hatte auch Bücher aus der Arbeiterbewegung gegen die Kirche und besonders zum Marienkult gelesen und fragt sich, wieso man heute noch an die Himmelfahrt Mariä glauben könne. Wegen der Kriegspolitik der SPD 1914 war er immer gegen diese Partei gewesen; nach dem Kapp-Putsch wurde er wegen Streikbeteiligung entlassen und arbeitete in verschiedenen Kleinbetrieben, bis er 1933 bei der Firma anfing, bei der er bis zu seiner Rente 1965 blieb. Er schloß sich 1928 der KPD an, war aber nie besonders aktiv. 1925 heiratete er, 1927 kam ein Sohn. 1928 starb seine Frau, was ihn sehr deprimierte, vor allem deshalb, weil ihm schon früh der tödliche Ausgang ihrer Krankheit bekannt war. 1933 heiratete er erneut. Er ist stolz darauf, daß seine Frauen nicht weiter erwerbstätig sein mußten: „Die hat (danach) nicht mehr mitgearbeitet. Nein, nein, nein —

meine Frauen haben nie gearbeitet, wollte ich nicht. Ja, was sollen die denn arbeiten? Die sollten den Haushalt machen und sollten auch auf die Kinder aufpassen, damit die Kindererziehung da war. Man konnte sich doch keine Gouvernante leisten wie die anderen. Das war ja nun nicht drin". Für den DMV wurde er Vertreter bei der Innungskasse seit Mitte der zwanziger Jahre, bis er unmittelbar nach dem Machtantritt der Nationalsozialisten 1933 aus dieser Funktion geworfen wurde. An politischen Auseinandersetzungen vor 1933 beteiligte er sich nicht, auch nur sehr wenig an der Parteiarbeit der KPD. „In einer Versammlung, wo die SA drin war, war ich nicht, weil ich nachher, wo ich verheiratet war, habe ich mehr auch so für die Familie gelebt". Der Arbeitersportverein, in dem er Mitglied war, wurde nach 1933 aufgelöst. Während des „Tausendjährigen Reiches" hatte er keinen organisierten Kontakt zu alten Genossen. Er traf manchmal eher zufällig einige auf dem Sportplatz. Während des Krieges war er u.k. gestellt. Er wurde auch nicht ausgebombt; einmal kam ein Blindgänger in seine Wohnung durchs Dach, er konnte aber den Brand selbst löschen und die Schäden ausbessern. Er lobt die Nachbarschaftshilfe während der Bombenangriffe; mit Blockwarten habe er da nichts zu tun gehabt: „Bei mir war keiner gewesen." Nach 1945 wurde er wieder Vertreter der Gewerkschaft bei der Innung, zeitweise Gesellenvertreter bei einer Ortsverwaltung und Mitglied der KPD. Nach dem KPD-Verbot 1956, das ihn nicht sehr erschütterte, wählte er manchmal die SPD, weil „sonst nichts" infrage kam. 1969 schloß er sich der neugegründeten DKP an. Seit dem Tode seiner zweiten Frau lebt er allein in derselben Zweizimmerwohnung, in der er mehrere Jahrzehnte zu Hause war.

Wie Anton Cronenberg erzählen ungefähr die Hälfte der Befragten, daß ihre Vorgesetzten keine Nazis waren und die Betriebsleitungen allgemein nicht so fanatisch waren.:

> „Und das war typisch bei der Firma: die waren alle keine Nazis. Ein paar einzelne, die auch sofort in brauner Uniform erschienen . . . Die Firma war nicht nationalsozialistisch. Der Alte war monarchistisch, war kaisertreu. Das wußten alle. Eine Episode: Ich kam mal zum Betriebsleiter W. der Firma und klopfte an und ging rein. Da höre ich gerade, wie der sagt: ‚Das eine will ich Ihnen sagen, Kreisleiter' — in seinem sächsisch — ‚ich werde nicht in die Partei gehen und Adolf Hitler wird sich noch revidieren müssen.' Dann haute er den Hörer auf. Da stand ich im Rahmen und sagte: ‚Herr W., was haben Sie denn da gemacht?' Das war der Betriebsleiter. Da sagt der: ‚Was? Raus!', schrie der da. Ich hab nur mit dem Kopf geschüttelt und bin rausgegangen. Ich will nur sagen, wie der Geist — von Geist will ich nicht reden — aber wie die Situation damals war. Wir hatten Vorgesetzte, die waren keine Nazis. Auch wenn der eine oder andere . . . diese Parteinadel getragen hat. Es waren Leute, die waren

weit schlimmer, die nicht der Partei angehörten, ne? Haben Sie das verstanden? ... Nationalsozialistische Amtmänner sind den Kapitalisten sogar an die Seite gestellt worden ... zur Kontrolle."[49]

Nicht nur von Handwerksmeistern oder Lehrherrn wird berichtet, die keine Nazis waren, sondern auch der alte Krupp wohlwollend betrachtet: Er sei fälschlicherweise später in Nürnberg angeklagt worden — schlimmer noch: wie bei der „Sippenhaft" sei die Kriegsverbrecher-Anklage auf seinen Sohn ausgedehnt worden.

Herr Stecker, der mit seinen Chefs ein ausgesprochen gutes Verhältnis gehabt hatte, obwohl er als „Roter" verschrien war, wurde sogar — wie beschrieben — von einem der Direktoren nach seiner Ausbombung mit seiner Familie in dessen Haus aufgenommen und wohnte dort bis nach 1945.

Einige erwähnen zwar die Parteizugehörigkeit ihrer Chefs, mildern sie aber zugleich ab: Sie hätten in die Partei gehen müssen, seien keine „richtigen" oder „fanatischen" Nazis gewesen oder hätten auch nur mit Wasser gekocht:

Frage: „Wie haben Sie das im Betrieb bemerkt, daß die Nazis an die Macht kamen?" Horst Fromm: „Ja, och, wir haben da eigentlich nicht viel von gemerkt. Sicher, es waren immer Leute, die sich hervortun. Unser stellvertretender Betriebsleiter, der war Ortsgruppenleiter, zu dem wurden wir dann nach oben beordert. Und dann hab ich dem gesagt: ‚Na ja, wenn jetzt Ihre Parteigenossen kommen, dann werden die (Arbeiter) sich ja wohl anders verhalten müssen.' Dann hat man mir gesagt, ganz lakonisch: ‚Wir kochen nach wie vor mit Wasser.' ... Und so war es auch."[50] Im Interview gibt Herr Fromm dann die Zusammenfassung eines Gewerkschaftskollegen wieder: „Kapitalist ist nicht gleich Kapitalist."

Es erscheint hier in den Interviews eine merkwürdig gegenläufige Betrachtung: Für die Zeit des Nationalsozialismus und des Krieges werden nationalsozialistische Betriebsleiter, Direktoren und Besitzer kaum erwähnt oder ihre NS-Zugehörigkeit heruntergespielt. Aber für die Zeit nach 1945 tauchen in den Interviews plötzlich sehr viele Unternehmer auf, die nationalsozialistischen Dreck am Stecken hatten und sich deshalb nicht trauten, gegen Betriebsräte, Jugendvertreter und Gewerkschaftsfunktionäre im Betrieb vorzugehen, da sie auf die „Persilscheine" der Betriebsräte angewiesen waren. Erklärungen für dieses Phänomen scheinen mir schwer: Loyalitätsbindungen an den Betrieb mögen eine Rolle gespielt haben; plausibler erscheint mir, daß heute kollektive Gewerkschaftserinnerungen über die Nazi-Kapitalisten wirksam wurden, die nach 1945 entstanden waren, während man zuvor bei eingeschränkten, nur individuellen Verbindungen in der nationalsozialistischen Ära die NS-Zugehörigkeit des Chefs nicht so wahrgenommen hatte. Vielleicht verdrängt man

auch nur zur Selbstentlastung die nationalsozialistische Parteimitglied-
schaft des Besitzers, weil man sich nicht zugestehen will, unter einem
Nazi-Chef gearbeitet zu haben und dies auch noch in der Kriegsproduktion.

Weitere Gemeinschaftserfahrungen über die Klassen hinweg scheinen
im Schützengraben, im Bombenkeller und in der Gefangenschaft gemacht
worden zu sein.

i) „Krieg ist nichts für den kleinen Mann" oder vom „Glückhaben" im Krieg.

(Klaus Woiwods Lebensgeschichte)

Frage: „Konnte man im Krieg nicht freigestellt werden, wenn man für die
Produktion gebraucht wurde?" Antwort: „Ja, aber ich wollte lieber in den
Krieg ziehen, wie die schwere Arbeit an den Öfen (machen). Die Arbeit war für
solche, die Vater und Mutter erschlagen haben. Und die Arbeit war wirklich
schwer . . . Ja, doch als Soldat habe ich mich wohler gefühlt, auch als
Stiefelsoldat und im Krieg auch . . . Ja, nachher, . . . wie ich so die Grausam-
keiten gesehen habe, da hab ich gesagt: Nee, Krieg ist nix für den kleinen Mann.
. . . Jetzt hab ich auch die Einstellung, ich möchte lieber 12 Stunden arbeiten,
wie einen Tag in den Krieg ziehen. Also der Krieg ist für die breite Masse
überhaupt nichts und für den Prolet überhaupt nichts. Also die breite Masse,
die ist immer die betrogene in so einem Fall. Ob siegreich oder Niederlage —
kein Vorteil."[51]

Das erzählt Klaus Woiwod, der 1914 geboren wurde und damit unter den
Älteren einer der Jüngsten ist. Seine katholischen Eltern stammten aus
Polen; der Vater arbeitete schon halbwüchsig als Schmelzer am Hochofen;
die Mutter — von Beruf Hausfrau — kam etwas später ins Ruhrgebiet.
Beide waren in einem polnischen Arbeiterverein. Der Vater erzog die 6
Kinder, die „frech waren und immer draußen rumtobten", streng.
Schlimmer als die Prügel war der Hausarrest; dann haben die Kinder
gesagt: „Vater hau drauf!" Die Eltern, die sich nie stritten, sprachen mit
den Kindern deutsch, so daß die Kinder „nicht als Pollacken beschimpft"
wurden. Der Vater („der war total Katholik") war ein sehr zuverlässiger
Arbeiter, der schon immer eine Stunde früher zur Arbeit kam und
manchmal auch noch während der Freizeit nach den Öfen guckte; denn
die Vierzimmerwohnung lag in einer Siedlung mit einer „herrlichen"
Nachbarschaft unmittelbar neben der Hütte. „Also pflichtbewußt waren
früher auch die primitiven Leute." Der Generaldirektor, der aus Schlesien
stammte, erklärte: „Alles, was hinter Berlin herkommt, kann arbeiten."
Im ersten Weltkrieg war er mit seiner Mutter in Posen evakuiert. Klaus

Woiwod besuchte die katholische Volksschule, wo er gut zurecht kam:
„Wenn man in der Schule nicht dumm war, dann war man den Leuten
sowieso immer über. Also der Dumme, der wurde in die Ecke gedrängt.
Das ist heute noch so." Deshalb wurde er nach der Schule 1928
Laborantenhelfer-Anlernling, das als etwas Besseres als die harte Arbeit
am Ofen galt. Aber ihm nützte dies wenig: als die Hütte 1931 stillgelegt
wurde, mußte er über zwei Jahre stempeln gehen. Er „lungerte rum" wie
andere auch und klaute sich das Essen zusammen. In den polnischen
Verein ging er nur noch zum Tanzen und wegen der Mädchen. 1933 wurde
er Landhelfer, 1934 war er beim Reichsarbeitsdienst. 1934 wurde die
Hütte wieder geöffnet, und er begann dort eine Arbeit, diesmal als
Schmelzer am Ofen. Während der gesamten nationalsozialistischen Ära
war er in keiner Organisation. 1935 leistete er den Militärdienst und kehrte
1937 in die Hütte zurück. Die Arbeit war sehr schwer: „Ich hab dann
meine Zinkpfanne durch die Luft geschmissen, hab Radau gemacht. Ich
war sehr frech. Wollte immer aus der Arbeit raus, aber ich flog nicht raus.
Ich hab Radau gemacht, daß sie mich mit Gewalt rausschmeißen sollten.
Und wegen Krieg hab ich dann Radau gemacht aus Freude: ‚Das ist das
letzte, was ich sehe. Wir werden sowieso alle kaputt geschossen.' Dann
war ich besoffen, hatte den Direktor noch angegriffen." So kam er an die
Front. „Das war ja besser, in den Krieg (zu) ziehen, wie die schwere
Maloche." Klaus Woiwod war dann Soldat von 1939 bis 1945 in Norwegen und der Sowjetunion. Er wurde verwundet und lag bei Glogau in
einem Lazarett, das beschossen wurde. Er konnte sich in einen Schützengraben retten. Danach versuchte er mit einem Kollegen zu fliehen, erlebte
die Zerstörung Dresdens: „Also die Brände über der Stadt, die haben so
einen Sturm erzeugt, daß sie meinten, sie wären in der Hölle. Das war wie
Sturm über Asien." Sie kamen schließlich aus Dresden raus und gerieten
später in amerikanische Gefangenschaft. Nach Rückkehr ins Ruhrgebiet
„lungerte" er zunächst wieder rum und hat zwei Jahre lang organisierten
„Schwarzhandel gemacht, auf Deutsch gesagt". Sein Vater wollte zwar,
daß er wieder auf der Hütte anfing, aber „ich hab mir vom Vater nichts
sagen lassen. Die haben damals ja hier für nen Appel und nen Ei gearbeitet". Er hat sogar Schwarzhandel für den Direktor betrieben. 1947 heiratete er seine 12 Jahre jüngere Frau: „Da mußte ich eine feste Existenz und
eine Wohnung haben"; deshalb fing er wieder auf der Hütte an, machte
aber nebenher weiter „mit Schwarzhandel". Das Ehepaar Woiwod hat
drei Söhne. 1950, während einer Krise, „setzte der (kommunistische)
Betriebsrat meine Entlassung durch". Nach sechs Wochen wurde er wieder eingestellt und kandidierte sofort für den Betriebsrat, weil er dessen
Macht kennen gelernt hatte, und wurde auch mit zwei Stimmen mehr, als
notwendig waren, gewählt. Er wurde gleich Betriebsratsvorsitzender nach

Losentscheid. Als Betriebsrat war er „Prellbock zwischen den Arbeitern und der Betriebsleitung", hat aber viele Lohnverbesserungen, Urlaubstage und Sozialleistungen durchsetzen können. Ein Freund wollte, daß er in die SPD eintrete: „Mensch, hier kannste schnell was werden", aber er dachte: „Was sollst Du Dich politisch noch belasten." „Ich hab immer nur SPD gewählt. Blind. Ob sie Scheiße machen oder nicht." Allerdings hätte die SPD noch schärfer sein müssen: „Also Kommunist nicht, mit der SPD auch nicht, rechts auch nicht, vielmehr links." Mit der Mitbestimmungsregelung in den fünfziger Jahren war er nicht zufrieden und trat als Betriebsrat dagegen auf. Nach der Stillegung der Hütte 1968 arbeitete er mit den Sozialplan aus, bekam danach einen Arbeitsplatz im chemischen Bereich der Firma und zuletzt auf dem Gitterrostwerk. Obwohl er streng katholisch erzogen wurde, hat er eine andere Einstellung zur Religion als seine Eltern: „Ich hab so mehr den kommunistischen Standpunkt: Religion ist Opium fürs Volk. So innerlich eine Verdummteufelung. Leute arm halten, nicht für ihre Zwecke zu kämpfen. Und wenn man reichlich viel Arme hat, hat man auch viel Gläubige." Das Resümee seines Lebens: „Ich hab mich immer zurecht gefunden in allen Lagen."

Von diesem bunten Leben Klaus Woiwods, das dennoch um den festen Pol der Hütte kreise, zurück zu den Kriegserfahrungen: Er ist der einzige unter den befragten alten Betriebsräten, der 1939 gern in den Krieg wollte. Außer ihm waren nur drei weitere eingezogen worden; davon einer in der Etappe als Kfz-Meister und einer im Strafbataillon. Elf der befragten Alten waren u.k. gestellt und erlebten den Krieg in ihrer Heimatstadt. Für sie machte sich der Krieg vor allem durch die Arbeitshetze, die Angst vor der Front und die Bombardierungen bemerkbar. Ihre Frauen ebenso wie die beiden Betriebsrätinnen waren zumeist mindestens für eine gewisse Zeit des Krieges evakuiert; ihre Kinder in der Kinderlandverschickung (KLV). Daher ist eine der auffälligen Gemeinsamkeiten in den Kriegsberichten die Erzählung über die auseinandergerissene Familie. Die Kriegserfahrungen insgesamt sind jedoch so vielfältig und widersprüchlich, daß eine umfassende Darstellung den Rahmen dieses Buches sprengen würde.[52] Hier können daher nur Fragmente wiedergegeben werden.

Zumindest in den Erzählungen anderer Arbeiter, weniger unter den heute organisierten Betriebsräten, ist Klaus Woiwods Grund für seine Kriegsbegeisterung — die harte Arbeit — kein Einzelfall. Fritz Harenberg, der nach längerer Erwerbslosigkeit zunächst im Arbeitsdienst und dann von 1937 bis 1945 bei der Wehrmacht war, erzählt:

„Ich muß ja sagen, ehrlich gesagt: Die Militärzeit, was die Kaserne betrifft, nicht was hinterher kam, die hat mir besser gefallen als die Arbeitsdienstzeit. Im Arbeitsdienst sind wir mehr rangeholt worden als beim Militär . . . Ob das vielleicht am Essen gelegen hat? Wir bekamen sehr gutes Essen. Kotelett, kann man sagen, so groß wie ein Klodeckel, wirklich. Salat, Kartoffel, Sosse und alles. Und nicht einmal die Woche — mehrmals die Woche." Dann kam der Krieg: „Ja, dann hieß es auf einmal: nach Frankreich wieder. Dann kamen wir wieder nach Frankreich zur Besatzung. Ja, und da hat man sich drauf gefreut, das will ich ja ehrlich sagen. Da war ja wieder alles normal . . . Bei Nancy. Und da abends, wenn kein Dienst mehr ist, da ging man in die Kneipe rein. Da gabs die Flasche Sekt für fünfzig Pfennig. Und wenn man da aufstand, da stand der ganze Tisch voll und wir die Hacken voll, das ist ja klar . . . Und da waren die Soldatenkinos und die Soldatenheime, nannte man sie. Da konnte man essen und so weiter. Und dann abends ging es wieder denselben Weg zurück. Und hier lagen wir auf einem großen Schloß verteilt . . . Die Frauen, die waren so in der Stadt und da hatte man mittlerweile auch schon die Bordells eingereiht, aufgebaut für die Landser. Ja, und von da aus hatte ich das große Glück, drei Wochen Urlaub zu kriegen." Von Frankreich kam Fritz Harenberg nach Wien. „Dann hieß es auf einmal: ‚Marsch weiter!‘ Richtung Pussta, Ungarn. Na, da hab ich richtig die Pussta erlebt, also wirklich, wie die Zigeuner da rumgefiedelt haben." Von da an ging es weiter nach Sarajewo, wo Geld ausgezahlt wurde, das in der Stadt ausgegeben werden konnte: „Das erste Geschäft war Schokolade. Schokolade eingekauft. Zweite Geschäft war Uhrmacher. Uhr gekauft, Ringe gekauft für die Frau. Wir hatten doch Geld und bei denen kostete es doch nichts. Ein Fotoapparat hab ich dann auch noch gekauft, so eine Agfa . . . Tuch, also Mantelstoff für die Frau. Da hatte die einen schönen Mantel. Dann waren ja auch viel diese Moslems da mit ihren Türkenhütchen. Die mußten wir auch haben. Hab ich auch zwei gekauft."[53]

Auffällig an diesem Bericht ist mehreres: zunächst die Beschreibung des Krieges als großtouristisches Unternehmen quer durch Europa; dann die Erfahrung als Besatzer, der mit hoher Währung tolle, nie gehabte Sachen einkaufen kann; weiter die Fremdbestimmung in der Sprache („dann hieß es auf einmal"), die auch in anderen Erzählungen nicht nur über den Krieg, sondern auch über die Arbeit auszumachen ist; und schließlich die gute Verpflegung, die besser ist als zu Hause und dem Militär einen Pluspunkt einbringt. Erst im weiteren Verlauf des Krieges und des Rückzugs beginnt Fritz Harenberg den Krieg abzulehnen, so daß er heute die Jugend beneiden kann, die sich nicht mehr alles bieten läßt und nicht solche „verloren gegangenen Jahre" wie er hat:

„Je älter man wird, je mehr Verstand bekommt man ja, und man sieht die Dinge ganz anders. Man würde erstens mal damals, was auf uns zukam, das würde man bekämpft haben — die Nazizeit damals. Vor allem wie es heute ist, daß sie nicht jeden X-beliebigen sofort an der Kandare haben können und sagen: ‚Hier, Du bist Komiss!‘, wie es uns damals gegangen ist. Ich bin von 37 an, hab ich nur in den Knobelbechern gestanden bis Ende 45 — an einem Streifen. Ja, dagegen hätte man sich, wie es die heutige Jugend macht, gewehrt."[54]

Auch von alten Betriebsräten hört man Kriegsschrecknisse in der Form der „Schütze Asch"-Episoden, wie im folgenden von Herrn Berger, der in der Etappe Schirrmeister mit dem Dienstgrad eines Gefreiten war:

> Einmal kam er in die Kantine, wo gerade nur der Zahlmeister aß, der ein „strammer Nationalsozialist" war. Erich Berger sagte: „Mahlzeit!" Darauf der Zahlmeister: „Heil Hitler! heißt das'. Weil der so schmatzte, sagte ich zu der einen belgischen Bedienung: ‚Laura, stell doch mal den Lautsprecher ab, damit man den Zahlmeister besser schmatzen hört.' Drei Tage Bau." Erich Berger kam noch einmal in den Bau, als er einmal einen Leutnant nicht gegrüßt hatte bei einem Schaufensterbummel. Nach Vorhaltung sagte Erich Berger: „Herr Leutnant haben vergessen weiterzugehen." Seine Verwundung erhielt er bei einem Streit seines Kameraden Jupp mit einem Sturmbannführer auf einem „feuchten" Kameradschaftsabend. Zum Schluß schrie dieser Jupp: „Ich hol die Pistole und schieß Dich nieder" und holte die Waffe. Als Erich Berger sie ihm wegnehmen wollte, bekam er seine „Kriegsverwundung" am Knie.[55]
> Auch andere erzählen von ähnlichen Erlebnissen, die sie mit „Schicksen", mit Alkohol schiebenden SSlern oder mit Vorgesetzten in besetzten Gebieten hatten.

„Besondere" Greueltaten scheint man mit der eigenen Einheit — so die Berichte — nicht erlebt zu haben. Die haben SSler und fanatische Nazis begangen. Das ist offensichtlich ein fester Bestandteil kollektiver deutscher Erinnerung. So erzählt der kommunistische Bergmann Erich Maas:

> „Schweinereien sind bei meiner Truppe nicht passiert. Ich erinnere mich noch an eine Geschichte in einem Dorf (in der Sowjetunion). Die feiern doch da Pfingsten vier Tage lang. Bei uns stehen da plötzlich ein paar Leute von der Dorfbevölkerung mit einem Weidenkorb mit Eiern, Butter und ein bißchen Speck darin. Dies sei so üblich, während der Pfingstzeit Gäste zu bewirten, sagten sie. Die hatten doch aber selber nichts. Wir wurden also zu ihnen nach Hause eingeladen. Plötzlich merke ich, daß der, dem das Haus gehörte, seinen eigenen Bruder verprügelt. Ich frage den Russen, was los sei, da sagt der, daß sein Bruder seine Gäste beleidigt hätte."[56]

Über die während des Krieges zunehmende Arbeitshetze berichtet Willi Erbach:

> „Während des Krieges wurde das Arbeitstempo härter. Arbeiten Sie mal sechs Stunden tags und sechs Stunden nachts. Das ist schwer. Der Trost war die Zigarette . . . Die Angst war groß. Wenn man zu spät kam, mußte man damit rechnen ab 1939, daß man sehr schnell eingezogen wurde. Ich hab dann auch mal einen Brief erhalten, auf dem ich abgemahnt wurde:
> ‚31. August 1944. An Gefolgschaftsmitglied Erbach. 920413. Betrifft: Verwarnung.
> Bei Durchsicht der Auguststempelkarten habe ich festgestellt, daß Sie bis heute schon drei Mal zu spät gekommen sind. Wir machen auf die verschärften Strafbestimmungen aufmerksam und verwarnen Sie hiermit

strengstens in der Erwartung, daß Sie in Zukunft pünktlich erscheinen. Bei weiterem Zuspätkommen werden Sie mit einer Geldbuße belegt, deren Höhe Ihnen am Schluß des Monats mitgeteilt bzw. von Ihrem Lohn in Abzug gebracht wird. Gegebenenfalls müssen Sie mit Entzug der Lebensmittelzusatzkarte und Meldung an den Treuhänder rechnen.' Gezeichnet vom Betriebsführer und dem Hilfsvertrauensmann."[57]

Frau Leibold erzählt, wie es während des Krieges in dem Großbetrieb zuging, in dem sie arbeitete:

„Mittags schlug der Betriebsführer mit irgendeinem Gegenstand an die Lampe: ,Alles mal herhören!' Und dann wurde der Kriegsbericht verlesen, regelmäßig. Dann hieß das: ,Soundsoviel Tausend Bruttoregistertonnen sind wieder versenkt worden.' Und ganz vorsichtig habe ich dann meine Bemerkungen im Kreise meiner Kollegen, mit denen ich ja auch ziemlich befreundet war, gemacht und gefragt: ,Wer wird das alles mal bezahlen müssen?' Mehr konnte man ja nicht sagen. Und so kam es dann auch nach 1945."

„Wenn es in der Stadt Alarm gab, Fliegeralarm, dann durften wir noch lange nicht in den Keller, sondern erst, wenn der Betrieb Betriebsalarm gab. Und dann mußten wir alle unsere Sachen runter schleppen. Wir hatten solche großen Holzkisten. Da mußten wir alles reinpacken — die ganzen Lohngeschichten — und mit runterschleppen. Einmal war auch Bombenalarm. Ich saß am Fenster. Ich hatte das Fenster immer ein Stückchen offen stehen: Bombenalarm. Ich hab meine Sachen eingepackt, bin in den Keller gegangen und unten standen dann diese Obleute: ,Es ist kein Alarm. Was wollen Sie hier? Es ist kein Alarm. Gehen Sie an Ihren Arbeitsplatz!' Da hab ich gesagt: ,Es ist Fliegeralarm. Ich habs gehört und ich geh nicht rauf.' Und ich bin unten geblieben. (Einen) Augenblick später gabs dann natürlich Betriebsalarm. Dann kamen die anderen auch."[58]

Das Erstaunliche an dieser Erzählung wie an vielen anderen ist die Distanziertheit der Berichterstattung. Über die Ängste, Schrecken, Leiden und die Toten wird in diesen Kriegsgeschichten entweder mit distanzierter Nüchternheit oder es wird über sie in Form von Witzen und komischen Geschichten erzählt — wie bei Erich Berger. Dies scheinen verschiedene Weisen der psychischen Bewältigung von Kriegssituationen zu sein. Selten einmal wird von Tränen erzählt:

Herr Uriczek beschreibt die Arbeit in der Kriegszeit als „hart und gefährlich". Wegen der Bombenangriffe waren die Betriebsanlagen abgedunkelt. Wenn dann Alarm gegeben wurde und die Kollegen in den Bunker mußten, war es „sehr gefährlich, wenn man zu schnell von den Batterien runter wollte. Viele sind abgestürzt. Manche haben sogar geweint. Sie konnten aber nicht weg, weil sie Familie hatten. Ich saß auch fest mit meiner Familie."[59]

Und Horst Fromm erzählt, wie schlimm es war, wenn man während der Bombenangriffe bei der Notbelegschaft eingeteilt war:

„Wir durften nicht weg vom Arbeitsplatz. Alles andere ging in einen Bunker und die Notbelegschaft mußte am Ofen bleiben. Das war schlimmer wie an der Front." Frage: „Wieso? Weil die Gefahr größer war?" Antwort: „Ja, selbstverständlich. Was meinen Sie, wenn so ein Pott getroffen wird und das flüssige Eisen, das spritzt in der Geschichte rum. Eines Nachts, ehe wir abstechen wollten oder konnten, mußten wir den Luftschutz anrufen. War Fliegeralarm. Ich kriegte keine Genehmigung — hab ich ohne Genehmigung abgestochen; da hab ich mir gesagt: entweder geht der Pott so hoch oder so. Wenn ich nicht absteche, läuft das Eisen in eine Form durch die Düse raus und explodiert und dann passiert vielleicht noch Schlimmeres."

Einmal ist sein ganzes Schlafzimmer nach einem Angriff zusammengefallen. Er war gerade dabei, die Fenster zu vernageln, „da kam mein Nachbar und schellte: ‚Herr Fromm, wollen Sie nicht in den Keller kommen?' ‚Och', sag ich, ‚die kommen doch heute nicht. Die waren doch am Freitag hier.' Und die summten über uns und meine Frau, die lief schon weg, und das wurde immer unheimlicher. Ich denk, na, willst doch mal gucken. Mitdem fielen schon die ersten Klamotten und ich runter in den Keller, kriegte kaum noch die Tür zu. Und dann fielen zwei Bomben auf unser Haus. Das stürzte ganz ein, und ich hatte denn auch einen Durchbruch gemacht zum anderen Haus. Ich hatte einen Vorhammer da stehen, wenn was ist, ne? Durchhauen, daß alles raus konnte. Und meine Frau, die saß im hinteren Raum und war am Jammern usw. Dann sagte der eine oben, der war beim Roten Kreuz: ‚Ach', sagt der, ‚gehn Sie mal zu Ihrer Frau, vielleicht ist sie denn ruhig.' Ich war kaum da, da kam die Bombe dadrauf, wo ich erst stand. Da waren drei Tote, und dadurch hatte ich mein Leben gerettet. Dann konnten wir das Gitter raus stoßen und konnten dann rauskrabbeln, sonst wären wir ja nicht mehr rausgekommen. Zuvor hatten wir schon mal Brandbomben im Haus. Da ist die zweite Etage ausgebrannt. Das haben wir noch löschen können. Da hatte ich auch ne Rauchvergiftung noch."[60]

Die Berichte über die nachbarschaftliche Solidarität während der Bombenangriffe sind sehr unterschiedlich: In den alten, gewachsenen Siedlungen scheint es eine relativ breite nachbarschaftliche Unterstützung gegeben zu haben; in den gemischten Siedlungen dagegen soll es zunächst im Bombenkeller noch scharfe soziale oder konfessionelle Trennungen gegeben haben; diejenigen, die sich für etwas „Besseres" hielten, hätten sich am Anfang der Bombardierungen noch abgesondert. Aber zum Schluß, so Frau Berger,

da haben wir „im Bunker doch eine schöne Gemeinschaft gehabt, ob wir evangelisch oder katholisch waren. Wir wurden doch schon beobachtet, da hat einer dem anderen geholfen."[61]

Hier scheint sich das Wort, das böse Zungen behaupten, zu bestätigen: Erst im Bombenkeller und nicht früher sei die Volksgemeinschaft zusammengeschweißt worden. Allerdings wurde dieses böse Wort manchmal Lügen gestraft, wenn man als Ausgebombte evakuiert wurde. Auch hier hing es vom „Genossen Zufall" ab, ob man glücklich zu „anständigen Menschen" kam oder zu anderen. Wieder die Bergers über die Leute, zu denen Marga nach ihrer dritten Ausbombung in Norddeutschland geriet:

> Er: „Die Frau hat dort gesagt, sie könne gar nicht verstehen, wenn einer ausgebombt ist, daß er dann noch Lust zum Leben hat."
> Sie: „. . . und anderen zur Last fällt. Wir waren doch die Bombenweiber."
> Er: „Und dann haben wir nach dem Kriege festgestellt, daß das auch Sozialdemokraten waren. Noch schöner." (. . .)
> Sie: „Da haben wir die Deutschen erst richtig kennengelernt."
> Er: „Wenn man so zurück überlegt: Bei all dem Durcheinander, bei all den Fährnissen, die da waren, bei den Gefahren ist man doch verhältnismäßig glücklich durchgekommen."
> Sie: „Ja, sicher, ich beklag mich ja auch gar nicht."
> Er: „Also, das Glückhaben, spielt doch eine ungewöhnlich große Rolle dabei."[62]

So steht trotz oder wegen der buntscheckigen Unterschiede in den Schicksalen der einzelnen Befragten das fatalistische „Ich habe Glück gehabt" als ein wichtiges Resümee der Kriegserfahrungen. Dieses Gefühl der Abhängigkeit vom Zufall, vom Pech oder Glück beim Überleben scheint mir *ein* Element der wachsenden Bedenken gegenüber „großen" weltanschaulichen oder religiösen Entwürfen zu sein. Andere Elemente wären: die Erfahrung der Niederlage der Arbeiterbewegung 1933, die Enttäuschung über das Verhalten von Freunden, Genossen und Kollegen (und über das eigene Verhalten, das allerdings selten thematisiert wird!), das Gefühl der Machtlosigkeit und der Angst, die weitere Erosion der alten Nachbarschaften und politischen Zusammenhänge während des Nationalsozialismus und des Krieges.

Das glückliche „Wir sind noch einmal davon gekommen" scheint also nicht nur eine persönliche Wildersche oder Simmelsche Zusammenfassung des deutschen Allgemeingefühls 1945 zu sein, sondern ein kollektiver Stoßseufzer am Ende des Krieges.

k) *„So viel Geld auf einmal" oder von sozialen Attraktionen des Nationalsozialismus.*

(Hermann Kaisers Lebensgeschichte)

Alle befragten alten Betriebsräte begriffen sich während der Zeit des Nationalsozialismus als Gegner, mindestens als skeptische Kritiker des Regimes: Sie verurteilten die Kriegspolitik, die Arbeitshetze, die Bespitzelung, die mangelnde Demokratie usw. Aber trotzdem klingt bei einigen auch eine gewisse Anerkennung einiger Leistungen des NS-Regimes an.

Herr Kaiser, der von 1932 bis 1936 arbeitslos war, erzählt: „Und am sechsten November, wie ich dann auf dem Pütt anfing, bin ich erst als Schlepper angefangen mit 5 Mark 31. Aber dank meiner Fleißigkeit, dank der Bekanntschaft mit meinem Reviersteiger war ich nach fünf Monaten schon im Gedinge, also sprich: Akkordarbeit. Und das war schon ein Haufen Geld für die damalige Zeit. Und ich werd' nie vergessen: Restlohn 1936 zu Weihnachten, bekam ich 90 Mark. Meine Frau, die sprang so hoch, so viel Geld auf einmal hatte sie in unseren Ehejahren noch gar nicht in der Hand gehabt. (. . .) 1938 hab ich eine Kraft-durch-Freude-Fahrt gehabt. Die wurden ja ausgelost. Ich bin ganz erstaunt gewesen: drei Jahre auf dem Pütt und schon eine Urlaubsfahrt, nach dem Harz hin."[63]

Hermann Kaiser wurde 1910 geboren als jüngstes von sieben Geschwistern. Seine Mutter, von Beruf Hausfrau, stammte aus den Niederlanden, sein Vater aus einer alteingesessenen Fuhrunternehmerfamilie. Da er enterbt worden war, arbeitete er seit 1898 als Gärtner und wechselte 1920 in den Bergbau. Die Kinder wurden katholisch erzogen; die Eltern wählten das Zentrum. Der Sohn Hermann besuchte eine Seminarübungsschule, eine „besondere" Volksschule, die 1923 von den Franzosen als Quartier benutzt und deshalb aufgelöst wurde. „Und damit sind wir denn in den gesamten Volksschulen der Stadt zusammengewürfelt worden. Und das hat sich auch ausgewirkt auf unser Abschlußzeugnis, das will ich ganz klar sagen. Auf unserer Schule waren wir ein Team und in der normalen Volksschule war das Bürgertum in der Vorhand. Da waren wir als Arbeiterkinder doch ein klein wenig vernachlässigt worden." Hermann Kaiser absolvierte nur eine siebenjährige Schulausbildung. „Und nach der Schulzeit — Arbeit gabs nicht, war die Inflationszeit. Und meine Brüder waren auch alle arbeitslos mit drei oder vier Mark Unterstützung die Woche. Also, es war eine schreckliche Zeit, das muß ich sagen. Unsere Mama, wie die den Pott immer vollkriegen sollte — das war eine Kunst." Er kam dann in die Berufsvorschule. „Für mich jedenfalls war es ein ganz großer Vorteil, daß ich das mitmachte. Ich habe gelernt, Kleingärten anzulegen und alles mögliche. Und später als 16jähriger bin ich denn als Hoteldiener gegangen, bekam ich eine Arbeit." Sein Berufswunsch war: „Herrenfahrer bei so einem Direktor . . . Es wurde nichts draus, weil der Führerschein damals, höre und staune, 360 Mark kostete". Weil er den Sonntag frei haben wollte, ging er 1927 zu einer Ziegelei und arbeitete dort im Akkord — „immerhin 35 Mark die Woche. Die konnten meine anderen Brüder, die viel älter waren, nicht aufbringen." Von 1927 bis 1932 arbeitete er sogar für 180 Mark im Monat bei einer Baufirma. Dann machte die Firma Konkurs: „Und da war (es) mit Arbeiten aus. Da trat auch für mich die große Krise ein." Im Gegensatz zu seiner Familie wurde er bereits 1927 Gewerkschafts- und SPD-Mitglied über die Falken und

1928 Kassierer; er war gegen die kirchliche Erziehung wegen des „Kadavergehorsams" und der „Unterwürfigkeit. Mein Vater war zu meinen älteren Brüdern Herr. Und er wollte Bürger sein, wollte zum Bürgertum gehören." Ganz im Gegensatz zu der atheistischen Familie seiner späteren Frau, die er in der politischen Arbeit kennenlernte: ihr Vater war SPD-Mitglied und Betriebsratsvorsitzender. Durch ihre Familie wurde er in seiner sozialistischen Haltung bestärkt. 1933 heirateten sie. „Aber es ist eine komische Situation in unserer Familie, auch unter uns Brüdern: Wie sie heirateten, gingen sie alle in den Bergbau". So ging es auch ihm: Nach langjähriger Arbeitslosigkeit, während der er zum Autobahnbau verpflichtet wurde, bekam er 1936 auf einer Zeche als Bergmann Arbeit; die Familie wohnte in einer Zechenkolonie, in der sie auch heute noch lebt. Während des Krieges war er u.k. gestellt, wurde aber zum Schluß noch zum Volkssturm eingezogen. Er hörte „Feindsender": „Und wir hörten ja alle durch selbstgemachte Batterien damals. Ja, da haben wir uns vom Pütt Kupferdraht besorgt und Gläschen. Und dann dies Destillierwasser, was sie auf der Lampenstube nur für die Grubenlampen hatten, und Bleiplatten. Allen möglichen Scheiß haben wir uns da besorgt, daß wir uns selbst Batterien machen konnten, um den Engländer zu hören." Er blieb als Sozialdemokrat „standfest" (wenn er sich auch „durchschlingelte") und war daher nach 1945 in seiner Familie der „König der Könige". Nach Kriegsende war er Gründungsmitglied der SPD und der Gewerkschaft in seinem Ort, in dem er auch ab 1947 den Parteivorsitz übernahm. Außerdem wurde er im gleichen Jahr Betriebsratsvorsitzender seiner Zeche. Er leitete auch zeitweilig die Jugendarbeit. 1956 bis 1975 war er Ratsmitglied der Stadt. Er ist selbstbewußt und stolz auf seine Leistungen. Früher hieß es immer: „Geh zu Hermann, der macht das schon für Dich." Noch heute werde er in der Stadt angesprochen: „Hermann, Du mußt das doch wissen."

Da 1936 während des Nationalsozialismus seine Arbeitslosigkeit ein Ende fand, ist es verständlich, daß Hermann Kaiser ebenso wie seine Frau von dem ersten größeren Lohn so begeistert waren. So ging es auch anderen Arbeitern, die nach 1933 oder ab 1935 in der beginnenden Kriegskonjunktur wieder erwerbstätig wurden und daher die Verringerung der Arbeitslosenzahlen als Hauptleistung des Nationalsozialismus betrachten.

Klaus Woiwod erzählt von seiner Erwerbslosenzeit: „Wir haben früher unseren Lebensunterhalt durch Mundraub (verdient). Also, wir haben hier die Eisenbahn überfallen, die Züge, und dann haben wir Kohlen geklaut. Und die Kohlen haben wir dann hier an die einzelnen Haushalte verkauft. Soll kein Geständnis hier sein. Da haben wir achtzig Pfennig gekriegt pro Zentner. Als wir arbeitslos waren, standen wir hier auf der Ecke. Und wenn uns Leute mal nach einer Straße fragten, haben wir gesagt: ‚Und rauchen tun wir auch.‘ Ich habe zwar nicht geraucht, aber die anderen Kollegen haben sich für eine Zigarette fast umgebracht." Nach drei, vier Jahren Arbeitslosigkeit habe man überhaupt keine Unterstützung mehr bekommen. „Auch von der Wohlfahrt habe ich nichts bekommen, da ich ja zuhaus wohnte." Vom Arbeitsdienst wurde er zur Landarbeit dienstverpflichtet. Aber 1934 gab es auf seiner alten Hütte wieder Arbeit: „Und wir hatten Arbeit und Brot. Und dann fingen die Leute hier mit einem kleinen Stundenlohn an. Wenn man so drei, vier Jahre auf der Straße war, dann war man froh, wenn man wieder in Arbeit war. Der Mensch kann ohne Arbeit nicht leben. Einer, der geistige Arbeit macht, und einer, der körperliche Arbeit macht. Arbeiter der Stirn und der Faust. (!)" Am Nationalsozialismus fand er die Außenpolitik negativ, aber die Innenpolitik nicht so schlecht: „Da wurde etwas geschafft für den armen Mann, aus dem Nichts."[64]

Herr Heber berichtet, daß er sich 1938 einmal bei der DAF beschwert habe, weil er bis dahin mit ihr noch keinen Urlaub machen konnte. Und er hatte mit dieser Beschwerde sogar Erfolg.[65]

Neben der Arbeit und dem Geld (trotz des Lohn- und Preisstops) war es für Arbeiter aus dem Kleinbetrieb vor allem der etwas längere Urlaub, einige Sozialleistungen und die Reisen mit der KdF („Kraft durch Freude"), die zu einer gewissen Anerkennung von Teilleistungen des Nationalsozialismus führten.

Im Großbetrieb mit eigenen Sozialleistungen soll sich dagegen nicht so viel geändert haben: „Der Urlaub wurde etwa angehoben, KdF — das war schon alles." Pensionskassen und Werksrenten habe der Betrieb selbst gehabt.[66]

Falls Leistungen des NS-Regimes erwähnt werden, wird vor allem von Kommunisten betont, daß diese nur im Rahmen der Kriegsvorbereitung möglich war. Trotzdem sind auch unter ihnen solche, die erst während der NS-Zeit wieder Arbeit fanden und sich eine bessere Wohnung leisten konnten, wie z. B. Herr Maas.[67]

Daß es gerade der immer bekämpfte Nationalsozialismus war, unter dem diese Leistungen erbracht wurden, dürfte die Sicherheit der eigenen Position zumindest kurzzeitig angekratzt haben. Vielleicht löste sich bei einigen sogar die erste, zarte Wohlstandserfahrung von der Kritik am politischen System?

l) Zwischenbilanz

Fast alle hier vorgestellten alten Betriebsräte waren schon vor 1933 aktiv gewesen; sie stammen überwiegend aus zumeist kinderreichen, aber sehr armen Familien mit einer klaren Arbeitsteilung zwischen Mann und Frau. Als Kinder konnten sie bis auf einen wegen Geldmangels keine höhere Schule besuchen, sondern absolvierten meistens die konfessionelle Volksschule. Sie waren als Jugendliche fast noch stärker als ihre Väter immer wieder von Arbeitslosigkeit bedroht, fanden keine Lehrstelle oder keine Arbeit danach; viele Mütter mußten nicht nur während der Erwerbslosigkeit durch Zuarbeiten wie Nähen oder Putzen mit für den Unterhalt sorgen. Wer einen Garten hatte, versuchte dort Gemüse anzubauen und hielt sich Karnickel auf dem Hinterhof. Die Renten der Väter waren niedrig, so daß die Kinder fast durchweg die Eltern nach deren „Pensionierung" unterstützten. Armut und Arbeitslosigkeit sind bestimmende Themen in der Beschreibung der Jugend.

Neben der Familie, die an erster Stelle steht, sind es die Freunde und Nachbarn, die Bekannten aus dem Betrieb, aus der Gewerkschaft, dem Verein, der Gemeinde oder dem Kirchenkränzchen, die als wichtige Bezugspersonen deutlich werden. Es waren nicht nur politische Kontakte, auch wenn man politisch aktiv in der katholischen, der kommunistischen oder sozialdemokratischen Arbeiterbewegung war.

Diese alten Milieus, besonders die Nachbarschaft und der Arbeitsplatz, weniger die alten politischen Lager, scheinen auch noch nach 1933 eine gewisse Zeit die Kontakte untereinander bestimmt zu haben, aber sie wurden durch zunehmendes Mißtrauen in Freunde, Nachbarn und Genossen, durch die Angst vor „gefährlichen Verbindungen" und Verfolgung angegriffen. Hinzu kam die Enttäuschung über Kollegen, Freunde und Genossen, die sich dem Druck in der NS-Zeit beugten, sich zurückzogen oder von der nationalsozialistischen Politik beeindruckt waren und „umfielen". Diese Anpassung konnten sich einige nur dadurch erklären, daß „der Mensch eben manipulierbar" sei. Eine solche Erfahrung mußte ein eh' schon in der organisierten Arbeiterbewegung vorhandenes Mißtrauen in plebiszitäre Formen der Demokratie weiter verstärken.

Der Druck im Nationalsozialismus hat offensichtlich bei den Alten, die noch in der Weimarer Zeit geprägt wurden, Individualisierungstendenzen befördert. Kollektiver Schutz erhielt geringere Bedeutung als das Vertrauen auf die eigene Schläue im Schweijkschen Durchmogeln durch die Zeit. Die persönliche Leistung, besonders die Arbeitsleistung mit einem guten Verhältnis zu Vorgesetzten, scheint entscheidende Bedeutung in der Überlebensstrategie bekommen zu haben: Sie war die Lebensversicherung gegenüber Front- und Denunziationsdrohung. Trotzdem erinnerte man sich mit Wehmut der alten Zeiten kollektiver Solidarität und ersehnte sie neu. Leistungsdenken verband sich bei einigen mit Aufstiegswünschen und -möglichkeiten im Beruf. Überdies war man „dank" der Fremdarbeiter nicht mehr der allerletzte „underdog".

Da man sich selbst ebenfalls von alten „gefährlichen" Kontakten zurückzog, erhielt die Familie und der engste Freundeskreis ein großes Gewicht — mehr als die Gemeinsamkeit mit jenen, die ebenso heimlich wie man selbst ihre politischen Anschauungen zu bewahren suchten. Gleichzeitig war die Familie durch Tod, Evakuierung, Kinderlandverschickung und durch organisierte Beeinflussung der Kinder im BDM und der HJ und vor allem während des Krieges bedroht, was ihren Wert noch zu erhöhen schien.

Aber es wurden auch neue Gemeinschaftserfahrungen gemacht, die alte Milieu-, Politik- und Klassenschranken durchbrachen: In der Evakuierung, an der Front, im Bombenkeller und in der Kriegsgefangenschaft galten solche Grenzen für eine gewisse Zeit nicht mehr. Auch hier waren die politischen Gemeinsamkeiten nicht bestimmend; manchmal lernte man sogar die politischen Freunde von ihrer schlechten Seite kennen.

Während der Zeit des ökonomischen Aufschwungs seit 1935, als die Arbeitslosigkeit sich im „arbeiterfeindlichen NS-Regime" verringerte, als erste kleine Wohlstanderfahrungen gemacht wurden und mit einer weiteren Besserstellung gerechnet werden konnte, als der Urlaub sich langsam erweiterte und einige Sozialleistungen anerkannt werden mußten, als man mit der KdF reisen konnte und als Deutschland während der Blitzkriegsphase als schneller Sieger mit importierten Heloten dazustehen schien, mag sich diese erste Wohlstandserfahrung von der eigenen wie von der nationalsozialistischen politischen Zielsetzung und Überzeugung abgespalten haben. Auch das strenge Arbeitsethos und die Technikfaszination konnten sich von den politischen Zwecken lösen.

Solche hier nur holzschnittartig skizzierten, während des Nationalsozialismus gemachten Erfahrungen mischten sich mit dem Wissen, daß man sich nicht zuletzt auch durch Zufall und ein gehöriges Quantum Glück wie durch die Kunst des eigenen „Durchschlingelns" 1945 lebend fand, wenn man auch „Haare gelassen" hatte: Man fand die eigene Wohnung zumeist in Trümmern oder schlechtem Zustand, die Familie auseinandergerissen, Betriebe teilweise zerstört, lebte in Zeiten, „in denen nichts mehr galt", hatte selbst „fünfe gerade sein lassen" müssen und war daher weniger vertrauensvoll gegenüber den eigenen Ideologemen und Moralvorstellungen oder gar den großen politischen oder religiösen Theorien.

Kurz: die Alten waren nicht die Alten geblieben, obwohl sie im Allgemeinen bei einigen Rissen ihren Überzeugungen treu geblieben waren. 1945 standen sie „wieder auf der Matte".

2. „. . . Unsere Generation war auch nicht schlechter als andere" — die Jungen.

Die Nachkriegsbetriebsräte der jüngeren Jahrgänge (1920 — 1931) wurden in ihrer überwiegenden Zahl erst in den fünfziger Jahren oder später für die SPD aktiv, haben die Weimarer Republik nicht politisch bewußt erlebt und ihre Ausbildung zumeist in der Zeit des Nationalsozialismus absolviert. Gegenüber der Gruppe der Älteren zeigt sich bei den Jüngeren vor allem eine bedeutsame Veränderung, nämlich in der Schulqualifikation: Die Hälfte der Befragten hatte eine höhere Schule besucht, davon haben bis auf einen alle anderen diese Ausbildung wegen des Krieges und der Nachkriegswirren abbrechen müssen.

Die weitaus überwiegende Mehrheit war in einer nationalsozialistischen Jugendorganisation. Einige haben als Arbeiterkinder sogar führende Funktionen im Deutschen Jungvolk, also bei den Pimpfen, eingenommen. Die meisten Frauen waren mindestens für eine kurze Zeit dienstverpflichtet, evakuiert oder beim Arbeitsdienst. Eine Frau stammt aus einer Widerstandsfamilie, ein Junge war bei den Edelweißpiraten. Die anderen hatten keine Berührung mit aktiven Nazi-Gegnern.

Von den Männern, die bei Kriegsende „nicht zu jung" waren, sind alle Soldaten geworden, keiner war längerfristig u.k. gestellt. Vier (von 15) waren in Kriegsgefangenschaft, drei sind zum Schluß desertiert.

Schon in diesen wenigen Daten zeigen sich gegenüber der Gruppe der Alten einige Unterschiede, die bei den Schilderungen ihrer Erfahrungen noch deutlicher werden.

a) „Der Arbeiter war ja der höchste Adel, den Sie da erringen konnten" oder von individuellen Aufstiegen in neuer Gemeinschaft.

(Gisbert Pohls Lebensgeschichte)

„Die Nationalsozialistische Deutsche Arbeiterpartei — das ist ja ungefähr so wie drüben, der Arbeiter ist der höchste Adel, den Sie da erringen konnten. Wenn Sie so wollen: Ich habe kein Klassenbewußtsein gehabt." Interviewer: „Meinen Sie, daß das für die NSDAP so galt?" Gisbert Pohl: „Zu der damaligen Zeit war ich der Meinung: jawohl." Interviewer: „Worin äußerte sich das denn?" Gisbert Pohl: „Eben darin, daß es möglich war, daß ich als Arbeiterkind jetzt Fähnleinführer war. Und mein Untergebener, wenn Sie so wollen, das war ein Abiturient. Ich kann mich erinnern, daß ich als ganz junger Pimpfenführer kassieren ging in der Villa Hausemann, die hatte eine große Firma in Privatbesitz. Wissen Sie, und wenn ich da reinkam, dann kam ein Dienstmädchen, die hat mich dann gefragt und angemeldet bei dem alten Herrn. Und der saß dann hinter einem Riesenschreibtisch. Sowas hat man als Pimpf doch mal im Film gesehen, aber nicht in der Praxis. Und dessen Sohn, der war nun bei mir Pimpf, verstehen Sie. Und wenn der nicht gerade stand, wenn ich vorbeikam, dann hab ich den marschieren lassen (Gisbert Pohl bewegt seinen erhobenen Daumen hin und her). Also, ich war ja wer und war ja auch gleichberechtigt. (Pause) Daß das nicht so war, das haben wir ja nachher erst festgestellt in der Gefangenschaft."[68]

Gisbert Pohl, der hier aus seiner Jugend erzählt, wurde 1925 geboren. Sein evangelischer Vater — „ein typischer Beamtenkopp" — war gelernter Schlosser und war stolz darauf, „im Ersten Weltkrieg in der kaiserlichen Marinewerft als Meister gewesen zu sein". Die ebenfalls evangelische Mutter, deren Eltern eine „Stehkneipe" bei Wilhelmshaven hatten, „war nur Hausfrau". Vor ihrer Ehe, die 1910 geschlossen wurde, half sie ihren Eltern in der Wirtschaft. Der Vater wählte deutschnational und die Mutter „tat das, was der Vater wollte" — „die war Ehefrau". 1911 kam die erste Tochter, 1915 der erste Sohn. „Ich war der Nachkömmling, im Ruhrgebiet geboren, während meine Geschwister noch in Wilhelmshaven geboren waren." Denn der Vater bekam nach dem Kriege nach einigen Zwischenspielen eine Stelle auf einem Finanzamt im Revier. Er mußte „in der großen Rezession auch kleine Brötchen backen — das ging bis zum Zeitungsaustragen". Erst 1935 bekam er wieder eine Stelle als Meister beim Brückenbau in der Sowjetunion. In der Wohnung der Eltern war „die Küche das Zentrum der ganzen Familie". „Und in das gute Zimmer, da durfte niemand rein, nur zu Weihnachten." Es gab kein Bad, das Klo war eine halbe Treppe tiefer. Gisbert Pohl besuchte die Volksschule und trat mit 10 Jahren gerne in das Deutsche Jungvolk ein, denn sein älterer Bruder, von Beruf Filmvorführer, war schon früh zur SA gegangen. Auch sein Vater war überzeugter Nationalsozialist geworden — „das war eine nationalsozialistische Familie". „Ich konnte mir damals nichts Schöneres vorstellen, als wenn der Vater vom Krieg erzählte . . . Dann lief mir das Wasser im Mund zusammen, das war was". In seiner Jugend machte die Familie nicht viel zusammen, weil der Vater in Rußland und Gisbert bei den Pimpfen war, was ihn von festen Aufgaben für die Familie befreite. „Dann wurde ich Jungzugführer. Dann waren Sie stolz wie Oskar, daß Sie eine solche grüne Kordel tragen durften. Später war ich dann auch Fähnleinführer, immerhin ein Fähnlein von 120, 150 Mann oder Kindern. Und da hat man sich gefühlt wie Graf Koks. Und dann haben wir Heimabende abgehalten. Und dann gingen die politischen Schulungen los und alles im nationalsozialistischen Sinne." Das Arbeiterviertel, in dem er wohnte, hatte eine gute Nachbarschaft. Es war überwiegend katholisch. „Und wie das so beim Arbeiter ist: Wenn er katholisch ist, dann ist er streng katholisch". „Partei und Kirche — das waren die zwei Dinge, die den Stadtteil bestimmten". „Wir haben feststellen können, daß die Kommunisten die ersten SA-Leute waren. Rundherum waren also alles Nazis". Allerdings wurde bei Fronleichnamsprozessionen mehr geflaggt als am 1. Mai. In der Schule gab es manchmal Spannungen zwischen Partei und Kirche. „Wir haben uns auch oft mit denen rumgeschlagen, wenn die (kirchlichen) PX-Fahnen rumgeschwungen wurden". Gisbert Pohl war damals „überzeugter Nazi und ich hätte auch jemanden angezeigt". 1939 machte er ein Landjahr, alles „ein bißchen militärisch aufgezogen". 1940 begann er in einem großen Rüstungsbetrieb eine Schlosserlehre. Vor deren Ende meldete er sich 1943 freiwillig zur Waffen-SS. Seine militärische Grundausbildung machte er in Buchenwald, so daß er KZ-Sträflinge im Steinbruch, als Diener, Essensträger und Friseure sah. Da hat er seine „ersten Nasenstüber bekommen", weil die Kapos „auf die Masse knüppelten". Diese „erste Konfrontation mit den nazistischen Tatsachen war für mich erschütternd und niederschmetternd". Er machte dann den Rußlandfeldzug als Panzerfahrer mit, wurde dreimal abgeschossen und überlebte jedesmal als einziger der ganzen Besatzung. Sexualität hat er „im Soldatenpuff" und auf Urlaub kennengelernt mit Frauen, deren Männer an der Front waren und „die auch noch was vom Leben haben wollten". Im Rußlandfeldzug glaubte er an seine Aufgabe „gegen das Untermenschentum"; aber er hatte große Angst und „ich bin fest davon überzeugt, daß der (Russe) drüben genauso viel Bammel gehabt hat wie ich". Er brachte es bis zum Obergefreiten, „das Rückgrat der Armee, das hieß bei der SS Rottenführer". Er bekam mehrere Auszeichnungen: das Panzerkampfabzeichen 25, das Verwundetenabzeichen und das EK2. „Und das bedeutete auch etwas in bezug auf Frauen." Am 8. Mai 1945 geriet er in Österreich in russische Gefangenschaft und wurde sofort wegen seiner SS-Tätowierung ausgesondert; er flüchtete vor seiner erwarteten Erschießung, geriet wieder — diesmal in amerikanische — Gefangenschaft; dort wurde er wieder ausgesondert und „an die Franzosen verkauft". In französischer Gefangenschaft blieb er bis 1949 und arbeitete dort hauptsächlich im Bergbau. In der Gefangenschaft waren deutsche Landser, aber auch Doktoren und Opernsänger; die Standesunterschiede waren verwischt. „Wir hatten alle unseren Hunger und unseren Strohsack. In der Zeit kriegte ich auch spitz, daß ich eigentlich überhaupt nichts wußte von der Welt." Zunächst war das Gesprächsthema Nr. 1 das Essen, dann wurden es die Frauen. Dreimal versuchte er „stiften zu gehen", wurde aber jedesmal wieder erwischt. „Das war so'n Sport. Man wollte nach Hause". In der Gefangenschaft lernte er auch durch Vorträge von Zivilisten, hauptsächlich Sozialdemokraten und Zentrumsleute, andere Ideale kennen, „von der Musik bis zur Humanität", von der Poesie bis zur Religion. Nur von den Antifa-Leuten hielt er nicht viel, weil sie sich Vorteile verschafften. In der Theatergruppe der Gefangenen spielte er meistens Frauenrollen. In der Gefangenschaft erfuhr er auch von den Naziverbrechen und wurde offen „für neue Parolen und neue Ideale". Am Ende der Gefangenschaft „hat man sich Schwüre geleistet, dann hat man sich gesagt, wir treffen uns dann und dann wieder. Und dann hat man sehr schnell gemerkt, wenn man dann zu Hause war, dann kamen die Schranken, die gesellschaftlichen Schranken. Da fiel das dann alles wieder ein bißchen auseinander". Mit 500 Mark in der Tasche kehrte er 1949 nach Hause zurück, aber „das Geld war sehr schnell weg", „denn der Nachholbedarf und der Lebenshunger war unheimlich groß". „Wie gesagt, ich hatte nie vorher getanzt". Allerdings: „Wir waren gegenüber dem anderen Geschlecht unheimlich gehemmt. Wir sind von den jüngeren Männern eingewiesen worden. Der jüngere Bruder eines Kollegen war faktisch unser Vorreiter." „Die ersten Nachkriegsdinge habe ich dann mit älteren Frauen — ist klar, ne? Das hat sich so ergeben." Seine spätere Frau — eine Kriegerwitwe mit Sohn lernte er 1950 kennen. 1953 kam ihr gemeinsamer Sohn; 1957 hörte sie mit ihrem Beruf als Fleischwarenverkäuferin auf „wegen der Kinder". Bis heute arbeitet sie manchmal im Nebenerwerb — „nicht wegen des Geldes, sondern um noch etwas anderes zu machen".

1949 setzte Gisbert Pohl in seinem alten Betrieb die im Krieg abgebrochene Lehre fort. Das war für ihn schwierig, weil er als ausgewachsener Mann wieder Lehrling sein mußte. Die Überheblichkeit von Gesellen, die nicht älter als er waren, hat ihn sehr gefuchst. Über sozialdemokratische Arbeitskollegen und Betriebsräte kam er dann nach kurzer Zeit zur Gewerkschaftsarbeit; in die IGM mußte er beim Arbeitsantritt eintreten. „Wissen Sie, wenn man mit dem Mund ein bißchen vorneweg ist, dann kommen die Kollegen und sagen: ‚Hör mal, nicht nur hier Sprüche klopfen, sondern helf uns mal ein bißchen.' Dann bin ich sehr schnell Vertrauensmann geworden." Von Politik hatte er allerdings die Schnauze voll, weil sein jugendlicher Idealismus von den Nazis verheizt wurde. „Wem sollte man jetzt noch trauen?" Durch das Vorbild seiner SPD-Kollegen und wegen der Gewerkschaftsarbeit ist er wieder politisch aktiv geworden: gegen die Wiederauf- und Atomrüstung, gegen das KPD-Verbot und schließlich gegen die Notstandsgesetze. 1959 wurde er erstmals in den Betriebsrat gewählt und trat der SPD bei. Er wurde stellvertretender Betriebsratsvorsitzender, SPD-Bezirksvorsteher und Aufsichtsratsmitglied. Seine „schwerste Arbeit" mußte er bei der Teilstillegung seines Werkes Ende der siebziger Jahre erfüllen: die Entlassung von vielen Kollegen; er versuchte ihnen durch einen Sozialplan zu helfen. Das hat ihn so sehr mitgenommen, daß er krank wurde und sich gleich mit entlassen hat. Heute lebt er als Frührentner mit einigen ehrenamtlichen Funktionen.

Die eingangs vorgestellte Erzählung des früheren Fähnleinführers Gisbert Pohl wirkt zunächst wie ein extremer Sonderfall, weist jedoch Ähnlichkeiten auf zu den Berichten anderer Jugendfunktionäre.

Konrad Vogel: „Und wenn man zehn Jahre alt war, wurde man automatisch in das Jungvolk aufgenommen... Da haben die mich gewählt als Fahnenträger, da wurde ich nicht bestimmt. Da haben die gesagt: Ja, der ist tüchtig in der Schule und so, der wird unser erster Fahnenträger. Und da kriegte ich hier so ein Abzeichen drauf. Fahnenträger — da war ich ganz stolz drauf... Und dann bin ich befördert worden zum Jungenschaftsführer, ein Jahr später war ich Jungzugführer, dann war ich Hauptjungzugführer und zum Schluß bei Kriegsende war ich Fähnleinführer... Wir haben uns damit identifiziert... Wenn einer (die niedrigste Dienststellung) nicht hatte, dann wurde der dauernd gehänselt von den Lehrern: ‚Ja, wirst Du eigentlich gar nichts bei Eurem Verein?' Und so, nicht? ‚Könnt Ihr überhaupt nichts werden. Das gibt's doch nicht. Du tust nichts'."
Zu einem späteren Zeitpunkt des Gesprächs wird gefragt: „War das ungewöhnlich? Sie waren ja nun Arbeiterkind — war das ungewöhnlich, daß da auch Arbeiterkinder..." Konrad Vogel: „... diese Position erreichen konnten? Nein, das war nicht ungewöhnlich." „Woraus schließen Sie das?" Konrad Vogel: „Ja, weil es noch mehrere waren im gesamten Kreis; wenn man das überträgt, im gesamten Bann. Und dadurch, daß ich ja den Überblick hatte von der Schule her... Und Hauptjungzugführer, das war wirklich schon ein As." — „Sie waren Fähnleinführer?" Antwort: „Ja. Also von der Dienststellung her ist das folgendermaßen: Jungenschaftsführer, Jungzugführer, Hauptjungzugführer, Fähnleinführer. Das ist also die vierte Stufe gewesen. Ja, da war ich natürlich wer da in dem Ort."[69]

Auch in einigen anderen Berichten wird deutlich, daß ein besonderer Druck, in die HJ einzutreten, von Lehrern ausging, die eine 100%ige Organisierung der Schule in der HJ forcierten, um am Samstag frei zu bekommen — zumindest in den Jahren des Staatsjugendtages.

Bedeutungsvoller als der Druck durch Lehrer scheint jedoch die Aufstiegserfahrung für Arbeiterkinder gewesen zu sein. So erzählt auch der dritte Jungfunktionär, Paul Keller, daß in seinem Zug viele Kinder von erwerbslosen Arbeitern waren, die erst zwischen 1934 und 1936 wieder Arbeit fanden. Er selbst stieg dann bis zum Jungstammführer auf und hatte die „Jugendlichen eines ganzen Stadtteils unter sich".

Frage: „Spielte es denn eine Rolle, daß Sie als Jungstammführer Arbeiterkind waren?" Paul Keller: „Nein, das kann ich nicht sagen, an und für sich nicht. Arbeiterkind oder nicht Arbeiterkind war bei mir nie der Gedanke seinerzeit dabei. Darüber ist auch in unserem Kreis nie gesprochen worden, ob Arbeiterkind oder Angestelltenkind... Ich erinnere mich, daß es überhaupt nicht zum Ausdruck gekommen ist, ob Arbeiterkind oder nicht." Interviewer: „War es denn ungewöhnlich, daß Sie als Arbeiterkind zum Jungstammführer wurden?" Paul Keller: „Nein, überhaupt nicht."[70]

Aufstiegserfahrungen haben aber keineswegs nur die befragten Jungvolk-Funktionäre gemacht. Das zeigen die zahlreichen Berichte über die Möglichkeiten, sich beim Arbeitsdienst, bei der Flak, der Marinehilfe oder im Krieg auszuzeichnen. Das zeigen auch die Qualifizierungsversuche durch den Besuch einer höheren Schule oder durch eine Lehre, die vom schlecht angesehenen Bergbau in andere Berufe führen sollte. Der Eindruck — in der Tat nur ein Eindruck — drängt sich nach der Fülle der Interviews auf, daß bereits das Herauskommen aus dem eigenen Milieu „in die große Welt" ein Gefühl der Besserstellung hervorrief — eine neue Erfahrung für Arbeiterkinder der alten Milieus:

> „Ich war ja auch draußen in der Welt gewesen. Mir konnte ja so schnell keiner was vormachen."[71]

Dabei scheint für viele neben den Aufstiegsmöglichkeiten auch die klassenüberschreitende Erfahrung wesentlich gewesen zu sein. So meinten Frauen, die früher im BDM organisiert waren, in einem Gruppengespräch: Das Schöne beim BDM sei gewesen, daß dort die Arbeitertochter und die Sekretärin neben der Tochter eines Generaldirektors sitzen konnte. Andere Interviewpartnerinnen, die ebenfalls im BDM gewesen waren, bestreiten nicht ihren gewachsenen Aufstiegswillen, aber die Aufstiegsmöglichkeiten für Arbeitertöchter:

> „Trotzdem das Bestreben von meiner Seite war, aber ich bin da nicht hochgekommen, und dann hat man nachher schon gar nicht so mitgemacht, weil man gemerkt hat, daß da auch schon dieser Klassenkampf war. Da, wo die Eltern dies hatten, die wurden gefördert und die anderen, die blieben dann unten sitzen... Die Gruppenleiterin, die wir damals hatten,... die kam aus besseren Verhältnissen."[72]

Trotz Kritik zeigt sich auch hier noch in der Sprache die Aufstiegsorientierung. Sonst geäußerte Kritik am BDM oder der HJ bezieht sich überwiegend auf negative persönliche Erfahrungen mit Drill, Schikane und Zwang.

b) „Das war nichts für mich. Ich konnte keinen Kommando-Ton herausbringen" oder von persönlichen Abneigungen.

(Gerda Gehrmanns Lebensgeschichte)

> „Gestört hat mich als Kind oder besser als Backfisch dieser ständige Zwang. Man hatte also keine Zeit für sich. Mittwoch Heimatabend, Samstag mußte man antreten, Spiele gemacht, Schnitzeljagd. Das war nichts für mich. Ich war keine Sportlerin. Man mußte das Reichssportabzeichen machen. Ich konnte

nicht genügend Punkte machen. Bei mir scheiterte das am Ballwerfen. Ich konnte nur 15 Meter weit den Ball werfen. Schrecklich war das. Eine Blamage. . . Ich habe es da nie zu irgendwas gebracht. Ich habe eine leise Stimme, konnte keinen Kommando-Ton herausbringen und habe dort keinerlei Grad erreicht. Ich hatte als junges Mädchen eine unreine Haut und versuchte die mit Schminke zu überdecken und Lippenstift, so daß ein Vater einer Freundin mich einmal rausschmiß. Ich wurde auch einmal vom BDM nach Hause geschickt . . . Ich wurde nach Hause geschickt, weil ich in einem amerikanischen Film eine Schauspielerin mit besonders schöner Frisur gesehen habe. Die habe ich nachgemacht. (Modern in Deutschland war) eine Olympia-Rolle, das war eine Außenrolle, in den Nacken reingedreht. Ich habe dann alles — auch vorne — nach innen gerollt. Das war zuviel, da mußte ich nach Hause. (Lacht.) Eine deutsche Frau raucht nicht und schminkt sich nicht, hieß es . . . Das hat mich alles gestört. Das war aber alles nur äußerlich. Mehr habe ich gar nicht mitgekriegt."[73]

Diese Geschichte erzählt Gerda Gehrmann, die 1924 in einer Großstadt des Ruhrgebiets geboren wurde. Sie war die älteste Tochter einer evangelischen Volksschullehrerin, die aus dem Ruhrgebiet stammte, und ihres 20 Jahre älteren Mannes, eines evangelischen Steuerinspektors, der aus Westpreußen in das Ruhrgebiet eingewandet war. 1927 kam eine weitere Tochter hinzu. „Wir sind in einem schönen Vorort groß geworden, hatten ein recht bürgerliches Zuhause, wo aber ständiger Geldmangel herrschte, da mein Vater kein Verhältnis zum Geld hatte." Gerda wurde 1930 eingeschult, 1934 kam sie auf ein Mädchenlyzeum. „In der Volksschule ging es noch einigermaßen gut, aber auf der höheren Schule hatte ich viel Schwierigkeiten. Ich war in der Quinta lange krank, eine Lungengeschichte, anschließend Diphterie, habe ein halbes Jahr lang die Schule versäumt." „Ich kam mir dort immer etwas ärmlich vor, da waren viele reiche Kinder." Trotz der Nachhilfestunden der „für meine Begriffe zu strengen Mutter" „bin ich völlig versackt in der Schule, in der Obertertia sitzengeblieben und habe gegen den Ratschlag meiner Mutter mit der Schule aufgehört"; danach machte sie ein Jahr auf einer höheren Handelsschule. Sie hat es nie bereut, mit der höheren Schule aufgehört zu haben. Die Schwierigkeiten in der Schule wurden auch dadurch verstärkt, daß der Vater das Schulgeld nicht bezahlen konnte: „Ich hatte das oft nicht und mußte sagen, ich habs vergessen. Das war schrecklich, furchtbar. Dann soll der Vater gesagt haben: ,Dann nimm die Kinder von der höheren Schule, ich hab das Geld nicht.'" Die Ehe der Eltern war schon vorher in Krisen geraten wegen der Trinkerei des Vaters und seiner Leichtfertigkeit in Geldangelegenheiten. Nun wurde es der Mutter zuviel: „„Jetzt ist Schluß, denn die Ausbildung ist das einzige, was ich den Kindern mitgeben kann.' Da hat die Mutter viel Wert drauf gelegt." 1935 war der Vater, den die Kinder trotz dieser Probleme sehr liebten, vom Dienst suspendiert worden und machte eine Steuerberaterpraxis auf, die schlecht ging. 1937 ließen sich die Eltern scheiden; die Mutter zog mit den beiden Töchtern zu ihren Eltern und nahm im gleichen Jahr eine Stelle als Schulhelferin an. Im Gegensatz zu ihrem Vater, der die NSDAP als eher Deutschnationaler nicht schätzte, war die Mutter überzeugtes Mitglied der NSDAP. „1935 zog meine Mutter ihre weiße Bluse an, suchte eine schwarze Krawatte und marschierte mit mir zu den BDM-Mädels." Dort wurde sie angemeldet; aber Gerda mochte — wie beschrieben — die Mädchenorganisationen nicht. 1940 stand sie vor der Alternative: „Entweder ein Jahr Pflichtjahr oder ein halbes Jahr Arbeitsdienst." Sie wählte den Arbeitsdienst, wo es mehr Spaß als beim BDM gab, wurde danach von einem weiteren halben Jahr Kriegsdienstverpflichtung aus gesundheitlichen Gründen befreit „dank der Verbindungen der Mutter". Sie arbeitete dann als Sekretärin bei einer Großeinkaufs-Genossenschaft und blieb dort 11 Jahre, obwohl sie eigentlich 1941 als Praktikantin bei einer Apotheke beginnen wollte; aber trotz Arbeitsgerichtsprozeß kam sie von ihrer Sekretärinnenstelle nicht frei. Sie wurde schließlich Chefsekretärin. Der Betrieb war ein NS-Musterbetrieb: „Sie hatten dort damals schon große soziale Einrichtungen wie Tennisplätze und so weiter." „Den Krieg habe ich in meiner Heimatstadt erlebt mit sämtlichen Bombenangriffen." Nach Hilfsaktionen für ihre Firma, die von Bomben getroffen worden war, erhielt sie eine Auszeichnung. „Meine Schwester wurde kinderlandverschickt in die Tschechei. Die Mutter war als Lehrerin auch zeitweise in der Tschechei, weil ganze Schulen verlagert wurden. Die Schwester hat dort auch Abitur gemacht. Ich habe bei meinen Großeltern gelebt. Meine Mutter war nur halbjahresweise abwesend." „Im Krieg habe ich mich mit einem Schulfreund verlobt. Der wollte aktiver Offizier werden; er war Flieger. Er ist in Schlesien am 12. Mai 1944 als Fliegerleutnant abgestürzt . . . Er war erst Transportflieger, flog eine JU 52. Das brachte ihm, wie er es damals sagte, zuwenig Orden ein. ‚Wenn der Krieg zu Ende ist und ich hab zu wenig Lametta, dann ist meine Laufbahn zu Ende.' Er schulte dann um auf schnelle Jagdmaschinen . . . Das war eine schlimme und traurige Geschichte." Weil sie einen Offizier heiraten wollte, mußte Gerda Gehrmann für einen Ahnenpaß ihre familiäre Vergangenheit erforschen, bekam jedoch Angst, als sie dabei jüdische Vornamen fand: „Der Urgroßvater war Eigenkätner, verheiratet mit Osine Kilatzki. Und dann wurde das immer schlimmer. Osine, geboren in Diskonen, Tochter von Jonas und Kristep Kukate. Davids gabs da auch. Da hab ich wirklich Angst gekriegt. Ich denk: nun hör mal auf." Auch in der Schule kam „die Biologielehrerin auf mich zu und sagte: ‚Und hier seht ihr eine typische Vertreterin der westischen Rasse.' Also ich war gezeichnet. (Lacht.) Es war schlimm, wirklich schlimm . . . Wirklich, diese Verherrlichung der nordischen Rasse ist mir dermaßen auf den Wecker gegangen." „Später während meiner Verlobung hatte ich auch politische Auseinandersetzungen mit meiner Mutter. Da war ich 18 Jahre, und da wurde man automatisch, das ist jetzt aber wirklich nicht gelogen, vom BDM in die Partei überführt. Da brauchte man nicht eintreten, das ging automatisch — man bekam die Mitgliedsbescheinigung. So war das bei mir auch. Da kriegte ich mein Parteiabzeichen und eine Bescheinigung 1943 als Mitglied der NSDAP. Dieses Parteiabzeichen trug ich, auch als mein Verlobter kam im Urlaub. Er fragte: ‚Was hast Du denn an?' — ‚Ja, ich bin jetzt in der Partei.' Da sagte er: ‚Ich geh so mit Dir nicht über die Straße, wenn Du das Ding nicht abmachst, zumindest wenn ich da bin.'" Der Verlobte hatte in Warschau gesehen, „‚wie man Menschen, Juden zusammen getrieben hat, Frauen, Kinder, Männer'. Männer hätten mit Peitschen da gestanden und die in Waggons zusammen getrieben". „Ich war stolz auf ihn, er sah so totschick in der Uniform aus. Ich wär sehr gerne mit ihm spazieren gegangen." Zum Ärger der empörten Mutter trug Gerda seitdem die Parteinadel nicht mehr.

In der Familie war sie nie aufgeklärt worden und wurde in Geschlechterfragen sehr streng und prüde erzogen. Sie hatte wegen Kleinigkeiten mit Männern ständig Schuldkomplexe: „Eine fürchterliche Zeit. Die jungen Mädchen heute wissen gar nicht, wie gut sie es haben."

Bei Kriegsende sollte die Familie ihre Wohnung räumen, weigerte sich jedoch trotz ständiger Tieffliegerangriffe. Als die Amerikaner einmarschierten, „sind wir uns um den Hals gefallen — wir habens hinter uns; wir sind noch einmal davon gekommen." Allerdings wurde die Freude etwas dadurch getrübt, daß sie einmal in Gefahr geriet, von einem G.I. vergewaltigt zu werden; außerdem war der Vater noch in Danzig und kehrte erst später ebenso wie die Schwester unter abenteuerlichen Umständen nach Hause zurück, „so im September 1945. Da war die Familie wieder vereint (obwohl die Eltern geschieden waren — Pl.), hatten alles überstanden, auch ohne Bombenschaden. Das Glück können wir heute noch nicht fassen." „Ich glaube nicht, daß 1945 für mich damals mit 20 eine Welt zusammengebrochen ist. Schlimm war, daß ich meinen Verlobten verloren habe. Und im Grunde habe ich diesen Tag, als ich den ersten amerikanischen Panzer sah, in allerglücklichster Erinnerung. Und Konsequenzen für mein persönliches Leben hat das nicht gehabt. Daß ich im BDM war — jedes deutsche Mädchen war im BDM. Wer nicht drin war, das gab's gar nicht. Und mit dem ganzen Entnazifizierungsquatsch, der dann ja aufgezäumt wurde, wo man von überallher Bescheinigungen beibringen mußte, welche guten Werke man an irgendwelchen Leuten vollbracht hatte, da hatte ich nichts mit zu tun. Ich sowieso nicht und meine Mutter, glaube ich, auch nicht. Sie konnte ihren Schuldienst wieder aufnehmen."

Auch der Vater bekam sofort seine Pension weiter und Gerda Gehrmann behielt ihre Arbeit. Nur ihr Chef wurde Opfer der Entnazifizierung, obwohl er doch „nur in der NS-Reiterstaffel" war. Mit Schwarzmarkt und Hamsterei sorgten alle fürs „Überleben". Über die politische Zukunft hat man sich wenig Gedanken gemacht: „Man war so beschäftigt, sich zu ernähren, daß ich mich damit gar nicht beschäftigt habe." Nach der ersten Nachkriegsnot genoß Gerda erstmal das Leben. Auch dann bekam sie von Politik — z. B. von der Gründung der Bundesrepublik — überhaupt nichts mit. Nur einmal wurde sie nachdenklich, als ein mit ihrer Schwester befreundeter kommunistischer Lehrer, der ihnen geholfen hatte, seine Stelle als Konrektor aus politischen Gründen verlor. Heute ist sie der Auffassung, „ein Staat, der soviel Angst vor so ein paar Kommunisten hat, da kann doch irgendwas nicht stimmen." 1950 wechselte sie nach Hamburg, wo ihr früherer Chef wieder Direktor bei einer anderen Firma geworden war. Sie konnte viel reisen und lernte Neues kennen, so auch ihren jetzigen Lebensgefährten, den sie nicht heiraten konnte, weil seine Frau in der DDR lebte und sich nicht scheiden lassen wollte. 1954 kehrte Gerda Gehrmann in das Ruhrgebiet zurück. Sie wählte in der Zeit BHE (Bund der Heimatvertriebenen und Entrechteten) wie ihr Freund, war aber politisch desinteressiert. „Wir (sie zusammen mit ihrem Lebensgefährten) haben neulich überlegt: Wann bin ich eigentlich so rebellisch geworden? Wir sind beide zu der übereinstimmenden Antwort gekommen: die lange Adenauerzeit hat das bewirkt. Dann kamen die ganzen Affären hinzu, die Spiegelaffäre. Da bin ich ganz hellwach geworden. Ich glaube auch nicht, daß ich von Anfang an dagegen — oder etwas auszusetzen hatte an dem Staat." Überdies mußte sie Ende der sechziger Jahre im Auftrage ihres Chefs Betriebsratskandidaten bei der politischen Polizei denunzieren. Alles zusammen bewirkte, daß sie sich 1965 der IGMetall anschloß und SPD-Wählerin wurde. Als ihr der Betriebsrat bei ihrer Kündigung half, war sie von „dessen Souveränität" tief beeindruckt und wollte auch „mal einem Menschen als Betriebsrat so helfen können". 1978 wurde sie Betriebsrätin.

Die Ablehnung des BDM oder der HJ wird mehrfach in Gesprächen wie hier bei Gerda Gehrmann mit persönlichem Leiden am Drill, der Schikane und dem Gruppendruck geschildert. Besonders damals geistig interessierte, unsportliche oder kränkliche Halbwüchsige scheinen diese Abneigung gehabt zu haben. Demgegenüber wird manchmal ein Stolz des praktisch interessierten Arbeiterjungen auf seine Kraft und Geschicklichkeit sichtbar, die bei der HJ besonders positiv zum Tragen kamen.

Wie einige andere, die unter dem Drill bei den NS-Jugendorganisationen litten und kein Interesse an Sport und Geländespielen hatten, führte man auch Heinz Geder, der aus katholisch-sozialdemokratischer Familie stammte, auf geschickte Weise an die HJ heran, nämlich über seinen Spaß an der Musik:

> „Mir hat man das nachher ein bißchen schmackhafter gemacht, indem ich aus dem einfachen Dasein herausgenommen wurde. Ich durfte mich dann einem Fanfarenzug anschließen. Das hat mir also dann Spaß gemacht, und allein aus diesem Beweggrunde habe ich dann auch stetig an den Diensten teilgenommen, eben weil es mir Spaß gemacht hat, ohne die Politik damals schon beurteilen zu können."[74]

Helmut Krämer, der aus einer streng katholischen Familie kommt, köderte man mit seiner Technik-Begeisterung:

> Frage: „Sie haben erst nicht bei der HJ mitgemacht?" Antwort: „Nee, nee, da war ich nicht für zu haben ... Wir waren eben nicht für die HJ-Geschichte da, Antreten und Zirkus machen. Nachher mußten sie mich ja, wo ich vierzehn war, durch die Polizei (holen). Da mußte ich mich bei der Schule melden. Das war eine Schule, da waren nur die Kollegen zusammen gezogen, die nicht wollten. Aber da hab' ich nachher vom Arzt eine Bescheinigung gehabt. Aber dann bin ich pro forma in die Flieger-HJ gegangen, weil ich mich immer mit Modell-Bau beschäftigt hatte. Das wurde in der Schule sehr viel gefördert, diese Modellfliegerei."[75]

Von einer solchen Technik-Faszination ist bei den jüngeren Betriebsräten weit mehr zu hören als bei den älteren.

Überwiegend sind es also persönliche Gründe, die zur Ablehnung der HJ bzw. des BDM führten, und dementsprechend zeigen sich auch zumeist individuelle Formen der Verweigerung.

c) *„Ich mußte mich immer irgendwo beteiligen" oder von den alten und den neuen Gemeinschaften.*

(Emil Oppelns Lebensgeschichte)

Unter denen, die von Formen kollektiver Verweigerung berichten, ist Emil Oppeln. Er erzählt:

> „Und hier in der Stadt kam ich dann endlich mal mit anderen Schulkameraden zusammen. Da hab ich dann erlebt, daß es auch anders sein kann ... die einen sagten damals Edelweiß-Piraten. Ich hab' mich damals schon gesträubt, Mitglied der HJ zu werden. Und diese Clique, die hat sich da auch grundsätzlich gegen gewehrt. Das hat auch Schwierigkeiten mit der örtlichen Parteiorganisation gegeben, die bis zum Jugendarrest sogar führte ... Wie das so unter Jugendlichen ist, wir hatten uns frei zusammengeschlossen. Kann sagen, es war nichts Organisiertes. Aber wir waren alle der Meinung: von wegen stramm stehen und all diese Dinge, das wär nicht das Richtige ... Wir haben dann

lieber Ausflüge gemacht, Fahrten gemacht mit Guitarre. Die Gruppe war nur Kinder von Arbeitern aus dem damaligen (roten) Stadtteil S... Da haben wir auch manchmal Schläge gekriegt von der HJ-Streife."
Interviewer: „Warum? Ich weiß nicht — weil Sie Musik gehört haben oder selber gemacht haben, die nicht so genehm war?" Emil Oppeln: „Ja, wir haben Lieder selbst getextet und haben dann in Hinterhöfen unsere Abende veranstaltet. Die Bevölkerung hat sich dann je nach ihrer politischen Gesinnung auch beschwert und dann kamen die, dann wurden wir wieder einkassiert."
Interviewer: „Wissen Sie noch solche Lieder?" Emil Oppeln: „Eins, da kann ich mich noch ganz gut dran erinnern:
,Das schwarze Hemd wir alle tragen,
das Edelweiß dazu.
Frischauf, wir wollen es wagen,
Wir lassen der Gestapo keine Ruh.
Und wenn unser Singen und Klingen, hajo,
Der Streife und Gestapo auch nicht gefällt,
Uns jungen Edelweißpiraten, uns gehört die Welt.'"[76]

Emil Oppeln wurde 1928 im Rheinland als uneheliches Kind eines Zahnarztes und seiner Hausgehilfin geboren. „Meine Großeltern (mütterlicherseits) kommen aus Westpreußen, die waren auf einem Gut als landwirtschaftliche Arbeiter, würde man es heute nennen." Die Familie seines Vaters kennt Emil Oppeln nicht; zu seinem Vater, der nicht einmal Alimente zahlte, hat er niemals Kontakt gehabt. „Ich bin dann im katholischen Waisenhaus gewesen, und dann kam der Machtwechsel, und dann wurden die katholische Heime alle dicht gemacht. Dann bin ich nach K. gekommen; das ist bei Grevenbroich. Und da war ich bis zum 12. Lebensjahr. Über meinen Vormund bin ich bei meiner Großmutter untergebracht worden ... Der war ein ziemlich guter Parteigenosse, SA-Mann war der" und war vom Gericht zum Vormund bestellt worden. Dem Waisenheim war auch eine katholische Volksschule angeschlossen, die Emil Oppeln bis zum Abschluß besuchte. Im Heim herrschte eine sehr strenge Erziehung: „Wir mußten morgens um fünf Uhr aufstehen, mußten lateinische Vokabeln pauken. Übrigens war ich auch Meßdiener und um halb sechs war schon die erste Messe und mich hat das immer irgendwie gestört; denn das, was uns vorgegeben wurde, wurde von den, na sagen wir mal, den Erziehern, den Nonnen oder den Brüdern überhaupt nicht praktiziert." Gestört hat Emil Oppeln vor allem „der ganze Gehorsam, der eingeprägt wurde. Man konnte sich nicht frei entfalten und mußte immer das tun, was angeordnet wurde. Ich sage heute, daß ich dadurch eigentlich von der Religion weggekommen bin ... Ich hab an und für sich die Jungens in meinem Alter beneidet; die waren viel freier und unsereins war doch ein bißchen gehemmt." Deshalb hat er auch den Kontakt zu den

Edelweißpiraten aufgenommen. Wegen der Erfahrung des Drills im Waisenhaus „hab ich mich auch damals schon gesträubt, Mitglied der HJ zu werden." Nach der Schule begann er eine Friseur-Lehre bei einem nationalsozialistischen Meister mit entsprechender Kundschaft. Abgestoßen war Emil Oppeln von der Behandlung der Fremdarbeiter. „Und wir hatten hier viele russische Kriegsgefangene, und die wurden dann in Trecks zu den Arbeitsplätzen geführt. Da habe ich gespürt — die Menschen haben mir leid getan. Dann hatte ich mal eine Zigarette und bin dann an dem Treck vorbeigegangen und hab die Zigarette fallen gelassen. Und dann ist einer dieser Kriegsgefangenen hingegangen, hat die Zigarette aufgehoben. Und einer der Bewacher hat das gemerkt und dann wurde der Mann so zusammengeprügelt auf offener Straße — das war eines der schäbigsten Erlebnisse mit, denn wir haben die Russen hier behandelt wie Untermenschen." Während einer seiner „Wochenend-Verhaftungen" lag Emil Oppeln eine Nacht mit einem Zigeuner zusammen, der ihm von KZs erzählte. Vorher hatte er immer gedacht, „das sind Schwerverbrecher, die sich irgendwas haben zuschulden kommen lassen." Weil er mehrfach mit anderen Edelweißpiraten „eingebuchtet" worden war, wurde Emil Oppeln schließlich im letzten Kriegsjahr noch in ein Wehrertüchtigungslager gesteckt, desertierte und kroch in einem Bunker unter, wo ihn eine Bergarbeiterfamilie mit Lebensmitteln versorgte. In diesem Bunker erlebte er auch den Einmarsch der Amerikaner. Schon 1946 wurde er Mitglied der SPD. Nach verschiedenen Arbeiten kam er 1948 zu einer öffentlichen Verkehrsgesellschaft; im gleichen Jahr trat er auch in die Gewerkschaft ÖTV ein. 1949 heiratete er eine etwas ältere Frau. „Ich hab zu meiner Mutter kein gutes Verhältnis — bis auf den heutigen Tag nicht. Denn ich bin immer bei fremden Menschen aufgewachsen und nicht bei meiner Mutter und deswegen habe ich auch bis auf den heutigen Tag keinen Kontakt — ich hab nämlich 1949 schon mit 21 Jahren geheiratet und die (Ehe) hat bis heute noch gehalten und wird auch weiter halten. (Lacht)" 1956 wurde Emil Oppeln nach einer Reise in die DDR sofort entlassen. Noch vor Ende des Arbeitsgerichtsprozesses suchte er sich Arbeit in einem eisenverarbeitenden Betrieb und trat zur IG Metall über. 1963 wurde er in den Betriebsrat gewählt, heute ist er Betriebsratsvorsitzender. Nach zwei Streiks Ende der sechziger Jahre, als rote Fahne auf dem Werk gehißt wurden, sollte Emil Oppeln entlassen werden; er mußte jedoch wieder eingestellt werden. Heute kämpft er mit der Restbelegschaft gegen die Stillegung des Betriebes.

Der oben zitierte Bericht Emil Oppelns ist eine Ausnahme. Ansonsten überwiegen in den Berichten die Erzählungen über damalige Begeisterung für die NS-Jugendorganisationen oder über individuelle Verweigerungsformen. Und auch die Edelweißgruppe von Herrn Oppeln wurde nach mehrfacher Verhaftung in Wehrtüchtigungslager gezwungen und auseinandergerissen. Er selbst konnte sich nur vor dem „Feindeinsatz" retten, indem er desertierte und sich in einem Mülheimer Bunker versteckte.

> Frage: „Sind Sie mit anderen abgehauen?" Emil Oppeln: „Nein, ganz alleine, denn ich hatte Angst, mich mit irgendjemand zusammenzuschließen. Das war ja auch zu gefährlich, denn wir wußten ja, daß die Bespitzelung und die Spioniererei — die ging ja bis bei die nächsten Freunde, die hat ja kein Halt gemacht. Das war ja auch nachher so: einer traute dem anderen nicht mehr."[77]

Also auch Herr Oppeln stand zum Schluß allein. Aber immerhin: In seinem Bunker, in dem er sich nach der Desertion versteckte, bekam er Hilfe von einer Bergarbeiter-Familie.

Anders als Emil Oppeln fanden diejenigen, die die NS-Jugendorganisation ablehnten, nur selten andere, mit denen man die Abneigung gegenüber diesem organisierten Druck teilte und die das zu äußern wagten. Deshalb sehnten sich einige nach dem sicheren Hort der *Familie*, wie Heinz Geder, der als Einzelkind eine besonders enge Beziehung zu seinen Eltern hatte. Sein Vater war aktiver Sozialdemokrat gewesen und zeigte seinem Sohn sogar während des Krieges alte Schriften der Arbeiterbewegung. In der folgenden Erzählung Heinz Geders wird deutlich, daß das „Hinauskommen in die Welt" durch die NS-Organisation nicht von allen positiv gesehen wurde.

> „Als junger Mensch, zehn-, elfjährig wurde ich zum ersten Mal meiner Familie entrissen . . . Ich bin damals (mit der Kinderlandverschickung) in der Tschechoslowakei gewesen. Als einziges Kind zu Hause war es doch sehr gravierend, daß man dem Elternhaus entrissen wurde . . ., daß ich Dinge machen mußte, die nicht freiwillig waren, sondern ein gewisser Zwang dahinter war . . ., daß wir also schon den Drill der Soldaten ausgesetzt waren, daß die Korrespondenz mit den Eltern teilweise abgerissen ist, daß ich keine Nachricht mehr von zu Hause bekam, daß Mitschüler von mir brieflich unterrichtet wurden, daß meine Eltern total ausgebombt seien. Darauf habe ich also den Ort bei Nacht und Nebel verlassen . . . Nach fünf Tagen und sechs Nächten hat man uns dann von der Gendarmerie erwischt. Die haben uns wieder ins Lager zurückgebracht."[78]

Heinz Geder wurde von seinen Eltern insofern unterstützt, als sie ihn in den Ferien besuchten und sogar versuchten, ihn aus der Fremde der KLV zu holen. Aber auch ein solcher elterlicher Rückhalt scheint selten gewesen zu sein. Die meisten Eltern der Befragten haben die Organisierung ihrer Kinder hingenommen. Der ehemalige Jungstamm-Führer, Paul Keller, hat sogar böse Vermutungen:

> „Der Vater (SPD-Mitglied vor 1933) hat gar nix gesagt. Ich weiß nicht, wenn ich das mal aus der heutigen Sicht betrachte, hat er seinen Sohn gewähren

lassen und war dann vielleicht geschützt — weiß ich nicht, aber überleg ich mir jetzt manchmal. Aber die Mutter hat das braune Hemd besorgt und hat es selber genäht."[79]

Sowohl für die BDM-Mädchen als auch für die HJ- und Jungvolk-Jungen scheint — und hier wird ein *Generationenkonflikt* sichtbar — der Wunsch nach Unabhängigkeit von den Eltern und der Familie die NS-Jugendorganisationen attraktiv gemacht zu haben.

Frage: „Hatten sie als Junge feste Aufgaben in der Familie?" Gisbert Pohl: „Ich hab' mich sehr früh den Pimpfen angeschlossen, bin dann Jungzugführer, Hauptjungzugführer, Fähnleinführer geworden und habe mir, wenn Sie so wollen, meinen eigenen Lebensbereich geschaffen. Höchstens mal Einkaufen." Später fügt Herr Pohl hinzu, daß er über diese Aufgabe ärgerlich gewesen sei: „Ich war doch wer (als Fähnleinführer), verdammt noch mal, und ich mußte dann für den Haufen (die Familie) einkaufen gehen. Das hat mir bald die Gelbsucht eingebracht."[80]

Paul Keller: „Freundschaften aus der Gegend haben sich nicht gehalten, als ich auf die Mittelschule in der Altstadt ging. Die Kontakte sind abgebrochen, weil ich bei den Pimpfen ja neue Kontakte bekam . . . Ich hatte keine festen Aufgaben zu Hause, denn ich war ja der Nachkömmling und war schon selbständig durch meine Arbeit bei den Pimpfen."[81]

So wurde die Familie einerseits zum Hort gegen nationalsozialistische Organisierung, andererseits aber zu dem Ort, an dem politische Auseinandersetzungen als Konflikt zwischen den Generationen ausgetragen wurden. Michael Zimmermann, ebenfalls Mitglied unseres Forschungsprojekts, bringt in seinem Aufsatz „Ausbruchshoffnungen"[82] einige weitere Beispiele für die „Distanz, die nach 1933 im Bergarbeitermilieu zwischen Älteren und Jüngeren" enstanden war; von Bedeutung scheint gewesen zu sein, „daß den Jüngeren im Windschatten des neuen Regimes ein Aufbegehren gegen bisher schwer angreifbare Autoritäten möglich wurde. Dieser antiautoritäre Impetus richtete sich sehr häufig gegen den Familienvater." Denn vorher — so ein Bergmann — gab es „ein Aufmucken (. . .) nicht, Vaters Wort war Evangelium."[83]

„Die Jugend, die hatten sie (= die Nazis) voll. Wenn man einen Aufmarsch sah — alles bloß Jugend. Und dann in der Schule, da gabs nix anderes mehr. Die hatten die hinter sich, da durfte noch nich mal in der Familie jemand was sagen. Ich weiß noch, bei uns auf der Straße, da wohnte eine Frau, die war Witwe. Deren Junge, der war bei der SS sogar. Die sagte so oft zu uns — die war auch dagegen —, die sagte: ‚Wir dürften gar nix mehr sagen, der ist fähig und tut uns noch anschmieren.' So hatten die die Jugend in Schach."
Ein damals junger Bergmann erzählt: „Ich kam (1938) in einen Kreis von alten Kollegen, die übereinstimmend eine negative Haltung zu den Nazis hatten. Uns Jüngere haben sie zunächst etwas vorsichtig behandelt; sie wollten erst herausfinden, wie weit wir durch die Hitler-Jugend beeinflußt waren."[84]

An diesen Beispielen wird bereits deutlich, daß der Konflikt zwischen Jung und Alt nicht nur Risse in die Familien trieb, sondern auch in die alten *Arbeitermilieus*. Dies galt nicht nur für Männer und Jungen, sondern auch für Frauen und Mädchen:

> „Ich bin an und für sich auch ganz gern zum BDM gegangen. Ich weiß nicht, ich hab' schon immer diesen Drang gehabt: Ich mußte mich immer irgendwo beteiligen; deswegen bin ich auch immer draußen rumgeflogen."[85]

Hier in dem Gespräch mit Undine Raven wird eines der Motive sichtbar, durch das immer wieder der Spaß begründet wird, den Mädchen am BDM hatten. Dieses Motiv dürfte sicherlich für Arbeitermilieus von Bedeutung gewesen sein, in denen es sonst wenig Möglichkeiten gab, mehr von der Welt zu sehen als die unmittelbare Nachbarschaft, die Gemeinde, die Arbeitsstelle oder die nähere Umgebung, die sich durch Fahrradfahrten erschließen ließ.

Das hatte vor allem für aktive Mädchen wie Frau Raven Bedeutung; denn sie waren in den alten Milieus in besonderer Weise von deren Enge und von der Strenge der Arbeitsteilung zwischen den Geschlechtern betroffen. In den Interviews mit ehemaligen BDM-Mitgliedern wird (ebenso wie mit nichtorganisierten Mädchen) deutlich, daß sie während der Weimarer Zeit nur in Ausnahmefällen eine Lehre machen konnten, da sie im Haushalt mithelfen mußten oder in „Stellung" (als Dienstmädchen) gingen. Wenn überhaupt, dann durften die Jungen eine Lehre machen. Insgesamt wurden die „Außenkontakte" der Mädchen härter beschnitten als die ihrer Brüder: nicht nur in Lehre, Ausbildung und Beruf, sondern auch gegenüber dem anderen Geschlecht, z. B. in den Ausgehzeiten. Meistens wechselten sie von ihrer Elternfamilie oder von ihrer Dienstmädchenstellung direkt in die neugegründete eigene Familie. Und dort herrschte die gleiche Beengung allgemein wie auch im Besonderen für die Frauen.

Daher wird verständlich, warum gerade aktive Mädchen auch mal etwas anderes kennenlernen wollten. Und die Nazis lieferten dafür ein neues gesellschaftliches Angebot und wohl auch das Gefühl eines gesellschaftlichen Umbruchs, das es erlaubte, mit alten Haltungen zu brechen. Man könnte nun meinen, so neu sei das Angebot der Nazis besonders für Frauen nicht gewesen. Das scheint jedoch „nur" im Hinblick auf die nationalsozialistische Ideologie über die Rolle der Frau und Mutter in der „nationalen Bewegung" zu stimmen. Aber es stimmt nicht für das Angebot an Aktivitäten außerhalb der bisherigen Milieus: Denn nun konnten Mädchen selbst aktiv werden, verantwortliche Arbeit in Unterführer-Positionen übernehmen und mit anderen Menschen anderer Milieus in Berührung kommen.

In den alten Nachbarschaften zeigten sich jedoch auch Widerständigkeiten gegen das Vordringen des Nationalsozialismus. Heinz Geder beschreibt seine Herkunft-Siedlung — genannt der „Rote Querschlag" wegen der hohen Zahl kommunistischer Bewohner — für die dreißiger Jahre der Vorkriegszeit ebenso, wie man es von den Alten für die Zeit der Weimarer Republik gehört hatte: eine Bergmannssiedlung mit Taubenschlag und Kaninchenstall auf dem Hof, guten Nachbarschaften und wenig Nazis; niemand wollte mehr als der andere scheinen, weil sowieso jeder wußte, wie wenig auch die anderen verdienten. Die Kinder brachten den Vätern den „Henkelmann" zur Pause an das Zechentor. Auch die bekannten Differenzen tauchen in seiner Erzählung auf: Die Kruppianer und Bergbau-Beamte hätten sich ein bißchen abgesondert, weil sie sich als etwas „Besseres" fühlten.

Aber auch über dieser Ruhridylle zogen sich während der NS-Zeit dräuend die Wolken zusammen:

> „Kinderfeste wurden gemacht. Und das wurde dann von den Frauen organisiert, teilweise auch mit Lehrpersonal der dort etablierten Volksschulen, die aber auch nicht der parteilichen Richtung damals (der nationalsozialistischen) angehört haben, die sich also wirklich noch für die Belange der Arbeiter dort und ihrer Kinder eingesetzt haben. Ja, und auseinandergerissen wurden wir dann als junge Menschen, wenn es darum ging, das Fähnlein der Hitler-Jugend zu besuchen. Da wurde natürlich Rivalität zwischen uns geschürt — auch zwischen den Familien."[86]

Erst im Bombenkeller sei die Gemeinschaft wieder da gewesen, dann schließlich auch mit den Beamten, die sich bei den ersten Luftangriffen noch abgesondert hätten.

Nicht nur die Familien in den alten „roten" Bergarbeitervierteln, sondern auch die *kirchlichen* Zusammenhänge gerieten vor allem durch die Schließung von Konfessionsschulen und anderer Einrichtungen, den Staatsjugendtag und die faktischen Zwänge zur HJ-Mitgliedschaft Mitte der dreißiger Jahre in Bedrängnis, gegen die man sich zur Wehr zu setzen versuchte.

> Frage: „Wie war das denn bei Ihnen: waren Sie in der HJ?" Josef Paul: „Ja, das war doch damals Zwang. Wenn man nicht in der HJ drin gewesen wäre, dann hätte man keinen Arbeitsplatz bekommen bzw. keine Lehrstelle. Man mußte erstens den Arier-Nachweis erbringen, zweitensmal mußte man in der HJ gewesen sein. Aber Gott sei Dank, kann ich 100%ig bezeugen, das können mir heute noch einige (Kirchen-) Brüder bestätigen, daß wir 1939 statt mit der HJ mit der Clique, mit den Stenzen und mit der katholischen Jugend, die noch existierte, in die Hohe Mark gefahren sind und haben da das Osterfest gefeiert. Da waren ältere und jüngere zusammengewürfelt. Wir sammelten uns einmal in der Woche im Marienheim oder bei einem der Kollegen und hielten einen Gruppenabend ab. Es wurden damals zünftige Lieder gesungen. Und wenn

besondere Anlässe gewesen sind, so zogen wir mit unseren Kollegen der Clemens-Maria-Hofbräu-Kirche (Es folgen Namen der Kollegen) . . . Mit denen haben wir zusammengesessen . . . Der Pfarrer, der damals anwesend war, der staunte nur, daß wir mit Knickerbocker, teils mit kurzer Hose und Windjacke (der HJ) erschienen sind."[87]

Und Frau Jabel, die ebenso wie ihr späterer Mann in einer Clique und bei einer katholischen Jugendorganisation war, erzählt, daß ihr Jahrgang der letzte war, der noch freiwillig zum BDM gehen konnte: „Wir sind nicht — die Jungen nicht in der HJ und wir Mädchen nicht im BDM (gewesen) . . . Das war mehr jetzt nicht, daß wir besonders religiös waren. Wir fühlten uns wohl da in der Kirche mit unserer Gruppe, weil wir da wirklich sehr viel machten. Und die jetzt im BDM waren, die Mädel, die hatten samstags frei. Samstags mußten sie ja antreten, was weiß ich nicht alle. Also hab ich da nicht viel von mitgekriegt, weil mich das nicht interessierte, diese Vereinsmeierei da. Und jetzt mußte unsere Lehrerin, weil wir 16 nicht im BDM waren, für uns (samstags) zur Schule kommen. Und das machte sie uns immer zum Vorwurf. Und das machte uns ja direkt einen Heidenspaß; wir gingen gerne zur Schule, um den anderen eben dadurch einen auszuwischen." Die Lehrerin habe nach dem Krieg nichts mehr davon wissen wollen. Da fast alle Jungen aus der alten Clique in den Krieg mußten und fielen, die Frauen ausgebombt und evakuiert wurden, brach die Clique der katholischen Jugend auseinander. Als einzige blieben sie und ihr späterer Mann übrig.[88]

Besonders das frühere politische kommunistisch-sozialistische Lager mit seinen Verzweigungen wurde vom Nationalsozialismus angegriffen; ein Beispiel, erzählt von Frau Heimen:

„Ich bin in einer Arbeiterfamilie groß geworden. Mein Vater war bei den Städtischen Bühnen (als Elektriker) beschäftigt, als Betriebsrat und wurde 1933 gemaßregelt (fristlos entlassen), weil er der damaligen Kommunistischen Partei angehörte. Betriebsrat war er und daher, auch durch die ganze Erziehung, waren wir ein bißchen frei. Ich war zuerst auf der Freien Schule und dann kam ich, bevor die Freien Schulen geschlossen wurden, zur S.-Schule . . . Ist klar, daß wir dadurch, daß wir auf der Freien Schule, als wir dann nachher zu der anderen Schule kamen, darunter zu leiden hatten. Das Schönste war natürlich: Die Lehrer und Lehrerinnen, die auf der Freien Schule waren, die wurden ja nachher auch mit übernommen auf die andere Schule; die hatten sich dann nachher schön gedreht. Ja, die Lehrer hatten sich gedreht." Etwas später fragt der Interviewer noch einmal nach der Freien Schule. Frau Heimen anwortet: „Die nannte sich wohl Freie Bekenntnisschule. Alle, die aus der Kirchen so (ausgetreten waren), na, das waren hauptsächlich auch alles KPD- und SPD-Kinder. Die waren da drauf. Da gabs natürlich keine Religion. Ich glaub, 1935 wurde die Schule ganz zu gemacht, geschlossen." Interviewer: „Und Sie sind aus der evangelischen Kirche ausgetreten, sagten Sie, so 1930"? Frau Heimen: „1930 trat der Vater aus. Da waren wir natürlich , wir Kinder auch raus. Und dann mußte mein Vater wieder reingehen, sonst hätte er keine Arbeit bekommen. Dann waren wir natürlich wieder mit drin." (. . .)

Interviewer: „Sie sind ja nun Jahrgang 1924. Haben Sie denn noch was vom Jungvolk oder vom BDM mitbekommen?" Frau Heimen: „Hmm, mußte ich auch noch. Werd ich nie vergessen. (Kurz vor der Hochzeit des Gauleiters) bin ich eingetreten. Auf jeden Fall, ich hatte doch damals keine braune Kletterweste. Ein blaues Jäckchen hatte meine Mutter mir gegeben. Und dann, als der heiratete, da mußten natürlich alle antreten und es goß in Strömen und mein blaues Jäckchen lief total aus, die Farbe. Ich war nachher, meine weiße Bluse, alles, was ich anhatte, war verfärbt. Also können Sie sehen, wie weit meine Eltern eingestellt waren, daß ich da noch so ein blau Jäckchen trug und keine Kletterweste."

Interviewer: „Und warum sind Sie dann trotzdem eingetreten?" Frau Heimen: „Wir mußten ja nachher. Dann hab ich gebummelt, bin ich nie antreten gegangen. Dann kam ich in Pflicht-BDM, da mußte ich natürlich jeden Samstag antreten."[89]

So entstanden Fronten innerhalb der Familien, innerhalb der alten Milieus und zwischen ihnen und den neuen Gemeinschaften des Nationalsozialismus. Und zwischen diesen Fronten tummelten sich viele „Durchmogler":

Frage: „Waren Sie aktiv bei den Pimpfen?" Herr Müller: „Nein, ach je! (lacht) Ich hab immer den Samstag — da bin ich nie zum Antreten gegangen und dann kriegten meine Eltern immer blaue Briefe, daß ich nicht erscheinen wollte. Und nachher konnte man wählen, konnte man am Samstag wieder die Schule besuchen oder man mußte antreten. Und dann bin ich lieber zur Schule gegangen als da zum Antreten. Also ich habe da nur statistisch mitgewirkt, darf ich sagen. Ich hab mich immer so ein bißchen durchgemogelt."[90]

d) „Ich lag immer etwas über dem Durchschnitt" oder vom Arbeitsstolz und von Militarisierungs-Erfahrungen am Arbeitsplatz, in der Schule und an der Front.

(Hans Müllers Lebensgeschichte)

Mehr noch als die Alten äußern die Jüngeren einen ausgeprägten Stolz auf ihre gute Arbeit, auf ihre Zeugnisse und ihr gutes Verhältnis zu Vorgesetzten:

Frage: „Sie sagten gerade, daß Sie gut mit Ihren Kameraden ausgekommen sind — auch mit Ihren Vorgesetzten?" Herr Müller: „Ja, würde ich sagen, ja." Interviewer: „Auch mit Ihrem Meister während der Lehre?" Antwort: „Ja. Nun, ob ich nun ein besonders guter Mann war — ich lag immer etwas über dem Durchschnitt . . . Und nachher meine Meisterprüfung habe ich im Praktischen ‚sehr gut' und im Theoretischen ‚gut'. Und auch meine Führungszeugnisse und meine Führungseintragungen in der Einheit bei der Wehrmacht usw., die waren immer sehr gut und die Vorgesetzten haben mich immer diesbezüg-

lich gut beurteilt." Interviewer: „Woran lag das?" Antwort: „Ich würde sagen :
Ohne jetzt, man beräuchert sich ja nicht selber — ich war ein überdurchschnitt-
licher Facharbeiter, darf ich mal sagen. Den Fehler an einer Maschine oder an
einem Kompaß oder am Kreiselkompaß oder am Drehzahlmesser usw., den
andere nicht finden konnten und wo das Gerät wahrscheinlich ausgebaut und
zum Werk geschickt werden mußte — ich hatte eine besondere Gabe, diese
Fehler besonders aufzudecken, immer . . . Ich bin also ein Mensch, der vielseitig
ist und auch heute noch alles macht. Und das kam mir damals zugute, als ich
bei den Soldaten war."[91]

Hans Müller, der diese Feststellungen trifft, wurde 1923 im Ruhrgebiet
geboren. „Mein Vater ist Polizeibeamter gewesen; ich bin also der Sohn
eines Beamten. Er wurde aber 1934 auf Grund seiner (nicht)arischen
Abstammung aus dem Polizeidienst entlassen und zwar aus dem Grunde,
weil meine Urgroßmutter, seine Großmutter eine Jüdin war." Der Vater
kam aus Ostpreußen, da der Großvater als Bergmann angeworben wor-
ben war. Nach seiner Entlassung ging der Vater „in einen Industriebetrieb,
da war er als kaufmännischer Angestellter tätig", bis er 1945 wieder
rehabilitiert wurde. „Die Mutter war immer Hausfrau, die war nie berufstätig." Sie stammte ebenfalls aus Ostpreußen. „Mein Vater, der hat keine
Religion gehabt. Mein Vater war gewerkschaftlich organisiert. Der war,
bevor er Beamter wurde, im Freien Bergarbeiterverband und ist dann
anschließend, wie er Beamter wurde, gewerkschaftlich organisiert geblieben." Er hat immer SPD gewählt. „Die Mutter hat das getan, was der
Vater wollte. Die hat also auch das gleiche gewählt." Sie war ebenfalls
konfessionslos. Hans Müller wurde auch nicht getauft. „Ich bin kirchlich
überhaupt nicht gebunden, nein." Er besuchte zunächst die Volksschule,
dann die Mittelschule mit dem Abschluß der Mittleren Reife. Danach
begann er eine Lehre als Feinmechaniker. „Ich hab die Lehre nach
dreieinhalb Jahren abgeschlossen und bin vier Jahre nach der Lehre als
Soldat eingezogen worden und bin Ende 1945 aus der Gefangenschaft
entlassen worden." 1938 haben sich die Eltern scheiden lassen, weil der
Vater neben der Ehe eine feste Freundin hatte. Danach heiratete die
Mutter ihren zweiten Mann, der vor 1933 Mitglied der KPD „und dort
auch im mittleren Führungsrang tätig" war. „1933 war ich gerade 10 Jahre
alt. Ich weiß nicht, wann das Gesetz rauskam — da mußte jeder (antreten);
am Samstag war da immer Staatsjugendtag. Ich war Mitglied bei den
Pimpfen, bei den ganz Jungen." Durch die HJ „mogelte" er sich durch als
Karteileiche. „Wegen der (jüdischen) Großmutter meines Vaters durfte
ich natürlich Soldat sein, konnte nur kein Offizier werden." Hans Müller
gehörte zum Bodenpersonal bei der „Fliegerei" und wurde hauptsächlich
auf dem Balkan, in Griechenland und auf Kreta eingesetzt. Dort lernte er
verschiedene Mädchen kennen, darunter auch seine spätere Frau, die er

aus Jugoslawien nach Deutschland mit Hilfe eines Generals schleuste. Danach versuchte er mehrfach vergeblich Heiratsurlaub zu bekommen. Denn: „Sie wissen ja, ne Frau zieht mehr wie zehn nackte Neger." Nach der Gefangenschaft kehrte er zunächst zu seinem ausgebombten Vater, dann zu seiner Mutter zurück und heiratete im gleichen Jahr. 1945 kam der erste Sohn. Durch seinen kommunistischen Stiefvater kam er zur KPD. „Da begann an und für sich meine gewerkschaftliche und politische Laufbahn." Er war vor allem in der politischen und gewerkschaftlichen Jugendarbeit tätig. „1945 waren die Bestrebungen der damaligen KPD ähnlich wie in der Ostzone: mit den Sozialdemokraten eine Einheitspartei zu werden . . . Ich wurde dann von der KPD-Leitung beauftragt, hier den Zusammenschluß bei der Jugend durchzuführen." Beim Zusammenschluß wurde er in den Vorstand gewählt. Er begann in einem Kleinbetrieb als Feinmechaniker, wurde dort Jugendleiter und später Betriebsratsvorsitzender. „Das war in diesem Betrieb insofern leicht, da der Besitzer seine Rechte nicht ausüben konnte, weil der führendes Mitglied der NSDAP" gewesen war. Bereits 1946 kam Hans Müller, der sofort bei Arbeitsbeginn der IGM beigetreten war, in die Ortsverwaltung der Gewerkschaft, wo er für den Aufbau der Jugendleitungen verantwortlich war. 1946 „hab ich an dem Parlament der Freien Deutschen Jugend, denn das gabs schon in der Ostzone, teilgenommen. Ich war damals einer der wenigen, den man aus den Westzonen drüben ins Präsidium nahm, und ich habe damals neben Axen, neben Honecker, der ja damals Leiter der FDJ drüben war, (gesessen)." Dort nahm er auch an einem Empfang der sowjetischen Militärbehörde teil. Hans Müller wurde auch Delegierter der ersten Konferenzen der IGMetall für die britische Zone. 1949 trat er aus der KPD aus „wegen der sowjetischen Kriegsgefangenenpolitik, und weil ich als Kommunist bei der Gewerkschaft nichts hätte werden können". 1949 oder 1950 wurde er Mitglied der SPD und in der Ortsverwaltung verantwortlich für Betriebsräte und Angestellte. „Ich hab also die ganze Ochsentour hier mitgemacht" und besuchte mehrere Gewerkschaftsschulungen. Politisch hat er sich bis Anfang der siebziger Jahre nicht betätigt, dann wurde er stellvertretender Vorsitzender eines SPD-Ortsvereines und Mitglied einer Bezirksvertretung. Heute ist er außerdem Schöffe beim Arbeitsgericht und — nach dem Mitbestimmungsgesetz von 1976 — Aufsichtsratsmitglied. 1952 wurde seine Tochter geboren; von seiner ersten Frau ließ er sich 1972 scheiden: „Die Ehe ist auch daran gescheitert, daß nachher meine Frau nicht mitgewachsen ist, darf ich sagen, in meinem beruflichen Werdegang." Schon früher „wollte ich immer von der Frau weg; ich hab aber gesagt: ich werde meinen Kindern niemals die Möglichkeit geben, daß sie mit dem Finger auf mich zeigen und sagen: ‚Während unserer Jugendzeit hast Du die Mutter verlassen', sondern ich habe gesagt, ich werde erstmal dafür sorgen, daß beide Kinder eine Berufsausbildung bekommen." Nach seiner Scheidung heiratete er erneut. Zu seinen Kindern hat Hans Müller „ein mehr kameradschaftliches Verhältnis. Ich habe also nicht autoritär gewirkt, sondern antiautoritär. Ich hab sie frei erzogen, es gab auch sexuell keine Tabus." Der Sohn — Kalkulator von Beruf — ist auch Mitglied der SPD und der IGM, die Tochter ist bei einer großen Firma Innendienstleiterin und wie der Vater Schöffe.

In der zu Beginn dieses Abschnitts zitierten Passage aus dem Interview mit Hans Müller wird das deutlich, was bei den Alten schon ins Auge stach: Man ist stolz auf die eigenen Leistungen, aber ihr Sinn erscheint losgelöst von dem gesellschaftlichen Zweck — in diesem Fall für den Krieg. Bei den Alten war dieser Stolz und diese Abgelöstheit jedoch noch damit verbunden, daß man sich eben als (heimlicher) Nazi-Gegner empfand und sich deshalb nicht für die Folgen der Nazi-Herrschaft verantwortlich fühlte. Bei den Jüngeren war dieser Stolz entweder Teil der umfassenden damaligen Identifikation mit dem Dritten Reich oder Teil eines Denkens, dem es um den eigenen Vorteil in den NS-Organisationen ging, oder war ebenfalls Ausdruck der Vereinzelung.

Gegenüber den alten Facharbeitern kommt bei den Jüngeren die Zufriedenheit über schulische Leistungen, das Organisationstalent und die Karriere hinzu.

Fast alle aus den jüngeren Jahrgängen machten — mehr als die Alten — Militarisierungserfahrungen nicht nur an der Front, sondern auch am Arbeitsplatz und in der Schule.

„Im Betrieb da ging es natürlich militärisch zu. Der Betriebsleiter hatte die HJ-Uniform an. Weil ich nun Fähnleinführer war, hatte ich bei den Leuten eine Bombennummer."[92]
„Ja, es wurde ein bißchen scharf durchgegriffen dabei. Zu der Zeit war ja da morgens Antreten und Appell, jede Kolonne für sich. Und der Vorarbeiter begrüßt die Reihe mit ‚Heil Hitler!' und dann wurde die Arbeit aufgeteilt und dann ging es ran. Wenn man eben zur Toilette wollte, mußte man sich abmelden . . . In der Lehrwerkstatt gab es einen Meister, der haute schon mal mit der Riemenlatte hin, wenn einer mal einen Fräser abbrach. Aber das war das Temperament des einzelnen, würde ich sagen."[93]

Rauh bis bösartig ging es auch schon vor dem Nationalsozialismus in den Lehrwerkstätten bzw. der Lehrausbildung insgesamt zu. Erinnert sei an den Initiationsritus des „Schlosserstempels", den Jan Wesel in seiner Lebensgeschichte für die zwanziger Jahre erzählt. Die Militarisierung und die Ideologie vom abgehärteten deutschen Jungen während der NS-Zeit verschärfte diese Männlichkeitsriten. Allerdings konnte man als HJ-Unterführer eine gewisse Achtung und Vorsicht im Betrieb erwarten.

Besonders hart erging es den Lehrlingen in Kleinbetrieben, wenn der Lehrherr ein Nazi war, der Lehrling jedoch nicht:

Emil Oppeln: „Mein Lehrmeister war selber in der Partei. Es ging dann nur noch: ‚Heil Hitler!‘ Und wenn man dann ‚Guten Morgen!‘ sagte, kriegte man direkt einen in den Nacken . . . Am anderen Morgen wieder: ‚Mojn!‘,‚Heil Hitler, heißt das!‘ und dann ging das los."[94]

War der Lehrherr allerdings kein Nazi, dann konnte man sich in den Kleinbetrieben am besten vor solchem Ungemach drücken. Hans Müller entzog sich nach Umzug und Beginn einer Lehre in einem Kleinbetrieb der HJ:

„Seit dem Zeitpunkt habe ich überhaupt keine Verbindung zur HJ gehabt und keiner ist auch an mich herangetreten. Das lag aber daran, daß dieser Kleinbetrieb, bei dem ich war, auch nicht erfaßt worden ist von der Deutschen Arbeitsfront. Das war so eine Oase von Kleinbetrieben . . ., das hat man vielleicht übersehen."[95]

Die Militarisierung brachte auch einige kuriose Umkehrungen mit sich, die genossen wurden: Der „kleine", aber aktive Lehrling konnte Urlaub für ein Jugendlager, z. B. von seinem Lehrherrn, der nicht Nazi war, verlangen, der zumeist anstandslos genehmigt wurde. Man war eben wer. Oder man hatte einen höheren Rang in einer NS-Organisation oder dem Militär als der unmittelbare Vorgesetzte. So erzählt Klaus Waschkowiak, der einer Zwischengeneration angehört:

„Vor dem Krieg hab ich dem Betriebsleiter, der Nazi war, immer gedroht, wenn er an den Öfen vorbeikam: ‚Wenn Sie bei der nächsten Übung in meiner Einheit sind, dann schleif ich Sie.‘ Er war Gefreiter und ich Unteroffizier. Nachher kam er und sagte: ‚Ich bin jetzt Leutnant und Sie immer noch Unteroffizier.‘"[96]

Die Militarisierung ergriff — verstärkt im Krieg — auch die Schulen:

„Klassensprecher, es hieß Zugführer — das war ich auch. Morgens ging das immer so los: Wenn die Schule begann, mußte einer vor der Tür warten, wenn der Lehrer kam. Und der kam dann auch in Uniform . . . Und dann mußte einer draußen stehen, der hat dann ‚Achtung!‘ gerufen, dann spritzte alles auf. Ich mußte dann raus und fing dann an: ‚Zug 3 c angetreten mit soundsoviel Mann, einer krank, einer unentschuldigt.‘ Dann gabs den Gruß, dann sagte der: ‚Setzen!‘, dann ging der normale Unterricht los. Jeden Morgen. Und dieser Zug, d. h. diese Klasse, mußte jedem Lehrer gemeldet werden, wenn eine andere Stunde begann. Oh, da waren strenge Genossen drunter, strenge Parteigenossen."[97]

In den höheren Klassen der Schulen — so berichtet dieser ehemalige Jugendfunktionär — hätten 95% der Schüler eine Führungsposition eingenommen, weil jeweils 5 Personen einen Führer hatten und jeder Ältere eine Gruppe Jüngerer führte. Besonders im Krieg sei der Aufstieg schnell gegangen, weil die „älteren" Jahrgänge bereits eingezogen waren.

e) „Wir wollten die Welt erobern – ist bloß schiefgegangen" oder von den Kriegserfahrungen.

(Paul Kellers Lebensgeschichte)

Bei denjenigen, die „alt genug" waren, um noch an die Front geschickt zu werden — und das waren die meisten der jüngeren Befragten — finden sich sehr widersprüchliche Berichte über ihre Kriegserfahrungen. Zunächst der damalige Jungvolkfunktionär Paul Keller.

„Wo ich dann ausgelernt hatte, haben wir bei uns für die Hydrierwerke, die eben aus Kohle Benzin machten, die Kessel gemacht. Das waren ja 22-28-Meter-Kessel im Durchmesser. Und an so einen Kessel kamen 130 bis 160 Ein-bis Zweizollschrauben. Und die mußte ich machen, das Gewinde machen und einschrauben. Die mußten sitzen und durften nicht mehr rauskommen. Da durfte nicht gepfuscht werden ... Da ich gewissenhaft gearbeitet habe, das darf ich jetzt sagen, war ich nachher auch derjenige, der dann da festgehalten wurde. Da war keiner mehr da. Die jungen Kollegen in meinem Alter, wurden alle eingezogen. Und ich weiß, der Vorarbeiter, der damals war, der fuhr mit mir ein Stückchen (nach der Arbeit) mit. Und wo ich ausstieg und Wiedersehen sagte, da hab ich gesagt: ‚Morgen komme ich auch nicht mehr, morgen hab ich auch einen Stellungsbefehl.' Da hat der gesagt: ‚Nee, nee, Du nicht.' Die wußten Bescheid. Und dann ist mal eine Kommission da gewesen, die dann überprüft hat alle die Leute, die da waren. Und dann haben sie bei mir versucht, mich zu halten. Der Meister hat versucht mich zu halten, indem daß er gesagt hat: ‚Ja, er kann aber schlecht sehen.' (...) Ich habe bis 1942 bei meiner Firma gearbeitet, weil ich an solchen Sachen gearbeitet habe, wo ich drauf reklamiert war. Ich hatte 13 Stellungsbefehle; erst der dreizehnte war derjenige, der dann durchlief. Dann bin ich Soldat geworden und bin dann 1944 in Gefangenschaft und 1947 wieder zurück gekommen. Im Juli 1947. (...) Ich war bei einer normalen Infanterieeinheit."
Interviewer: „Auch im Osten?" Antwort: „Da hab ich ein bißchen, wenn man so sagen will, Glück gehabt. Da ich von meiner Firma festgehalten worden war, bin ich drei Monate ausgebildet worden und bin wieder zurückgekommen Ende 1942 bis Anfang 1943, drei Monate — genau 91 Tage. Mit dem Entlassungsgeld, was man damals kriegte, kam ich damals wieder zurück. Dann war ich aber bloß sechs bis acht Wochen da und dann mußte ich wieder weg. Das war in der Zeit — 1943 hatte der Goebbels den totalen Krieg erklärt, und da war dieses Gesetz, wonach wir weg waren und zurückgekommen sind, war dann hinfällig geworden. (...) Ich war begeistert dabei als Hitlerjunge, als Pimpf, und habe mir da diese anderen Dinge (die Naziverbrechen) ja gar nicht vorstellen können. Wo ich nachher Soldat war — ich war fünf, sechs Monate in Polen in einer Kompanie, die Partisanen jagen sollte, aber wir hatten so'n gemütlichen Job dabei; wir haben keine Partisanen gejagt, und die Partisanen haben auch uns nichts getan dabei. Wir haben einmal an einer Strecke gelegen, da machte der Posten nachts zwei Männer und eine Frau aus, die da die Straße

längs kamen; die kamen aus dem jüdischen Ghetto von Warschau, die haben wir laufen lassen. Das ist uns im Traum nicht eingefallen als Soldaten, da nachher irgendwie den Juden was zu tun oder die festzusetzen irgendwie. Der Leutnant, der den Zug führte, das war auch ein Medizinstudent, 24 oder 25 Jahre alt, der war auch ein Mensch in dem Sinne, und da konnten wir mit sprechen. Wir sind mal irgendwo unterwegs gewesen, da hat — ich weiß nicht, ob das interessant ist — da waren so fünf Häuser, dort wollte der auch Partisanen jagen, da fand man in den Gebüschen so paar Gewehre, die von außen verludert waren, aber von innen ganz sauber — die Läufe waren ganz sauber. Und dann hat er natürlich gesagt: ‚Die Leute setzen wir fest. Die Männer, das sind Partisanen.' Und dann hat er die Männer antreten lassen und die Frauen machten da rum. Und wir hatten drei dabei, die perfekt polnisch sprachen. Dann hat der eine gesagt: ‚Macht doch mal eine Tafel fertig, macht doch mal was zu essen auf den Tisch' für die (zu den) Frauen. Und dann haben die da so schön weissgedeckt und ne Tafel fertig gemacht. Dann kamen die da mit 72%igem selbstgebrauten Schnaps an. Da ich ja keiner war, der Schnaps trank und (lacht) nur Milch nahm, war ich nachher mit einem Unteroffizier die einzigen Nüchternen und die anderen waren (wie) tot. Die waren tot, die haben da gelegen; wenn die da was gewollt hätten, hätten die Leute uns was machen können. Aber wir wollten denen nix, und dann hatten wir den nachher überzeugt, bis daß der wieder wach wurde und bei kam, der Leutnant; da haben wir dem gesagt: „Ja, was wollen Sie denn noch?' Ja, dann hat der die Schnapsfabrik, die da war, eingepackt, die Geräte, und dann sind wir damit abgezogen. Und nächsten Tag haben wir gesagt: ‚Könnt Ihr wieder kommen, dann bringt Ihr uns was zu essen' — wir lagen da auf so einer Ecke, wo schlechte Versorgung für uns war. Dann haben die auch ihre Schnapsfabrik wieder gekriegt. So war das. Wenn ich das persönlich denke, habe ich nie einem Juden was getan; im Gegenteil: mal geholfen unterwegs. Das Nazi(hafte), das ist ein bißchen komisch dabei. Das war eben nur aus der Jugendarbeit heraus." Diese Partisanengruppe wurde nach sechs Monaten von der Polizei abgelöst. Paul Keller wurde danach zunächst nach Antwerpen, dann zur Küstenbewachung nach Marseille verlegt. Dort geriet er, ohne „Feindberührung" gehabt zu haben, auch in Gefangenschaft, wo er zum ersten Mal von den Naziverbrechen hörte habe. „1933 wurde ich 14, da hatte ich von Politik keine Ahnung. Die HJ war für uns persönlich eine Jugendgruppe, aber die Dinge, die man nachher gehört hat, die hat man tatsächlich nachher gehört. Ich war in französischer Kriegsgefangenenschaft und hab 1944 in Marseille beim Amerikaner gearbeitet ein paar Monate. Und die erste Nacht hatten wir sofort so'n jüdischen Sergeanten, der da das Kommando hatte, und er war Unteroffizier gewesen und brauchte auch nicht arbeiten. Dann kamen da die Lebensmittel vom Bahnhof an und wurden dann sortiert und gingen an die Front weiter. Das mußten wir machen. Und dann fing der auf einmal an, vom KZ zu sprechen und so weiter, und da hab ich tatsächlich in meinem Leben zum ersten Mal vom KZ gehört. Da waren wir natürlich noch mit mehreren so jungen Unteroffizieren und dann haben wir gesagt: ‚Das gibt es nicht.' Das war ja für uns eine unmögliche Sache, die gar nicht drin war. Und der wurde immer ärgerlicher dabei, und dann winkte der nachher ab und sah wohl tätsächlich, daß wir wirklich nichts wußten. Und sagte dann: ‚Ja, Ihr seid gute Patrioten' und drehte dann ab, ne. Aber da haben wir das erste Mal tatsächlich von den Dingen gehört, die waren und die vorher nicht waren."[98]

Paul Keller, der diese Episoden wiedergibt, wurde 1919 im Ruhrgebiet geboren. Über die Herkunft der Mutter, die Hausfrau war, weiß er nichts zu berichten — nur daß sie als Näherin gearbeitet hatte und evangelisch war im Gegensatz zum katholischen Vater; dieser hatte acht Geschwister: „Die waren alle so sehr fromm." Die neun Jahre ältere Schwester von Paul Keller war noch katholisch getauft worden, „weil sich die Oma von vornherein durchgesetzt hat. Dann hat meine Mutter aber nicht mehr mitgespielt und hat meine Schwester evangelisch erzogen. Sie ist dann auch evangelisch konfirmiert worden" ebenso wie Paul. Der Vater hatte die katholische Volksschule besucht und arbeitete dann als Schmiedepresser in einer Schraubenfabrik. Über dessen Firmenzugehörigkeitsgefühl gerät Paul Keller ins nostalgische Schwärmen: „Da ging es noch ein bißchen gemütlicher zu. Der Vater hat erzählt, daß sich da ein Gesangsverein im Betrieb gegründet hat zusammen mit dem Besitzer, auch Feste kirchlicher Art. Zum Feste feiern waren die Arbeiter dabei. Die haben früher gute Feste gefeiert. Die wurden immer so einfach gemacht: gesungen wurde in einer Gaststätte mit einem größeren Saal dabei, Weihnachtsfeste für die Kinder; und ich weiß, daß meine Mutter gesagt hat, daß sie vor dem Ersten Weltkrieg auch Theateraufführungen gemacht haben." Der Vater war „eingefleischter" Sozialist. Die Gegend, in der Paul aufwuchs, „war ein bißchen abseits"; das Doppelhaus, in dem sie wohnten, lag nur 200 Meter von der Arbeitsstelle des Vaters entfernt und war Firmeneigentum. Rundum wohnten überwiegend Arbeiterfamilien in ähnlichen Häusern, die alle im Krieg ausgebombt wurden, wie auch die Kellers. Nach der Volks- besuchte Paul die Mittelschule, die er jedoch nach 4 Jahren abbrach, „obwohl das Zeugnis gar nicht so schlecht war"; er lernte ab 1935 in einem Großbetrieb als Dreher. 1939 wurde er Geselle mit „Spitzenlöhnen", da er eine „Vertrauensarbeit" hatte. Er war bis 1942 u.k. gestellt. Seit 1933 war Paul Keller Mitglied des Deutschen Jungvolks, von den Pimpfen in Uniform „animiert, wie soll ich sagen, gleich begierig gemacht, dabei zu sein." Die Eintrittsgründe waren: die Spiele im Wald und in der Natur, der Sport und das Gemeinschaftsgefühl. Er wurde dort schließlich Jungstammführer. „Es war eine soziale Sache, der ich mich verschrieben hatte". „Von Politik war da nicht viel die Rede". Samstags und sonntags gab es Führerschulungen „mit ein bißchen exerzieren, da wurde man so ein bißchen hart rangenommen", beim Marschieren rauf und runter den Berg gejagt; „ein bißchen Schikanieren war dann dabei." 1942 heiratete er während eines Heimaturlaubs von der „Terroristenbekämpfung" eine

Frau, die er auf einer Tanzschule kennengelernt hatte. (Seine Frau wirft lachend ein: „Seitdem stand ich unter der Knute.") Sie war nur kurz im BDM gewesen, da sie als Verkäuferin schon früh von „morgens bis abends arbeiten" muße. 1943 wurde ihr einziges Kind, ein Sohn, geboren. Nach anderthalbjähriger Kriegsteilnahme geriet Paul Keller 1944 in französische Kriegsgefangenschaft, wo es eine miserable Verpflegung gab; die Amerikaner, bei denen er zeitweilig arbeitete, verpflegten ihn jedoch gut, so daß er bald 75 Kilo wog. „Dann ging es nach Afrika, da hatte ich nur noch 45 Kilo." Zunächst war er in Oran, dann bei Konstantin, wo er 11 Monate im Außendienst bei einem Juden auf dem Hof arbeitete, was ihm nichts Besonderes bedeutete: „Ich war von der (antijüdischen) Propaganda nicht so beeinflußt." Auf dem Hof war die Verpflegung bessser als im Lager. Aus der Heimat hat er während der ganzen Zeit der Gefangenschaft nichts gehört, auch keinen Brief von seiner Frau erhalten. Umgekehrt hat diese erst nach zwei Jahren einen Brief von ihm bekommen, der ein Jahr alt war. Im Juli 1947 kehrte Paul Keller in seine Heimatstadt zurück. Er fand nicht in seiner alten Firma, sondern in einem Mittelbetrieb Arbeit. Frau Keller: „Das war eine sehr schwere Zeit. Mein Mann brachte die Gefangenschaft noch mit; man mußte sich zusammenraufen. Ich war so selbständig geworden. Wenn ich was machte, dann sagte er: ‚Wozu bin ich denn da?' Meinem Mann ging es nervlich schlecht. Der Junge sagte einmal: ‚Laß uns Vater wieder nach Afrika schicken.'" Nach der Rückkehr hatte Paul Keller von Politik „die Nase voll bis oben hin", und „dann hat man sich ja erstmal zurückgezogen und mußte sich erstmal reinfinden ins normale Leben." Aber er hatte „als junger Mann (im Jungvolk) eben auch die sozialen Dinge im Kopf gehabt"; und auch nach dem Krieg „war nur die soziale Seite diejenige, die da gereizt hat." Daher kandidierte er 1950 für den Betriebsrat, als Kollegen deshalb an ihn herantraten. In die Gewerkschaft war er bereits mit Arbeitsbeginn eingetreten, weil der Betriebsrat gesagt hatte: „Sie müssen sich aufnehmen lassen, sonst fliegen Sie hier schnell wieder raus." Er wurde in den Betriebsrat gewählt und hat mit zwei Angestelltenvertretern „so ein bißchen gegen die Kommunisten opponiert", die im Betriebsrat dominierten. Dieser kommunistische Betriebsrat hat ihn nicht gemocht, „weil ich Nazi war, als NSDAP-Parteigenosse". Er selbst hat niemals vor einem Entnazifizierungsausschuß gestanden. Später wurde er Betriebsratsvorsitzender bis 1981 und konnte während der Aufschwungphase viel für die Kollegen durchsetzen; schwieriger wurde es in den späten sechziger und siebziger Jahren: Der Betrieb baute rapide ab und mußte viele Arbeiter und Angestellte entlassen. Er selbst arbeitete mit an den Sozialplänen, wobei er streng auf die Einhaltung der Friedens- und der Schweigepflicht achtete. 1972 schloß er sich kurz vor dem Mißtrauensvotum gegen Willy Brandt der SPD an, obwohl er sich geschworen hatte, niemals wieder einer Partei beizutreten: „Nach dem Krieg habe ich gesagt, ich war einmal in einer Partei, das kann dir beim zweiten Mal nicht passieren. Ich war als Idealist dabei und bin dann betrogen worden."

Ich habe die Erzählungen Paul Kellers deshalb an den Anfang dieses Abschnitts gestellt, weil in ihnen Motive auftauchen, wie sie immer wieder in den Kriegserzählungen der jüngeren Befragten erscheinen: gute „Vertrauensarbeit" als erhoffte Lebensversicherung vor dem Fronteinsatz; das Glück, das gleichsam schicksalhaft für das Überleben sorgte; die Ausbombung der Familie; die Fremdbestimmtheit, die in der Sprache zum Ausdruck kommt, mit der weitere Lebenseinschnitte in Arbeit und Krieg geschildert werden („dann mußte ich . . .", „dann ging es nach . . .", „dann mußte ich wieder weg . . .", „dann trat man an mich heran . . ."); das Wegreißen von der Familie; die Kriegsgefangenschaft als wichtige Zeit des Umdenkens; die Heimkehr als persönliche Krise in Ehe und Arbeit usw.

Aber in seinen Episoden scheint auch das typisch, was nicht erzählt wird: die Schrecknisse des Krieges; die Todesängste; die Freunde, die fielen; die Unterdrückung und der Terror, mit dem deutsche Truppen während der Eroberung und in den besetzten Gebieten vorgingen. All dies wird eher heruntergespielt zugunsten einer Schilderung, die den Krieg — wie bei Paul Keller die Partisanenjagd — als „gemütlichen Job" beschreibt, die vom Menschlichen auch im Verhältnis zu Offizieren und zur Bevölkerung in besetzten Gebieten berichtet, die eher komische Episoden hervorhebt.

Für diese Art der Berichterstattung ein weiteres Beispiel. Hans Müller antwortet unmittelbar auf die Frage des Interviewers, wie denn der Kontakt zu der Bevölkerung in den besetzten Gebieten war:

„Ich hatte in Griechenland ein Mädchen auch . . . und dadurch habe ich auch mit der Familie verkehrt. Da ging ich also ein und aus. Ich hatte also ein Mädchen in Athen und ich hatte auch ein Mädchen in Saloniki gehabt. Ich hab nachher noch lange Zeit korrespondiert damit, also Briefe geschrieben. Ich bin aus dem Grunde mit der Bevölkerung zusammen (gewesen), weil wir nie in einer Kaserne gelebt haben, sondern wir waren immer bei Privatleuten untergebracht mit der Einheit . . . In Athen haben wir im Schloß des Königs gewohnt, da haben wir drin gewohnt, während die Privatgemächer nicht belegt wurden. Die reinen Privatgemächer mit den ganzen Kostbarkeiten, die dort waren, die waren verschlossen; und wir wohnten in sogenannten Nebengemächern und das wurde auch respektiert von unserer Wehrmacht. Daß man da nun gehaust hat wie die Vandalen — das hat man nicht gemacht . . . Ich hatte immer ein sehr gutes Verhältnis zu der Bevölkerung . . . Man war doch immer gern gesehen."
Aber sofort im Anschluß an diesen Satz heißt es: „Ich hab natürlich in Athen mit ansehen müssen, daß Frauen und junge Mädchen sich für ein halbes Brot

anboten. Und ich habe auch selbst miterlebt, daß Familien sich Soldaten an Land zogen. Die Kinder in der Küche fielen dann über das Brot her, was der dann dagelassen hat. Und im Schlafzimmer hat der Soldat denn die Mutter oder irgendwie da gebraucht, um sie gefügig zu machen. Das habe ich auch miterlebt." Die Schuld dafür gibt Hans Müller den Partisanen, die durch Sprengungen der Lebensmittelzüge die große Unterernähung und den Hunger verursachten. Auch in Polen und in Jugoslawien hatte Hans Müller Mädchen „gehabt"; seine Freundin ungarischer Herkunft in Jugoslawien hat er nach Deutschland geschleust, weil er Angst hatte, daß sie bei Kriegsende wegen „Kollaboration Schwierigkeiten" bekommen würde. Diese Frau heiratete er dann.[99]

Besonders auffällig scheint mir in den Erzählungen der jüngeren Interviewpartner eine weitere Lücke: Es wird zumeist nichts darüber erzählt, welche persönliche Haltung man damals zum Krieg einnahm — war man begeistert, lehnte man ihn ab, betrachtete man ihn als Naturereignis ohne Anteilnahme . . .?

Ab und zu wird diese Begeisterung erwähnt aber bei anderen, wie in dem Interview mit Adolf Gerlach:

„Ich mußte am 23. März '42 mit einem Persilkarton, wie man so sagt, antreten, hier am Bahnhof B., zur Wehrmacht, eingezogen. Vorher bei der Musterung hatten wir natürlich — na, wie soll ich sagen — ich hatte keine Ideale im Gegensatz zu meinen Kollegen, daß ich mich freiwillig gemeldet habe, Schulkollegen mehr oder weniger, die sich alle meldeten zur Marine oder überhaupt zu Waffengattungen, die für ihre Begriffe aus dem Rahmen fielen im Gegensatz zur Infanterie. Ich hatte zwar bei der Musterung den Wunsch geäußert, wenn ich schon einberufen würde, zu den Kradmeldern zu kommen; hatte da irgendwie die Vorstellung scheinbar, daß ich nicht laufen brauchte (lacht), aber das war alles Illusion. Der Enderfolg war: Der Jahrgang '23 kam mehr oder weniger geschlossen zur Infanterie."

Adolf Gerlachs Kriegsbericht ist auch ein Beispiel für die häufigen distanzierten, fremdbestimmten Glückserzählungen über den Krieg:

Nach der Ausbildung ging es „ab Richtung Rußland". Dort marschierte er als Regimentsfunker mit großem Funkgerät: „Ich hatte ungefähr zu tragen so 90 Pfund mit allem drum und dran und wog selber bloß 128 Pfund. Das werde ich auch nie vergessen dieses große Ungetüm. Ich hab dann den ganzen Krieg mehr oder weniger mitgemacht." Er schildert dann präzise die einzelnen Stationen des Vormarsches bis kurz vor Moskau. „Und von dann an ging es ja mehr oder weniger zurück. Ich bin noch mal weiter nach hinten gekommen für kurze Zeit zum Partisaneneinsatz, heute Baranovice oder wie die Gegend da heißt. Und dann wieder nach Süden — Orel, Briansk, die Ecken da, wo der Russe damals eingebrochen war. Dann ging es zurück bis in Richtung Smolensk. Da haben wir im Winterstellung gelegen. Dann kam im Frühsommer '44 der große Rückzug. Dann wurde ich versprengt und fand erst nach Tagen meine Einheit wieder. Und auf dem Weg zurück zur Front bei einer Rast in Litauen wurde ich von Tieffliegern, also von eigenen, deutschen Flugzeugen, die aber von Russen erbeutet waren, was wir nicht wissen konnten — und die flogen so tief, und wir haben ahnungslos da gesessen — wurde ich schwer verwundet: Oberarm zersplittert, Lähmung rechts und einen Lungenstecksplitter. Kamen dann über Litauen nach acht Tagen nach Aschersleben bei Magdeburg die Ecke da unten ins Lazarett. Da bekam ich eine schwere Rippenfellentzündung und hab dann noch fast drei oder vier Monate auf der inneren Station gelegen. Dann habe ich insofern Glück gehabt aufgrund meiner Körpergröße, zu der man ja wirklich nicht groß sagen kann, da hab ich einen guten Arzt erwischt, der da sagte, obwohl andere drängten, ich sollte wieder weg, sagte der wörtlich: ,Der kommt erstmal zur Erholung.' Und dann kam ich nach Schirke im Harz. Das ist heute DDR. In Schirke bin ich dann verblieben und war in einem Haus, wo dreihundert Lungenverletzte waren. Da wurde ich gefragt, ob ich nicht Dienst auf der Schreibstube machen wollte. Nach langem Hin und Her habe ich mir das überlegt, weil man mir sagte, dann könnte ich zwei Monate länger im Lazarett verweilen. Das war mehr oder weniger mein Glück, weil da mittlerweile der Krieg hier im Ruhrgebiet schon zu Ende war und uns dann der Amerikaner überrollte. Und ich wurde dann, weil ich unglücklicherweise eine eigene Mütze besaß mit einem weißen Rand im Gegensatz zu einer silbernen, die die Offiziere haben, von einem Betrunkenen — das war aber echt ein Indianer — für einen Offizier gehalten. Und aufgrund des Funkerzeichens, das sieht aus wie ein Blitz, hielt er mich für einen SS-Mann und wollte mich erschießen, bis ein kleiner Feldwebel, der nüchtern war, den erstmal weggejagt hat. Aber ich mußte auf einen Shermanpanzer aufsteigen und sollte wie die anderen vom Harz bis nach Rheine (kommen). Da ging durch Zufall eine Kette ab vom Panzer und da mußten wir alle ins Gebäude. Und dann kam der Tross, der Stab mehr oder weniger von den Amerikanern. Und dann hörte das Rowdytum auf und dann wurden wir als Kriegsgefangene, Verwundete entsprechend behandelt. Und dann übernahm uns der Engländer nach einigen Wochen."[100]

Von Begeisterung ist in diesem distanzierten, um nicht zu sagen fremdbestimmt gehaltenen, Bericht wahrlich nichts zu spüren — außer bei anderen, die aber „nur" zu einer besonderen Waffengattung kommen wollten. Auch er überlebte „mit viel Glück". Und das Leiden, die Angst, eventuelle Probleme mit dem Töten sind hier ebenfalls eliminiert; man kann die Schrecknisse hinter diesem trockenen Bericht, über dem die Schicksalsgöttin mit ihrer zufälligen Verteilung von Glück und Pech zu thronen scheint, nur erahnen.

Ganz anders als Adolf Gerlach faßt Gisbert Pohl, der mit seiner Vergangenheit als Fähnleinführer und Waffen-SSler offensiv ehrlich umgeht, seine damalige Haltung zum Krieg zusammen.

> „Ich war wild drauf, für mein Vaterland zu sterben. Ich konnte gar nicht schnell genug dahin kommen . . . Ich konnte mir damals nichts Schöneres vorstellen, als wenn der Vater vom (Ersten Welt-) Krieg erzählte. Dat war was . . . Wir

waren die kommende Generation, wir wollten ja auch die Welt erobern und haben es ja auch versucht, ist bloß schief gegangen. Fragen Sie mich nicht, was ich heute davon denke." In einem späteren Gespräch sagt Gisbert Pohl: „Ist doch alles erlogen, wenn heute keiner mehr was von Begeisterung wissen will. Meinen Sie denn, da haben die Feldwebel mit Maschinengewehren gestanden und die Leute mit Gewalt in die Schützengräben getrieben? Damit können sie doch nicht Europa und halb Rußland erobern. Das war Begeisterung, echte Begeisterung."[101]

Diese Darstellung ist ein Einzelfall; ansonsten überwiegt die distanzierte Beschreibung des Krieges — als Durchmogelei ohne Begeisterung. Selten ist etwas zu hören über Todesängste und die Schrecknisse des Krieges oder über die Verantwortung Deutschlands für diesen Krieg und für die Unterwerfung anderer Völker; auch sehr wenig Nachdenkliches über eventuelle eigene Schuldgefühle. Und von widerspenstigen Haltungen gegenüber Vorgesetzten, die bei den Älteren manchmal durchscheinen, ist bei den Jüngeren nicht die Rede. Aber es gibt viele Geschichten à la Schütze Asch, der meistens allein oder in Männerkameradschaft den Vorgesetzten ein Schnippchen schlug und den Kameraden eine Gans; einiges ist auch über den Krieg als großtouristischen Bummel durch Europa zu erfahren, in dem man mal „Schicksen vernaschte" oder sich mit dem überfallenen Volk in Gestalt eines schönen Mädchens verschwesterte.

Diese widersprüchliche, schwer zu entschlüsselnde Weise der Erzählung auch bei Personen, die später selbst gegen Wiederbewaffnung und atomare Aufrüstung eintraten, scheint ein Indiz dafür zu sein, daß es in der Nachkriegszeit kaum gesellschaftliche Angebote zur Verarbeitung der Kriegserlebnisse gab.[102] Erst später, als man selbst in gewerkschaftlicher und politischer Organisation gegen die Aufrüstung eintrat oder als die eigenen Söhne vor dem Wehrdienst standen, legten sich einige Rechenschaft über die eigene Haltung zum Krieg ab. Die Distanzierung in den Erzählungen könnte auch ein Mittel sein, sich vor sich selbst und den jüngeren Interviewern, denen man eine Beurteilung dieser Vergangenheit nicht zutraut, indirekt zu rechtfertigen. Außerdem kommt hinzu, daß die psychische Haushaltsführung eine offene Handhabung dieser Kriegserfahrungen, die schrecklich und aufwühlend waren, auch heute noch verbietet.

Nach den Interviews drängt sich die Vermutung auf, als wäre diese Art der Kriegserzählung eine Männerangelegenheit, denn Frauen vermitteln weit mehr die Eindrücke von Angst und Schrecken.

Gerda Gehrmann: „Da war so ein heftiger Angriff, und ich kam nie rechtzeitig in den Bunker. Da regte meine Mutter sich schrecklich auf, weil ich nicht aufstand. Ich erinnere mich: Sie lief mit einem Koffer vor; wir hatten jedesmal zwei Koffer an der Hand und einen Mantel über dem Arm. Und sie lief schon die

Treppe 'runter und schrie ganz entgeistert rauf: ‚Gerda, komm runter! Steh auf, steh auf! Die Christbäume stehen schon am Himmel!‘ Dann warfen die Amerikaner irgendwelche Leuchtdinger ab; dann wurde die Stadt ausgeleuchtet, die sie bombardieren wollten. Dann wußte man also, wenn die Christbäume standen, dann kommt gleich der Bomberverband, dann gibt es einen Angriff, einen Großangriff. Als ich hörte, die Christbäume stehen am Himmel, da habe ich noch schnell versucht, in den Bunker zu kommen. Da fielen also wirklich schon Bomben, während ich gerade aus der Haustür raus war. Und dann bin ich hingefallen und war nicht mehr in der Lage — ich hatte einen solchen Schock vor Angst — aufzustehen. Meine Beine versagten. Ich habe immer versucht hochzukommen, meine Beine versagten. Und die Leute rannten an mir vorbei, und ich hab immer gesagt: ‚Hilf mir doch mal jemand, hilf mir doch mal jemand!‘ Ich kam also nicht wieder zu mir. Es war unmöglich. Und dann habe ich mich irgendwie wieder zurück in den Keller geschleppt, da war aber kein Mensch mehr. Und da habe ich also einen entsetzlichen Angriff im Keller mutterseelenallein erlebt. Ich habe mich dann unter die Kellertreppe gesetzt; und da war ein Blecheimer, ein Marmeladeneimer — da sammelten wir immer im Garten Unkraut drin; jedenfalls diesen Blecheimer habe ich mir über den Kopf gestülpt und dann schwankte das Haus, da fielen irgendwelche Luftminen in die Nachbarschaft, dann schwankt ja so ein ganzes Haus. Das ist so grauenvoll, das kann man überhaupt nicht beschreiben. Sie hören diese Mine auch, wenn die jaulte, wenn die runter kam. Und dann diese entsetzliche Detonation und dann das Schwanken. Also da habe ich beten gelernt. Da habe ich immer nur gebetet: ‚Lieber Gott, nicht verschütten, nicht verschütten.‘ Das war also das Schlimmste, was es gab, wenn Sie verschüttet waren.“ Nach diesem Angriff brannte das Lagerhaus ihrer Firma und „da war ich erster Mann an der Spritze . . . Für diese Löschaktion wurde mir das Kriegsverdienstkreuz verliehen. Das war ein Ereignis. Ja, die Bombenangriffe waren schlimm.“ Interviewer: „Wie war denn in dieser Situation das Verhältnis zu den Nachbarn?“ Antwort: „Das war entsetzlich. Da kannte keiner seiner Freunde mehr. Also, da haben sich Szenen abgespielt. Da sind in einem Bunker mal elf Menschen zu Tode getrampelt worden. Und eine Woche später passierte mir also folgendes. Es kam wieder ein Angriff. Meine Mutter trommelte mich aus dem Bett, und ich kam wie immer zu spät. Wir gingen in einen Bunker, der lag 17 Meter in einem natürlich gewachsenen Felsen. Der galt als der sicherste Bunker in der ganzen Stadt . . . Und dann war entsetzliche Panik vor diesem Bunkereingang, der war nur so schmal wie eine normale Türbreite. Da passierte mir also folgendes: Ich stand mitten zwischen drin. Da fielen einige leichte Bomben in die Nähe und die Leute gerieten in Panik. Dazu muß ich sagen, am allerschlimmsten waren die Soldaten, die auf Urlaub waren. Die hatten sowas überhaupt noch nicht erlebt. Die haben gezittert und gebebt, da waren wir Frauen also tapfer gegen. Wir hatten die Bombenangriffe ja jede Nacht sechs. Da ist mir folgendes passiert: Ich bin mit dem Rücken zur Treppe zu stehen gekommen und falle hin, liege mit dem Kopf nach unten auf der Treppe. Da trampeln die Leute über mich weg. Gerade einige Tage vorher hatten sie elf Leute zu Tode getrampelt in einem anderen Bunker, wirklich zu Tode getrampelt. Und ich hing auf der Treppe und bin von irgendwelchen Luftschutzwarten, die auf jedem Absatz standen, wieder da rausgezogen worden. Die konnten die Menschen anhalten. Da habe ich so einen Schock bekommen: Während ich sonst immer die Letzte im Bunker war — zum Kummer meiner Mutter — da bin ich gerannt, da brauchte bloß die Sirene anzufangen, da war ich angezogen und im Bunker. Und seither habe ich eine Klaustrophobie. Ich kann im Theater oder Kino nur außen sitzen. Ich habe die größte Angst vor Menschenmassen. Wenn also bei der Firma 6.000 Menschen vor der Tür standen und streikten — da könnte ich nie zwischen gehen. So eine Angst habe ich vor Menschenansammlungen . . .“

Interviewer: „Das Gegenteil haben Sie nicht erlebt, daß man sich half oder mehr aufeinander angewiesen war und die Beziehungen enger wurden?“ Antwort: „Nein, nein, Da war sich jeder selbst der nächste. Da trampelten sie sich gegenseitig. Da hat auch keiner ausgeholfen mit irgendwas, daß der, der mehr hatte, dem anderen was gab. Das gab es gar nicht. Da hat jeder für sich gelebt.“

Interviewer: „Meinen Sie, daß das an Ihrer Gegend lag, oder war das allgemein so?“ Antwort: „Ich glaub, das war allgemein so.“[103]

Über die Nachbarschaftshilfe bei und nach Bombenangriffen gibt es allerdings auch andere Berichte, die die gute Nachbarschaft und das Schwinden der Standesunterschiede im Bombenkeller hervorheben. So erzählt Heinz Geder, daß anfänglich noch

> „Unterschiede gemacht wurden bei Luftangriffen im Bunker, den die Bergleute in dieser Siedlung selbst gebaut haben, daß in den einzelnen Zellen Unterschiede gemacht wurden, daß also die Frauen der Beamten nach Möglichkeit gesehen haben, ihresgleichen in eine Kabine zu bringen. Und als später die Bombenangriffe hier auch bei Tag durchgeführt wurden, mußte man also die Dinge gemeinsam machen, als es darum ging, Wohnungen notdürftig wieder herzustellen, um eine Bleibe zu haben, um Menschen zu retten, die unter den Trümmern lagen. Für meine Begriffe ist das also der Not gehorchend geschehen.“[104]

Wieder einmal erscheint hier die „Volksgemeinschaft“ als Ergebnis des Bombenhagels in den letzten Kriegsjahren.

Fast alle Männer aus diesen Jahrgängen waren irgendwann einmal an der Ostfront und hatten dort „das Arbeiterparadies Sowjetunion kennengelernt“, wie es immer wieder heißt; dort bestätigte sich für sie das Bild von der Sowjetunion, das sie aus der Nazi-Propaganda kannten.

Das Kriegsunternehmen endete für alle in großer Wirrnis: Einige, die mit Panzer oder Flugzeug ausgezogen waren, der Welt das Fürchten zu lehren, kehrten per Fuß, auf dem Fahrrad oder dem Güterzug in eine verwüstete Heimatstadt zurück, manchmal gerade den letzten aufrechten SS-Kommados entkommen. Die meisten kamen kürzer oder länger in Gefangenschaft, lernten dort eine schnell verwehende klassenlose Gemeinschaft und die ersten Sozialisten kennen:

„Denn vorher hatte ich ja von der Gewerkschaftsbewegung noch nichts gehört."[105]

f) „Recycling – das hatten wir schon bei den Nazis" oder über soziale Attraktionen.

(Heinz Geders Lebensgeschichte)

Die heutigen Betriebsräte sind scharfe Kritiker des Nationalsozialismus; trotzdem kann man manchmal hinter ihrer Kritik eine begrenzte Anerkennung von Teilleistungen heraushören:

> „Auf der (Mittel-) Schule stieg natürlich immer mehr der Einfluß der Partei (der NSDAP). Man konnte ganz klar erkennen, welche von den Eltern aktiv da mitgewirkt haben. Die Kinder genossen immer eine gewisse Bevorzugung. Obwohl damals ja auch der Slogan hieß: ‚Mehr Arbeiterkinder auf weiterführende Schulen.' Da hat man damals die Hauptschule, kann ich mich entsinnen, eingeführt. Die war gleichgestellt mit der damaligen Mittelschule. Die war nur nicht mit Kosten verbunden, wobei ja damals zu der Zeit die Eltern, deren Kinder die Mittelschulen besuchten, Bücher z. B. bezahlen mußten. Das hat Hitler dann abgeschafft und hat die Hauptschule — nicht mit der heutigen Hauptschule zu vergleichen — eingeführt, wo also alles frei war. Das war eine Auslegung des Slogans: Das machen wir für Arbeiterkinder. Aber das war auch bloß Mittel zum Zweck, um die Dinge nach ihren Ideologien fest in den Griff zu kriegen."[106]

Heinz Geder ist es, der diese schulischen Veränderungen erklärt. Er wurde 1931 im Ruhrgebiet geboren — und ist damit der Jüngste unter den befragten Betriebsräten. Seine Mutter war Hausfrau ohne erlernten Beruf und mußte manchmal im Nebenerwerb putzen gehen. Der Vater war gelernter Vorzeichner. „Ist dann auch erwerbslos gewesen zu der Zeit" der Weltwirtschaftskrise und wurde später Bergmann. Er bekam eine Zechenwohnung und im Nationalsozialismus ein Ehestandsdarlehen. „Er wurde kein Soldat, weil er also hier ‚Soldat der Heimat' wurde in der Kohleproduktion." Die Mutter half auch bei der Familie des Vaters aus, wo es „neun lebende Kinder" gab. „Väterlicher- und mütterlicherseits waren es große Familien im Gegensatz zu meiner — ich weiß nicht, ob die Eltern gelernt haben. Ich wills hoffen." Die ganze Familie hat in demselben Großbetrieb gearbeitet. Der Großvater väterlicherseits war Zentrumsmann. „Übrigens habe ich von dem Opa einiges mitbekommen; der war auch 21 Jahre Arbeitnehmervertreter, damals von der Zentrumspartei aus." Im Gegensatz zu ihm war Heinz Geders Vater Sozialdemokrat; die ganze Familie war katholisch. Seine Eltern heirateten 1930 und führten „eine sehr harmonische Ehe". Heinz Geder wuchs in einer roten Bergarbeitersiedlung auf. Er besuchte zunächst eine katholische Volksschule, dann die Mittelschule. Er war ungerne Mitglied im Jungvolk. Abgestoßen hat ihn vor allem der militärische Drill auch in der Schule oder in der Kinderlandverschickung, durch die er 1942 den Eltern, denen er sehr nahe stand, entrissen und in die Tschechoslowakei gesandt wurde. „Da wurden wir behandelt wie Landser, wie Soldaten: Da wurde marschiert und da wurde exerziert. Und wenn mein Spind nicht in Ordnung war, da wurdest du vier Stunden über den Acker geschliffen. Dann mußtest du deine Uniform sauber machen. Und an den ‚Maskenball' kann ich mich entsinnen: Da mußtest du in zwei Minuten Winteruniform anhaben, in zwei Minuten Sommeruniform. Und dann bist du als Elf-, Zwölfjähriger von diesen Leuten drangsaliert worden, geplagt von Heimweh — aber da haben diese Brüder keine Rücksicht drauf genommen." „Das war eine unselige Zeit. Ich bin also im weiteren Leben damit verschont geblieben, Uniformen zu tragen, eben damals nur als Hitler-Junge." „Was mir noch aufgefallen ist zu dieser Zeit: Wenn ich mit einigen Kollegen in Uniform eine Bäckerei betrat in Mähren — die Kunden, die im Laden waren, nämlich die Tschechen, die gingen sofort zur Seite. Wir wurden also sofort bedient. Und wenn die nicht zur Seite gingen, dann hat der Verkäufer oder die Verkäuferin uns sofort angesprochen und hat gesagt: ‚Bitteschön, was möchtet Ihr?' Wir wurden da bevorzugt behandelt. Und das hat sich dann im Nachhinein, nach der Kapitulation — da haben die Tschechen natürlich das heimgezahlt." Unter der Trennung von seinen Eltern litt Heinz so, daß er einmal „stiften ging". Noch während des Krieges wurde er vom Vater über die Gewerkschaften aufgeklärt. Nach Kriegsende konnte er kurz vor der Mittleren Reife die Mittelschule nicht weiter besuchen, weil sie erst später ihren Betrieb aufnahm. Daher ging er wieder auf die Volksschule bis zum Abschluß: „Das Entlassungszeugnis lautete dann über acht Jahre Volksschule." Danach neue Probleme: „Damals gab es auch große Schwierigkeiten, hier die passenden Lehrstellen zu finden." Er begann deshalb „als jugendlicher Arbeiter bei der Stadt im Tiefbauamt mit dem Hinweis, wenn dort kaufmännische Auszubildende eingestellt werden, ich dort bevorzugt würde. Das hat sich aber auch nicht eingestellt, so daß ich 1947 meine Tätigkeit dort abgebrochen habe und im Mai 1947 als Klempner und Installateur bei einer Firma die Lehre anfing. Und im Oktober 1950 habe ich mit Erfolg dort meine Prüfung abgelegt." „Dann kamen für meine Familie wieder zwei Tiefschläge: Ich wurde erwerbslos, mein Vater mit 42 Jahren von einer Silikose befallen aufgrund seiner beruflichen Tätigkeit. Es stand also an, ob Vater Rentner werden sollte oder nicht. Von mir aus: kein Einkommen; ich bekam auch keine Arbeitslosenunterstützung, weil ich kein halbes Jahr geklebt hatte." Mit der Rente des Vaters konnten sie nicht leben, also ging Heinz wieder als Hilfsarbeiter in den Tiefbau. 1951 fand er dann ebenfalls als Hilfsarbeiter eine Stelle in einem Großbetrieb.

Unmittelbar nach Kriegsende schloß er sich der katholischen Jugend an und wurde dort Jugendleiter. Er lernte in dieser Tätigkeit sehr viele Menschen kennen, so auch seine spätere Frau, die allerdings evangelisch war. Das gab Probleme, da die Kirche diese Verbindung ablehnte wegen der Gefahr einer „Mischehe". „Ja, und dann habe ich mich dazu durchgerungen und hab gesagt: Soweit geht es also nicht, daß ich den Einfluß in meine persönliche Sphäre von denen erdulde; das sehe ich nicht ein." Er trat aus der katholischen Jugend aus (1979 auch aus der Kirche) und heiratete 1954. Seine Frau war Konfektionsschneiderin. 1955 wurde eine Tochter geboren, die jedoch kurz nach der Geburt starb. 1959 folgte ein Sohn, nach dessen Geburt Frau Geder ihren Beruf aufgab.

Von 1951 bis heute blieb Heinz Geder in dem gleichen Betrieb. „Und als ich dann hier anfing im Betrieb, also berufsfremd, habe ich dann früh erkannt: Wenn du nicht gleich mitmischst, dann mußt du später die Tassen von den Kollegen spülen. Dann habe ich mich mächtig ins Zeug gelegt." Er trat sofort in die Gewerkschaft ein, besuchte im Laufe der Jahre 28 Lehrgänge der IG Metall: „Ja, ich habe dort die Möglichkeiten wahrgenommen, mich weiter zu bilden." „Dann hat meinen weiteren Lebensweg und meine Einstellung zum Leben und zur Gesellschaftsordnung die IG Metall bestimmt." Bereits 1952 wurde er Jugendvertreter, 1957 Betriebsrat, 1966 Betriebsratsvorsitzender mit Freistellung seit 1973. 1959 wurde er Mitglied der SPD, „um Arbeiterinteressen in die SPD zu tragen". Seit 1973 lehrt er auch selbst in der gewerkschaftlichen Bildungsarbeit. Zweimal sollte er wegen Aktivitäten als Gewerkschafter und Betriebsrat fristlos entlassen werden: in der Tarifbewegung 1960 und 1963. Nach Androhung von Solidaritätsstreiks mußten die Entlassungen zurückgenommen werden.

Daß der Nationalsozialismus für damalige Jugendliche — selbst für Gegner und „Durchmogler" — eine gewisse soziale Attraktivität besaß, wird auch aus einer Reihe anderer Interviewpassagen deutlich. Wie zu erwarten, spielte dabei der „Gemeinsinn" und das Gemeinschaftsleben eine große Rolle und die Tatsache, daß es Arbeits- und Ausbildungsmöglichkeiten („Reichsberufswettkampf") gab, daß die weiterführende Schule auch für Arbeiterkinder in den Bereich des Möglichen gerückt schien, daß mehr Geld verdient wurde, nicht ständig Arbeitslosigkeit drohte und „sogar Ehestandsdarlehen" zur Verfügung gestellt wurden; auch die Koedukation, die gemeinsame Schule für Mädchen und Jungen, wird lobend erwähnt. Besonders die damals aktiven Jugendfunktionäre führen solche sozialen Gründe zur Erklärung ihrer Tätigkeit an. Dafür einige Beispiele:

„Mein Chef war der Generaldirektor der Firma. Das war ein NS-Musterbetrieb . . . die hatten damals schon große soziale Einrichtungen, wie Tennisplätze usw."[107]

„Es war eine gute Sache, der ich mich verschrieben hatte . . . Während des Krieges sind wir mit der Jugendgruppe jeden Tag raus nach K. in eine Jugendherberge, wodurch man den Fliegeralarm ersparte. Dort gab es unter älteren Jugendherbergsleitern eine sehr gute Verpflegung . . . Ich hatte als junger Mann eben auch die sozialen Dinge immer im Kopf gehabt."[108]

Oder:

„Zum Beispiel, was heute wieder ganz modern ist, das hatten wir bei den Nationalsozialisten schon lange: recycling, Wiederverwertung. Ich weiß noch, wie ich als Pimpf Altmaterial gesammelt hatte. Es wurde staatlich organisiert. Das war staatlich organisiert! Um es wieder zu verwerten. Natürlich nicht unter den heutigen Begriffen, aber das ist alles schon mal dagewesen. Natürlich wegen der Rüstung. Wir wollten ja auch autark werden und autark bleiben. Das läuft heute natürlich alles unter anderen Begriffen. Aber es ist im Grunde genommen dasselbe."[109]

g) Zwischenbilanz

So bunt die Lebensberichte der Jüngeren unter den Nachkriegsbetriebsräten auch sind, so zeigen sie dennoch, daß ihre Generation ganz andere Erfahrungen mit dem Nationalsozialismus als die der Alten machte.

Die tiefe Angst vor Verhaftung und Terror, die den Altaktivisten immer gegenwärtig war und durch die Nachrichten von abgeholten Freunden ständig neue Nahrung erhielt, scheint bei den meisten Jungen kaum eine Rolle gespielt zu haben. Sie kannten die alten Solidarorgane der Arbeiterbewegung nicht oder nur vom Hörensagen. Die aktiven roten und schwarzen Nazigegner waren ab Mitte der dreißiger Jahre nicht nur ausgeschaltet, sondern wurden — das ist das Erstaunliche — auch in den Arbeitermilieus von den Jungen nicht wahrgenommen. Sie scheinen ghettoisiert und stigmatisiert. Daher kannten die Jungen natürlich auch keine Enttäuschung über die Anpassung und die Zustimmung zum Nationalsozialismus. Nur ganz wenige damals Jugendliche unter den Befragten aus aktivem christlichen oder sozialistischen Elternhaus waren resistent gegenüber den Verlockungen des Nationlsozialismus.

Den meisten dieser Jungen scheint der Nationalsozialismus im Gegenteil neue Räume erschlossen zu haben, im wörtlichen wie im übertragenen Sinne. Die Schranken der Arbeitermilieus, die mit Einschränkungen noch für ihre Eltern galten, scheinen für sie nicht nur gesprengt, sondern Berührungen zu anderen Klassen, Schichten und Milieus wurden ebenso möglich wie das Kennenlernen neuer Orte und Lande. Vor allem HJ,

BDM, Dienstverpflichtungen, Pflichtjahr, Kinderlandverschickung und Fronteinsatz waren die Vehikel in diese bisher weitgehend unbekannten Räume. Neue, milieuübergreifende Erfahrungen wurden gemacht.

Auch die Aufstiegsmöglichkeiten wurden vielfältiger sowohl in der Bildung als auch in den NS-Organisationen und im Beruf. Hand in Hand mit dem Aufstiegsbewußtsein wuchs die Hoffnung auf Besserstellung durch persönliche Leistungen. Leistungsdenken und Leistungsbewußtsein gewannen große Bedeutung ähnlich wie bei den „Alten", da die gute Facharbeit für die beste Lebensversicherung vor der Einziehung zur Front gehalten wurde. Allerdings zeigt sich der Stolz auf die eigene Leistung gegenüber den „Alten" nicht mehr nur in der Form des Arbeitsstolzes, sondern bei einigen auch als Stolz auf die eigene Stellung in Organisationen, die nicht mehr nur Arbeiter vertraten, sondern in der gesamten Gesellschaft Bedeutung hatten und auch bei „höheren Ständen" Anerkennung fanden. Stolz war man jetzt außerdem auf die guten Zeugnisse in der Schule, häufig der höheren, auf die positiven Beurteilungen in der NS-Organisation oder dem Militär.

Leistung und Arbeit erscheinen bei den Jungen deutlicher losgelöst von den gesellschaftlichen Zwecken dieser Arbeit; auch bei denen, die dem Nationalsozialismus indifferent oder ablehnend gegenüberstanden. Der persönliche Vorteil im „Fortkommen" stand im Vordergrund. Demgegenüber heben die damals aktiven Jungvolk-Funktionäre zusätzlich den Idealismus in der persönlichen Leistung hervor: Man wollte *sozial* aktiv sein oder hatte gar ein Gefühl von Identifikation mit den Interessen der Nation. Bei einigen dürfte auch ein neues Machtgefühl entstanden und nach der sonstigen Unterdrückungserfahrung in der Arbeiterklasse genossen worden sein.

Überall — ob in der Schule, am Arbeitsplatz, in den Organisastionen oder beim Militär — wurde die Erfahrung einer autoritären Hierarchie oder eines militärischen Drills gemacht, der entweder individuell abgelehnt, einfach hingenommen oder als Voraussetzung für die persönliche Entwicklung und die persönliche Anerkennung in der NS-Organisation akzeptiert wurde. Einigen schien die allgemeine hierarchische Organisierung damals sogar als notwendig, um die nationalen, imperialen Interessen Deutschlands durchsetzen zu können. Die Interessensvertretung der eigenen Klasse, wie sie in den Organisationen der Arbeiterbewegung der zwanziger Jahre im Vordergrund stand, kommt unmittelbar bei den damals Jungen nicht zum Ausdruck.

Die mit dem Aufstiegs- und Leistungsdenken entstandenen Tendenzen zur Individualisierung, die bei den Alten aus anderen Gründen — vor allem aus Angst und Einschüchterung — zum Vorschein traten, sind bei den Jüngeren widersprüchlicher; bei einem Teil findet die Individualisierung in neuen NS-Gemeinschaften statt, die zwar persönliche Leistung verlangen, die jedoch zugleich Kameradschaft, Sportsgeist, Männer- und Frauenfreundschaften, gemeinsame Wanderungen und Wärme in der Gemeinschaft mit Gleichaltrigen signalisieren. Für andere wird die Individualisierung durch die Ausgrenzung aus dieser Gemeinschaft hervorgerufen, brachte also wirkliche Vereinzelung; ganz selten führte diese Ausgrenzung zu einer neuen und anderen Kollektivität, während sich die Altaktiven zumeist wenigstens abstrakt mit der unterdrückten Arbeiterbewegung verbunden fühlten. Wer unter den Jüngeren die NS-Organisation ablehnte, erinnert sich zumeist individueller und weniger politischer Gründe und zog sich in die Familie zurück.

So wurde die elterliche Familie einerseits zum Austragungsort des Generationenkonflikts, der sich an dem im Arbeitermilieu überwiegend autoritären Vater entzündete, andererseits zur Schutzsphäre vor organisierter Unbill und schließlich zum letzten Wärmeschild in einer chaotischen, zusammenbrechenden Welt, in der man nur dank eines zufälligen, schicksalhaften Glücks überlebt hatte.

Der Nationalsozialismus bzw. der Krieg scheint auch die geschlechtsspezifische Sozialisation weitgehend betroffen zu haben: So sehr die nationalsozialistische Ideologie die Rolle der Frau und Mutter im familiären Raum hervorhob, so sehr geriet andererseits diese Ideologie in der Praxis in Bedrängnis. Weniger die Einbeziehung der Frau in die Kriegsproduktion dürfte dafür entscheidend gewesen sein, als vielmehr die vielfältigen Möglichkeiten für aktive Mädchen, durch BDM, RAD, Marinehilfe oder sogar Pflichtjahr der Enge ihrer Milieus zu entfliehen (auch wenn „klassische" Frauenarbeit verlangt wurde); hier konnten aktive Mädchen eine neue Verantwortung in einer außerhäuslichen Gruppe übernehmen. Außerdem nahmen Frauen „Männer- und Vaterfunktionen" in der Familie und im Haus wahr, wenn der Mann an der Front war. Einige Interviewpartner beiderlei Geschlechts meinen, daß die Frauen insgesamt im Krieg selbständiger wurden. Ob bei solchen Frauen individuelle Zufriedenheit oder individuelles Leiden in diesem Zwiespalt von Frauenbild und Frauenwirklichkeit vorherrschte, ist trotz nahezu unlösbarer Untersuchungsschwierigkeiten eine der wichtigen Fragen für die Frauenforschung, da hier einer der Schlüssel zur Erklärung der Bedeutung der Familie und ihrer Veränderung in den 50er Jahren liegt und damit des gesellschaftlichen Konsenses der Bundesrepublik.

Das Bild vom harten deutschen Jungen mit sportlichen, praktischen Fähigkeiten, Durchsetzungsvermögen und Führungstauglichkeit wurde in den hierarchischen Organisationen und besonders im Krieg noch schärfer als zuvor gezeichnet; gleichzeitig erfuhren die Männer jedoch Todesängste an der Front, mußten Leiden und Schrecknisse des Krieges in dieser

Männerwirklichkeit für sich verdauen und den Verlust der sinnstiftenden oder Rückhalt gebenden Organisation und auch den Verlust von Freunden durch den angeblichen Heldentod verarbeiten.

Die aus diesen Verlusten rührenden Krisen scheinen die Sehnsucht nach familiärer oder weiblicher Wärme gestärkt zu haben, während jedoch in diesem Rollenspiel gleichzeitig Frauen häufig nicht mehr ihren klassischen Part einnehmen konnten oder wollten. So sehr man in dieser Krisensituation also zur Familie drängte, so sehr müssen wegen der großen Erfahrungsunterschiede die Wände des Schweigens und des mangelnden Verständnisses zwischen den Geschlechtern gewachsen sein.

Das Kriegsende und die Gefangenschaft bedeuteten für viele den Zusammenbruch der Welt, in der sie sich zu bewegen gelernt hatten, brachten eine Denkpause und neue Kontakte in einer Gemeinschaft, in der Standesunterschiede zweitrangig waren. In der Gefangenschaft lernte man häufig neue Ansichten kennen, erstmals auch offen vorgetragene kommunistische oder sozialdemokratische. Die Krise im eigenen politischen Denken und erste Anstöße für das Umdenken scheinen die Gefangenschaft für viele der jüngeren späteren Betriebsräte zu einer wichtigen Lebensstation gemacht zu haben. Ihre bisherige Sozialisation drängte sie jedoch nach baldiger neuer Aktivität und Bewährung.

Unter all diesen Voraussetzungen mußten die alten Arbeitermilieus und erst recht die alten politischen Lager weitere, einschneidendere Brüche im Nationalsozialismus hinnehmen; mit dieser neuen heranwachsenden Generation konnten die Alten nach dem Kriege nicht einfach zur Reinstallation der früheren Arbeiterbewegung mit all ihren Verzweigungen schreiten. Diese Brüche sind wohl auch eine der Ursachen dafür, daß sich unter den befragten jüngeren Betriebsräten eine größere Vielfältigkeit nach konfessioneller, politischer und lokaler Herkunft und in der schulischen Bildung zeigt. Der NS-Staat hatte die Jugend in den Griff genommen — wirkungsvoll weniger unmittelbar über die offene Staatsgewalt als vielmehr über attraktive Angebote, Aufstiegsmöglichkeiten und Gruppendruck, Verweigerung von persönlichen Vorteilen, alltäglichen Zwang und Bespitzelung durch die Gruppe.

Die meisten jüngeren Befragten wollen den Interviewpartnern gegenüber betonen, daß sie die Verbrechen des Nationalsozialismus damals nicht wahrgenommen haben, wobei sie damit meistens den organisierten Massenmord an Juden und politischen Häftlingen meinen; viele erklären, von KZs mit *diesen* Funktionen nichts gewußt zu haben; wenn man etwas davon gehört habe, dann hatte man dahinter „nur" Arbeitslager für Juden und Kriminelle vermutet. Hinter diesem „nur" kommt eine schleichende Brutalisierung der Gesellschaft zum Vorschein, die man damals jedoch als nicht so „schlimm" begriffen habe. Heute sehen die Betriebsräte das ganz anders und begreifen ihre Arbeit jetzt als Teil einer Politik, die „so etwas ein für allemal verhindern soll".

Der Idealismus, den frühere Jungfunktionäre noch heute zu beschreiben und zu erklären versuchen, erscheint am Ende nicht nur als Betrug, sondern heute auch als Mittel, sich in der eigenen Entwicklung verstehbar zu machen. Deshalb meint Gisbert Pohl am Ende unseres Gesprächs:

> „Meine Generation war auch nicht schlechter wie alle anderen. Und wenn heute die Jugend meint, sie sei besser wie wir anderen, dann hat sie sich getäuscht, das ist immer wieder dasselbe. Oder haben Sie einen anderen Eindruck?"[110]

II. Erfahrungen der unmittelbaren Nachkriegszeit

1. *„Nichts galt mehr" oder vom Durchschlagen durch die Nachkriegsnot bei Jung und Alt.*

(Erich Bergers Lebensgeschichte)

Herr Berger erzählt von Kompensationsgeschäften:

> „Ein Fotoapparat gegen Zigaretten und die Zigaretten wieder gegen Speck . . . Mit dem Fotoapparat (bin ich) bis nach Hameln gefahren und (habe) dort bei den Engländern Zigaretten eingetauscht . . . und dann den Speck im Münsterland geholt . . . Ich wollte den Fotoapparat in einem Fotogeschäft umtauschen (gegen Kartoffeln). Der machte das aber nicht. Aber er hat mir nen Tip gegeben: Ich könnte bei den Engländern umtauschen, und zwar beim Gericht, also am englischen Militärgericht. Bin ich da hingegangen und die waren gerade am Verhandeln. Da wurde gerade einer bestraft, ein Deutscher. Er wurde bestraft, weil er mit englischen Zigaretten gehandelt hatte. Und da kommt einer von den Richtern raus, nimmt mir den Fotoapparat ab und gibt mir eine Stange Zigaretten dafür. Ich konnte mit den Zigaretten losgehen. Da hab ich auch gedacht: ‚Hoffentlich halten die mich da unten nicht gleich wieder fest.' Da war auch die Doppelzüngigkeit . . . Ich nehme an, daß die auch die beschlagnahmten Zigaretten dann unter Umständen wieder weitergegeben haben. Ja, das war eine verrückte Zeit."

Frau und Herr Berger überlegen gemeinsam, wie es damals mit der Solidarität in der Not bestellt war:

Frau Berger: „Meine Verwandten (vom Lande) haben sich nachher richtig geschämt, daß sie uns nicht geholfen haben und nun gingen die (als Flüchtlinge) von Haus und Hof und landeten in Hamburg. Die haben sich niemals mehr gemeldet. Wie die Verwandschaft sich verhalten hat . . . Und an meinem Evakuierungsort, wo ich auch nach Kriegsende war, habe ich das schlimmste Erlebnis gehabt. Wenn mein Mann sich nicht selbst entlassen hätte (aus der Gefangenschaft geflohen), dann hätte er drei Gräber von mir und meinen Kindern vorgefunden. Wir wären dort verhungert. Ja, verhungert. Alles Selbstversorger, keiner gab uns war. Da haben wir die Deutschen erst richtig kennengelernt." Interviewer: „Das finde ich ja interessant. Sie haben doch vorhin gesagt, daß die Solidarität damals größer war." Sie: „Tja, aber nicht in der Fremde, nicht in der Heide." Er: „Die Leute, wo sie da war, die Frau dort hat gesagt, sie könne überhaupt nicht verstehen, wenn einer ausgebombt ist, daß er dann noch Lust zum Leben hat." Sie: „ — und anderen zur Last fällt. Wir waren doch die Bombenweiber." Er: „Und dann haben wir nach dem Kriege festgestellt, daß das auch Sozialdemokraten waren. Noch schöner." Interviewer: „Aber hier war die Solidarität größer, meinen Sie?" Sie: „Ja, ja. In der Heide mußte ich immer an Schinken und Wurst vorbei. Und wir hatten oben doch nichts zu essen auf dem Zimmer. Wir waren ja evakuiert. Und meine Tochter sagte mir, das ginge zu weit, daß ich lieber mit ihr gestorben wäre, als wie etwas zu nehmen, wenn man nicht verhungern will." Er: „Wieso meinst Du, daß die Solidarität hier größer war?" Sie: „Ich meine nicht im Krieg. Vor dem Krieg und nach dem Krieg." Er: „Auf die direkte Nachkriegszeit bezogen war die Solidarität hier auch nicht groß. Denn Deine Vorräte sind auch nicht mehr da gewesen." Sie: „Nein, die hat der Bruder verkauft." Er: „Wenn man das Solidarität nennt. Der andere hat Dein Zeug verbraucht, ja. Also, da hat der eine dem anderen auch nicht viel gegeben. Aber das liegt daran, weil keiner was hatte." Sie: „Ich bin ja nun kein organisierter Christ, aber mein Mann hat mir erst vor einigen Jahren erzählt, daß er Zwetschgen, die er mir mal nach dem Kriege gebracht hat, daß er die gestohlen hat. Er wußte, wenn er mir das gesagt hätte, dann hätte ich die nicht gegessen. Ich hab auch nie was genommen. Ich hab ein so starkes Gewissen." Er: „Die Zwetschgen hatten wir bei einem Bauern bei Hildesheim geklaut, der nichts verkaufen wollte. Da haben wir uns ein paar Säcke Zwetschgen genommen, haben die mit nach Hause genommen. Das brauchte sie nicht zu wissen, daß die nicht gekauft waren. Dann hätten sie nicht mehr geschmeckt. Mir haben sie ganz gut geschmeckt, nebenbei gesagt (lacht). Also, das war eine total verrückte Zeit. Da stimmte alles nicht mehr."[111]

Erich Berger, der sich hier mit seiner Frau (vgl. ihren Lebensweg in Kap. I, 1 c) zurückerinnert, wurde 1906 im Ruhrgebiet geboren. In unserem Gespräch entsinnt er sich als erstes daran, daß ihn sein Vater 1912 an der Hand mit zu einer Demonstration während des Bergarbeiterstreiks nahm. Dort prügelte die Polizei — „damals noch mit Pickelhaube" — die Arbeiter auseinander. Als zweites erwähnt er, daß er zunächst ein schlechter Schüler war wegen eines „autoritären Lehrers". Seine Mutter war Hausfrau ohne sonstigen Beruf oder Ausbildung, sein Vater Kesselheizer auf einer Zeche; beide stammten aus Ostpreußen, hatten dort die Volksschule besucht und als Magd bzw. Knecht auf einem Gut angefangen, ehe sie 1904 ins Ruhrgebiet kamen. Sie waren eingeschriebene SPD-Mitglieder. Erich Berger selbst hatte noch zwei Brüder und eine Schwester; sie wurden evangelisch erzogen. Er begann auf einer evangelischen Volksschule, wurde im ersten Weltkrieg zu Verwandten in einem Dorf in Ostpreußen geschickt. Die dortigen Einwohner arbeiteten wie „halbe Leibeigene" auf einem Rittergut. Erich Berger hielt sich 30 bis 40 Kaninchen, für die er Futter auf dem Gut stahl. Der Gutsbesitzer ritt immer auf der Suche nach solchen Dieben umher; wen er dabei erwischte, verprügelte er. Erichs neuer Lehrer („mit Backenbart") hatte das mitgekriegt. „Wenn wir zu mehreren Jungs unser Futter suchten und der Gutsbesitzer am Nachmittag oder Abend hoch zu Pferde über seine Ländereien ritt, dann mußte der an der Schule vorbei. Und der liebe Lehrer trat dann auf seinen Balkon und blies das Abendlied ‚Nun danket alle Gott'. Und das war für uns das Zeichen: der kommt, verschwindet!" Das Ergebnis solcher Lehrerkunst: „In dieser Schule war ich immer der erste." 1920 kehrte Erich Berger ins Ruhrgebiet zurück, wollte nach Abschluß der Volksschule Gärtnerei oder Schreinerei lernen, fand aber keine entsprechende Lehrstelle. Stattdessen bekam er eine Lehrstelle als Dreher in einer Firma, die vor allem durch Lehrlingsarbeit Geld zu machen versuchte. „Trotzdem hab ich dort ganz gut Dreher gelernt, aber die sonstigen sozialen Verhältnisse waren saumäßig schlecht." Er flog dort viermal raus und wurde viermal dank gewerkschaftlicher Hilfe wieder eingestellt. Alle Entlassungsgründe „hauten nicht" hin. Erster Entlassungsgrund: er sang einmal beim Putzen die „Internationale"; als der Lehrherr dies verbot, summte Erich das ihm wohlbekannte Lied „Nun danket alle Gott". Der zweite Entlassungsgrund: Gesellen wollten ihn aufziehen und beauftragten ihn, in der Stadt „Glasnoten für die Musikkapelle" zu besorgen; Erich nahm ungerührt diesen Auftrag an und zog sich um, ging jedoch nach Hause und kehrte erst am Abend zurück. Dritter und vierter Entlassungsgrund: „Allgemeiner Unfriede", da er als Jugendvertrauensmann gegen berufsfremde Arbeiten und schlechte soziale Bedingungen auftrat. „Im Betrieb hatten wir damals schon eine gute Jugendbewegung." Er war bereits mit 16 Jahren, nachdem seine Eltern schon 1917 von der SPD zur USPD gewechselt waren, in deren Jugendorganisation eingetreten und hatte dort seine spätere Frau Marga kennengelernt; seine Eltern kehrten 1923 in die Mehrheitssozialdemokratie zurück; er und Marga schlossen sich daraufhin der späteren SAJ an und nahmen dort bald höhere Funktionen ein. Er war auch schon während der Lehre in den Deutschen Metallarbeiterverband (DMV) eingetreten. Nach der Lehrzeit arbeitete er zunächst in einem Kleinbetrieb, bis er 1927 in einem Großbetrieb anfangen konnte. „Ich war damals schon als guter Dreher, als guter Facharbeiter bekannt." 1928 heirateten Marga und Erich Berger nur standesamtlich, da sie schon 1922 vor allem wegen ihrer Haltung zum Krieg aus der Kirche ausgetreten waren; aus ihrer Ehe stammen 3 Kinder. 1933 wurde er wegen seiner politisch-gewerkschaftlichen Aktivitäten entlassen, erlebte die beschriebenen Enttäuschungen mit „umgedrehten Genossen", wurde LKW-Fahrer bei einer Firma mit vielen „Jungnazis", kündigte, weil die Kontrolle zu stark war und außerdem kleinere Sabotageakte an seinem LKW gemacht wurden. Er wechselte 1937 zu einem Reisedienst als Busfahrer und fuhr KdF-Gruppen. „Damals fing also dieser Autobusreisedienst erst eigentlich an." 1938 erlebte er einmal auf einer Fahrt, wie Zivilisten eine Wohnung ausräumten und die Möbel zertrümmerten. Sie hielten an. „Wir hatten einen Nationalsozialisten dabei, einen guten Jiu-Jitsu-Kämpfer." Sie schlugen sich mit den Zivilisten, die verkappte SAler waren.

„Wir wußten es nicht". Das war die Reichskristallnacht. Eine spätere Vorladung blieb folgenlos wegen des auf ihrer Seite beteiligten Nazis. Ab 1939 fuhr Erich Berger, später dienstverpflichtet, auch Arbeitsdienstler, die für den Bau am Westwall eingesetzt wurden. Dabei hatte er viele — witzig vorgetragene — Erlebnisse mit Nazibonzen, die sich vor der Front drücken wollten, und arroganten Offizieren, die Waren schmuggelten. „Es wurde ja unheimlich viel geklaut zu der damaligen Zeit." Während des Krieges wurde er Oberschirrmeister (Kfz-Meister) im Dienstrang eines Gefreiten. Er hatte zwar nicht „viel Ahnung" von Autos, aber noch mehr als die sich hier drückenden Nazis. „Wir waren die Einäugigen unter den Blinden. Bei der ganzen Transportleitung war nicht einer, der was von Autos verstand." Er schaffte es, bis dahin miserabel geführte Werkstätten in Ordnung zu bringen. Er machte Eindruck: „Alle waren bass erstaunt." Einmal kamen in zwei Kisten mit Ersatzteilen Flugblätter, „die wir nicht bestellt hatten"; es waren Flugblätter der Gruppe um die Geschwister Scholl. Die verteilte er mit einem Kameraden auf Schreibtische. Wiederum wurde er nicht belangt. Nach solchen Geschichten hat Erich Berger Sorge, es könnte der Eindruck entstehen, er wolle sich als Widerstandskämpfer darstellen „wie die Leute, die nichts anderes als Pech gehabt haben." Das lehnt er ab. Im Krieg hatte er niemals „Feindberührung", wurde aber dennoch „verwundet". Das kam folgendermaßen: Ein Kamerad, „der alles andere als ein Nazi", aber ein guter Rechnungsführer war, bekam auf einem Kameradschaftsabend Krach mit einem Sturmbannführer. Zum Schluß schrie er: „Ich hol die Pistole und schieß Dich nieder!" und lief auf seine Stube. Erich Berger ihm nach, der Sturmbannführer hinterher. Erich will dem Kameraden die Pistole entwinden und bekommt einen Schuß ins Knie; er mußte ins Lazarett. Kurz vor Kriegsende floh Erich Berger unter abenteuerlichen Umständen aus englischer Gefangenschaft zu seiner Frau in die Nähe von Celle. Wenig zuvor war ein KZ-Zug aus Bergen-Belsen einem Bombenangriff zum Opfer gefallen. Einige Schnittbilder: „Aus der Aller haben wir Wasser gepumpt, kam aus der Pumpe nichts raus, lag ne Leiche davor. Ein KZ-Mann. Einer wollte von mir einen Mantel haben unterwegs; der ging dahin, konnte seine Notdurft nicht halten, mitten auf die Straße. Also, das waren furchtbare Sachen, die man dort erleben konnte. Unterwegs nach Celle konnte man einen Oberleutnant hängen sehen; fünf bis sechs Soldaten, die lagen da schon ganz verwest zur Abschreckung der Bevölkerung. Furchtbare Dinge." Bei seiner Frau erlebte er auch — geradezu ein Mythos in deutschen Nachkriegserzählungen — „plündernde polnische Fremdarbeiter." „Die haben die ganze Zeit nur unter Tage gelebt. Und stellen Sie sich vor, die kommen raus. Die kennen sich doch nicht wieder. Ich konnte denen das nicht übel nehmen . . . Vor unserem Haus waren sie da mit einer

Demonstration. Mit einem Messer im Mund — also ich kann mir die Leute gar nicht erklären, wollten demonstrieren und Theater machen, wollten plündern." Die Polen wurden von den Engländern wieder in ihre Heimat geschickt; „aber zuerst einmal haben sie die ersten Tage gewütet. Das war das Schlimme dabei. Kühe auf der Weide, ohne daß sie das Fleisch gebrauchen konnten. So ne Scherze, das alles. Ja." Im Sommer 45 zurück ins Ruhrgebiet, keine Arbeit. An seiner alten Arbeit hieß es: „Der ist doch dafür viel zu schade." Dann zur Zeitung NRZ; klappte auch nicht, weil statt seiner ein Nazi eingestellt wurde. Schließlich fing er bei einem früheren Fahrer-Kollegen an, der sich „einige LKWs organisiert hatte". (Frau Berger: „War ja alles möglich zu der Zeit.") Die Eltern seiner Frau waren in Bayern evakuiert gewesen; obwohl es ihnen dort nicht schlecht ging, „wollten sie unbedingt nach Hause." Er holte sie ab in einem Kohlezug, „wo mein weißer Anzug schwarz wurde . . . Und überall Kontrollen über Kontrollen, Ich hab sie jedenfalls nach Hause zurückgebracht. Da hörte für mich eigentlich erst der Krieg auf." Und dann „haben wir versucht, im Münsterland gegen Badewannen oder sonstwas Lebensmittel zu organisieren. Dann ging die Organisiererei los. Dann ging der (frühere Kollege) pleite und ich war wieder arbeitslos. Das war genau 1948." Über einen Schwager kam er 1949 als Hilfsarbeiter in einen Großbetrieb. „Im Fachberuf war nichts drin." Das war eine Arbeit, „die ich noch nie gemacht habe. Aber es hat einigermaßen geklappt." 1950 wurde er, weil man seine Einstellung kannte und weil „ich wahrscheinlich zu allen Dingen eine Meinung hatte", zum Betriebsrat gewählt, wenig später zum Betriebsratsvorsitzenden. „Es ging zuerst einmal darum, die entsprechenden Grundlagen für jede betriebliche organisatorische Arbeit zu finden . . . Denn alles, was heute, sagen wir, schön geregelt ist durch Gesetz und Paragraphen, war damals noch nicht so geregelt; die Mitwirkung des Betriebsrats vor allem." Nach Kriegsende war er sofort in der Gewerkschaft wieder aktiv. „Das war für mich eine Selbstverständlichkeit", denn er war „immer Vertrauensmann von der Lehre an". Bei allen war „der Aufbauwille da. Das sieht heute anders aus, wenn man mit vollkommen neuen Generationen, mit vollkommen neuen Leuten im Betrieb diskutiert über Betriebsschließungen oder Einschränkungen von Arbeitsplätzen. Damals ging es immer weiter um Erhalten und weiter Ausbauen. Ja, die Zeit des Wiederaufbaus." In der SPD übernahm er bald nach der Rückkehr den Vorsitz in einer Ortsgruppe: man „brauchte erfahrene Leute". 1952 kam er für die SPD in den Stadtrat, später in ein Parlament, wo er hohe Funktionen wahrnahm, weil er sich sagte: „Mensch, als Hinterbänkler kannst Du da nicht sitzen, das haut nicht hin". „Ich war ein bißchen zerrissen zu der Zeit" zwischen diesen Funktionen; aber durch die Verbindung von Politik und Betriebsratsarbeit konnte er seinem Betrieb einige

Aufträge vermitteln. Erich Berger hat großen Wert auf einen guten Kontakt zum Vertrauenskörper gelegt und ließ sich dabei auch durch die Schweigepflicht nicht hemmen: „Es gibt immer (lacht) die Möglichkeit, durch entsprechende Formulierungen viele Dinge, die intern sind, publik zu machen." Auf die Nachfrage, ob er als Betriebsrat auf zwei Schultern habe tragen müssen, antwortet er: „Ja, das ist klar, das ist so. Was heißt jetzt auf beiden Schultern tragen? Wenn ich bestimmte Interessen des Betriebes, die meinetwegen die Produktionsauslastung betreffen, als das ansehe, was ich auf der Schulter der Geschäftsleitung mittragen muß, dann ist das ja auch im Interesse des Betriebes, auch der Belegschaft." Erich Berger lebt heute als Rentner in einem eigenen Haus mit seiner Frau, Kindern und Enkelkindern.

Was Marga und Erich Berger aus der Nachkriegszeit zu berichten haben, findet sich in fast allen Erinnerungen: Die Familie war der große „Magnet"[112], der in der ersten Nachkriegszeit die Richtungen der scheinbaren Irrfahrten der Kriegsheimkehrer, der Evakuierten, der Ausgebombten oder Kinderlandverschickten bestimmte; dabei kehrte man nicht nur in eine Mondlandschaft zurück, in der die Not häufig drückender war als in der bisherigen Bleibe, sondern fand auch die Familie nicht immer so vor, wie man es sich in Schützengräben, in der Gefangenschaft, auf den Güterzügen und LKWs erträumt hatte. Viele waren noch in unbekannter Ferne oder ein Liebhaber saß im eigenen Nest, ein hilfloser Onkel wurde zur Belastung oder ein Bruder hatte „das Familienporzellan verscheuert"; andererseits — und das macht die ambivalente Bedeutung und Funktion der Familie in dieser chaotischen Zeit deutlich — war sie der Hort, der Wärme und gemeinsames Überleben in der Hamsterzeit erwarten ließ. Und man mußte „organisieren", wollte man nicht untergehen. Die Interviews sind gefüllt mit tragischen aber auch komischen Geschichten über die Zeit des Schwarzmarktes, der zu einer Schule des „freien Marktes" wurde. Denn hier lernte man eigene Angebote hoch, fremde niedrig zu bewerten oder die eigene Nachfrage zu kaschieren, fremde verdeckte Wünsche schlau zu durchschauen. „Da galt nichts mehr als der eigene Vorteil", und wer dies kaschierte, erweckte Mißtrauen. Eine Witzfigur war der, der die „Bettelei" oder den direkten „Klau" als entwürdigend empfand und sich da nicht behaupten konnte:

Heinz Geder z. B. erzählt, daß sein Vater es nicht über sich brachte, ein Vorratslager, das sich wahrscheinlich Nazis in einem Bergwerksstollen eingerichtet hatten, auszuplündern.

„Da habe ich dann gehört, daß einer (der Kollegen) sagte: ‚Albert' — Albert war mein Vater — ‚Du bist ja auch blöd.' Ich hörte dann meinen Vater: ‚Ich kann das nicht, ich bring das nicht fertig, ich mach das auch nicht. Da könnt Ihr mir erzählen, was Ihr wollt.' . . . Und nachher, als der Ami rein kam, da war mein Vater auch gerade unten auf der Schicht. Kam der Korb runter . . . mit einem Mal kamen da zwei Amis rein mit vorgehaltener Maschinenpistole . . . So schnell ist das also gegangen. Der Vater hat sich nachher darüber geärgert, daß er davon nicht Gebrauch gemacht hat. Die Amis haben dann alles raufgefahren und beschlagnahmt . . . Hamsterfahrten — das machte die Mutter. Ich weiß noch, daß mein Vater auch da nicht zu gebrauchen war . . . Ich muß Ihnen ganz ehrlich sagen, unter den damaligen Bedingungen wäre ich dazu bereit, solche Geschäfte zu machen, um die Familie zu ernähren."[113]

Häufig werden — wie hier — die Mütter als die „Schwarzmarktexperten" beschrieben, die der Familie das „Überleben" sicherten. Zugleich mit der Einübung des kapitalistischen Warenmarktes auf den schwarzen Märkten lernte man aber auch, daß man selbst weniger zu tauschen hatte als die aus „besseren Familien" und mußte daher manchmal die eigenen Waren mehrfach verkaufen, nachdem man sie bei den ersten Käufern wieder geklaut hatte.

Mit der Solidarität in der Not scheint es nicht so großartig bestellt gewesen zu sein, wie es in manchen Nachkriegsanekdoten erscheint. Die Tendenz, die schon Erich Berger beschrieb, überwiegt.

Frage: „Haben sich Freunde oder Nachbarn gegenseitig beim Kohle- oder Feldklau geholfen?" Frau Gehrmann: „Nein, das habe ich wohl von Kollegen gehört. So sollen z. B. in Hannover oder in Magdeburg bei Zuckerzügen die Signale auf Rot gestellt worden sein und dann haben andere die letzten Waggons ausgeräumt. Das ist hier im Ruhrgebiet auch mit Kohlezügen passiert. Aber wir nicht . . . Große, riesige Sachen waren bei uns nicht drin . . . Das war schlimm, die Hungerei, da lernte man seine Mitmenschen kennen. Da gabs unter meinen Bekannten keinen, der geholfen hätte ohne Gegenleistung. Das gabs nicht." Interviewer: „Was hat denn das Kriegsende für Sie bedeutet?" Antwort: „Daß wir mit unserem Leben davon gekommen sind. Zuerst. Dann, als die ganze Wahrheit (über den Nationalsozialismus) heraus kam, da waren wir so damit beschäftigt, den Hunger zu stillen, da gings auch ums Überleben. Da haben wir wirklich von Steckrüben gelebt."[114]

Auch wenn manchmal von gemeinsamen Hamsterfahrten, vom abwechselnden Schlangestehen oder gemeinschaftlichen Wohnungsaufbau berichtet wird, letztlich mußte jeder oder jede Familie für sich sorgen. Und diese Nachkriegsnot mit ihrem „Überlebenskampf" entstand erst *nach* dem Krieg, was für die Beurteilung des Naziregimes nicht ohne Bedeutung gewesen sein dürfte.

Aber es geht in den Berichten nicht nur um die Solidarität, sondern immanent auch um die *Moral* beim Klauen, die man mit Augenzwinkern zeitweilig in die Ecke stellte. Skrupel konnte man sich nicht leisten, das „war was für die, die noch was hatten". Der Verlust „eigentlich" für richtig gehaltener Normen wird von vielen Interviewpartnern listig grinsend konstatiert. Der Spaß am individuellen Tausch und am Unterlaufen alter Moralvorstellungen ist fast überall zu spüren. Während die meisten Männer und Frauen heute eher heiter von den Hamsterfahrten erzählen, werden Lockerheiten im Umgang mit der *Sexualmoral* scharf verurteilt; trotzdem werden auch solche Geschichten mit freudigem Abscheu vorgetragen:

> Frau Wesel erlebte den Einmarsch der Alliierten in der Evakuierung in Süddeutschland: „Als die Amis kamen, da wurde uns vorher gesagt, . . . die sollen alle im Haus bleiben. Und nun waren da so neugierige Weiber, so richtige Weiber, und die haben sich beklagt, sie sind vergewaltigt worden, aber das waren sie ja alles selbst schuld. Die liefen ja hinter die Leute her, hinter die Soldaten." Herr Wesel: „Das war hier auch, daß die Weiber von draußen hier, wo der Ami kurzzeitig sein Hauptquartier hatte, rein gegangen sind. Auch die Nachbarhäuser waren alle voll von Soldaten. Da hat der (amerikanische) Major mal morgens um fünf die ganzen Weiber da rausgejagt, alle splitternackt. Raus, die durften nix an(ziehen), raus! Die da in der Nähe gewohnt haben, die haben das gesehen (lacht). Da hat der die alle mit der Reitpeitsche (ein Panzermajor! — Pl.) rausgejagt, morgens um fünf oder halb sechs. Und hier waren auch deutsche Weiber reingegangen, hier aus der Ecke, die habe ich alle gekannt. Ich hab nämlich aufgepaßt."[115]

Frau Gehrmann, die selbst einen Vergewaltigungsversuch durch einen amerikanischen Soldaten erlebt hatte, wäre sicherlich empört über die Behauptungen von Frau Wesel. Aber auch sie erzählt über deutsche Mädchen und Amerikaner:

> „Wenn Amis deutsche Mädchen sahen, dann riefen sie: ‚Blondy!' Eine schöne Szene: Ich war ja so schrecklich stolz. Ich hab erlebt, wie Mädchen, ein bißchen älter als ich, sich für Schokolade dem Sieger an den Hals warfen. Das paßte mir nicht. Mich überholte einmal ein Jeep, die riefen: ‚Blondy, Blondy!', waren wirklich nett. Sie warfen ein Päckchen Zigaretten auf die Straße. Da bin ich hingegangen und habe die Zigaretten mit dem Fuß weggestoßen. Als der Wagen weg war, bin ich hingegangen und habe die Zigaretten aufgehoben."[116]

Herr Stecker berichtet von seiner Scham:

> „Ein Neger sagte: ‚Die deutschen Soldaten haben sechs Jahre gekämpft, die deutsche Frau nur fünf Minuten.' Das stimmte von A bis Z. Ich hab mich geschämt."[117]

Ob solche Geschichten stimmen oder nicht, ob sie Männer- oder Frauenphantasien entsprungen sind oder nicht — sie signalisieren mit Schärfe die Erfahrungen von tiefen Brüchen in ehernen Wertvorstellungen nicht nur des katholischen Arbeitermilieus.

In diesen „verrückten Zeiten", unter diesen geschilderten Bedingungen war es natürlich nicht leicht, politische Aktivitäten zu entwickeln und Resonanz zu finden.

> „Es war schwer. Und auch die Kommunisten hattens nach 45 sehr schwer, überhaupt Massen auf die Beine zu bekommen. Es war sehr schwer, es war immer eine kleine Elite, die da mitmachte, aber nicht die große Masse."[118]

Einige Felsen scheint es jedoch in der chaotischen Nachkriegsbrandung für Arbeiterinnen und Arbeiter gegeben zu haben: die Gewerkschaften und die Betriebsräte, die selbst für die Familie sorgen mußten und Wertbrüche erfahren hatten. Auch wenn der allgemeine Tenor lautet: „Es waren verrückte Zeiten", „es herrschte eine schreckliche Not" oder „wir haben echt Hunger gelitten", so gab es doch ein „wenn": Wenn man nämlich in einem Betrieb arbeitete, in dem der Betriebsrat durch organisierten Schwarzhandel für Butterbrote, eine gut ausgerüstete Werkskantine, für Schuhe usw. sorgte, dann ging es einem nicht ganz so dreckig, dann bekam man „wenigstens einmal am Tag was Anständiges zu essen." Dieses „wenn" kann man kaum überschätzen in der Beurteilung des Vertrauens, das Betriebsrat und Gewerkschaften in der Nachkriegszeit zunehmend genossen. Sie waren neben der Familie die einzigen Kollektivorgane, die Versorgung im weiten Sinne, Stabilität im Chaos und Wiederaufbau zu garantieren schienen. Dann krempelte man auch gern die Ärmel hoch; Werner Jabel faßt zusammen:

> „Wir mußten zunächst einmal für Essen, Kleidung, Schuhe und Lebensmittelkarten sorgen. Im Betrieb war man froh, wenn es für Überstunden Butterbrote oder Schwerstarbeiter-Lebensmittelkarten gab. Die Familien waren räumlich getrennt. Die Wohnungen waren zerstört und mußten instand gesetzt werden. Viele von uns waren mehrmals ausgebombt worden und dafür mußte gesorgt werden. In den Betrieben mußte die Produktion wieder angekurbelt werden, und die ganze Belegschaft hat die Ärmel hochgekrempelt und fest zugepackt. Notfalls wurden Tauschartikel, so z. B. Töpfe oder andere Sachen hergestellt, um damit Kartoffeln, Fensterscheiben oder Kohlen zu tauschen. Gewerkschaftlich haben wir uns gemeinsam mit den anderen Arbeitnehmern hier gegen die Demontage aufgelehnt. Wir wollten keine Kriegsproduktion aufbauen, aber aus dem Bruch in den Betrieben konnten die Maschinen auch Friedensprodukte herstellen. Das waren die Probleme, vor denen wir standen und mit denen wir fertig werden mußten. Es ging nicht um weitergehende gesellschaftspolitische Fragen wie z. B. Enteignung, Sozialisierung oder ‚wie soll es mit Deutschland gesellschaftspolitisch weitergehen?' Daran haben die Älteren gedacht, die schon vor 1933 gesellschaftspolitisch aktiv waren, aber doch nicht meine bzw. die noch jüngere Generation. Wir mußten erst in die politische Aktivität hineinwachsen."[119]

Da wären wir wieder bei den Generationsunterschieden.

2. „Im Betrieb waren keine Chefs" oder von einigen besonderen Erfahrungen der „Alten" aus der unmittelbaren Nachkriegszeit.

(Klarissa Leibolds Lebensgeschichte)

Mit dem Ende des Krieges kam die große Zeit der Alten, unter ihnen viele Kommunisten. Klarissa Leibold erzählt:

> „Im Krieg habe ich ganz vorsichtig versucht, auf den Wahnsinn aufmerksam zu machen. Und so kam es dann auch, daß nach 1945, nach dem Zusammenbruch, als die ersten Betriebssprecher gewählt wurden, meine Kollegen mich zur Bertiebssprecherin der Gehaltsbuchhaltung wählten. Bei der ersten größeren Versammlung, . . . da hat sich einer — wie hieß der Kerl noch? — zu Wort gemeldet und hat dazu aufgerufen, der Einheitsgewerkschaft beizutreten und sie zu gründen. Da ist dann dazu aufgerufen worden, die IGMetall zu gründen und Beiträge zu leisten . . . Das waren Kommunisten hauptsächlich. Wir waren die Aktiveren . . . (Auf der Versammlung) da habe ich ganz einfach gesehen, daß die Frauen ziemlich unberücksichtigt wurden. Es traten nur Männer auf den Plan bei der Bildung der Gewerkschaft. Da habe ich einfach die Notwendigkeit erkannt, jetzt auch was zu sagen und hab mich dort zu Wort gemeldet. Und als Betriebssprecherin gehörte ich ja zum erweiterten Betriebsrat, und dann habe ich versucht, eine Frauenkommission im Betrieb (und dann auch bei der Gewerkschaft) zu bilden, was mir auch gelungen ist. In dieser Tätigkeit, die Gewerkschaft wieder aufzubauen, hatten wir (Kommunisten) damals eine wirklich gute Zusammenarbeit mit den Sozialdemokraten. Ich hatte die Vorabkassierung in den einzelnen Betrieben übernommen, denn zu einer Gewerkschaftsarbeit braucht man ja auch Geld; habe auch kleine Betriebsversammlungen gemacht und wurde dann auch in der (Gründungs-) Versammlung in die Ortsverwaltung gewählt.
> Leider war meine Tätigkeit dann nur noch sehr kurz, da ich durch die Geburt meines Sohnes (1947) doch sehr behindert war in meiner politischen Tätigkeit. Meine Mutter konnte die Aufsicht nicht mehr weiter machen, weil sie auch krank war. So verlor ich durch meinen Austritt aus der Firma die Basis im Betrieb für die gewerkschaftliche Arbeit, und meine Funktionen gingen dadurch verloren."
> Interviewer: „Haben Sie es bedauert, aufgehört zu haben?" Antwort: „Im Betrieb? Ja, sehr. Ich war ja meine sämtlichen Funktionen losgeworden und war mit Begeisterung bei der Sache gewesen. Und so viel Geld, um ein Kindermädchen zu bezahlen, habe ich nie gehabt . . . Dann habe ich einige Jahre als Hausfrau gearbeitet und dann habe ich (1953) meinen Beruf wieder aufgenommen, . . . bei mehreren politischen Organisationen."[120]

Klarissa Leibold, die 1908 im Ruhrgebiet geboren wurde, äußert sich ungerne vor dem Mikrofon — zu viele schlechte Erfahrungen hat sie mit öffentlichen Erklärungen, mit angeblich unabhängigen wissenschaftlichen Untersuchungen und mit deutscher Politik in diesem Jahrhundert gemacht. Schließlich ist sie bereit, unter Anwesenheit einer Freundin — ebenfalls eine ein Leben lang organisierte Kommunistin — zu einigen Problemen und Fragebereichen Stellung zu nehmen. „Ich stamme aus einer Arbeiterfamilie. Mein Vater war Schlosser. Ich kann mich erinnern, daß bei uns in der frühen Kindheit nur Not herrschte. Mein Vater war sehr oft arbeitslos und infolgedessen politisch interessiert; er war Sozialist. Und für mich und meine Brüder war es daher ganz zwangsläufig, daß wir auch in den Organisationen der Arbeiterschaft vertreten waren. Und so bin ich als 15jähriges Mädchen Mitglied des KJVD (des Kommunistischen Jugendverbandes Deutschlands) geworden." Sie hat noch zwei jüngere Brüder, einen Tischler und einen Schlosser. Ihre Mutter und ihr Vater stammen aus dem Ruhrgebiet, alle Großeltern waren zentrumsorientiert; die Eltern dagegen waren Mitglieder der USPD und schlossen sich nach dem Vereinigungsparteitag der KPD an. „Wir hatten eine Wohnung — zwei Räume: Wohnküche und Schlafzimmer. Das war alles. Da haben wir zu fünf Personen drin gewohnt." Sie hatten weder einen Garten noch Kaninchen oder Tauben. sie wohnten in einem Arbeiterviertel mit einem guten nachbarschaftlichen Verhältnis. „Wir haben uns gegenseitig geholfen — auf Kinder aufpassen, Einkaufen für andere, Gefälligkeiten in jeder Weise." Die Eltern waren katholisch und hatten die katholische Volksschule besucht; die Mutter hatte keinen Beruf erlernt. Die anwesende Freundin wirft ein: „Damals hatten die Frauen keine Berufe." Klarissa Leibold: „Die hatten ja alle so viele Kinder." „Meine Mutter hat, während mein Vater arbeitslos war, versucht, uns durch Waschen und Putzen für andere Leute durchzubringen. Sie hat sehr hart arbeiten müssen und das Leben einer Arbeiterfrau geführt bis zu ihrem Tode." Auf die Frage, wer das Sagen in der Familie hatte, kommt die Antwort: „Mein Vater natürlich . . . Aber meine Mutter hat sich nicht unterdrücken lassen." Die Freundin: „Ja, sie war die Energischere. Die war bis zum hohen Alter eine resolute Frau und dabei herzensgut". Frau Leibold: „Ja und der Vater, der hat sich später (Anfang der zwanziger Jahre) selbständig gemacht, hat einen kleinen Schlossereibetrieb gehabt. Dann haben die Eltern sich aus politischen Gründen getrennt. Für meinen Vater war die Mitgliedschaft in der KPD damals nicht mehr vereinbar mit seinem Geschäftsinteresse, kann ich ja ruhig sagen. Er wollte uns beeinflussen, aus dem Arbeitersportverein und aus der (kommunistischen) Jugend auszutreten. Meine Mutter trug zu der Zeit das ‚Ruhrecho' aus, die Zeitung der KPD. Und auch das sollte sie nicht weiter machen; aber meine Mutter ist standhaft geblieben, hat sich lieber von meinem Vater getrennt, als ihre politische Einstellung aufzugeben. Und wir Kinder hatten natürlich in der Mutter eine Stütze, denn die Jugendbewegung und der Arbeitersportverein waren ja unser Leben, das wir nicht aufgeben wollten. Und auch nach der Trennung meiner Eltern hat in der Hauptsache meine Mutter für unser Weiterkommen gesorgt." Klarissa Leibold besuchte seit 1914 die katholische Volksschule bis zum Abschluß 1922, trat aber als 15jährige 1923 aus der Kirche aus. Nach der Schule „sollte ich für meinen Vater die Schreibarbeiten in seinem Büro machen, und dagegen habe ich mich gewehrt, weil ich mir sagte: Dann hast Du nie einen Pfennig Geld; hab mir selbst eine Stellung gesucht aus der Zeitung — bei einer Großhandelsfirma (Konserven, Gemüse, Kartoffeln) als kaufmännischer Lehrling. Hab die Stellung auch bekommen, obschon da eine Menge Bewerber waren. Und danach ging ich zum ‚Ruhrecho' als Kontoristin". „Ach, dann muß ich noch dazu sagen, daß ich sehr gerne eine weiterbildende Schule besucht hätte, aber daß meine Eltern oder meine Mutter kein Geld hatten, um das zu finanzieren. Man mußte ja damals noch Schulgeld zahlen. Bafög gab es ja nicht." Von ihrem Vater wurde sie wegen ihrer Weigerung, bei ihm zu arbeiten, „verprügelt . . ., aber ich hab mich nicht beirren lassen und hab mir meinen Weg selbst gesucht, hab das Beste daraus gemacht, was man machen konnte ohne Weiterbildung. Habe abends dann akademische Kurse besucht und Stenografieren gelernt. Ich will damit sagen, wenn ich Ihnen das (besonders gute) Schulzeugnis zeige, daß die Möglichkeit für mich bestanden hätte, eine weiterbildende Schule zu besuchen, wenn das Geld dafür dagewesen wäre, wenn man die Möglichkeit gehabt hätte, weiter zu studieren. Das war leider nicht der Fall." Andere Möglichkeiten bestanden auch in der Arbeiterbewegung nicht, schon eher bei den Katholiken. Die Freundin: „Da mußte man aber sehr fromm sein." 1928 heiratete Klarissa Leibold ihren kommunistischen Turnlehrer. 1929 wurde sie Mitglied der KPD. Mit dem Verbot des ‚Ruhrecho' 1933 wurde Klarissa Leibold zwei Jahre arbeitslos. Dann arbeitete sie bei verschiedenen Firmen als Buchhalterin, bis sie 1940 zu einem großen Rüstungsbetrieb dienstverpflichtet wurde. „Ich wollte nicht in einem Rüstungsbetrieb arbeiten, aber beim Arbeitsamt wurde mir gesagt: ‚Sie haben keine Wahl, Sie werden da eingesetzt, wo wir Sie brauchen', und ich mußte einfach." Die Freundin: „Ja, so gings mir auch. Den Druck, den wir damals erlebt hatten, können die Leute gar nicht mehr nachempfinden." Auf die Frage, ob sie während des Nationalsozialismus noch Kontakt zu anderen Genossinnen und Genossen hatte, antwortet Klarissa Leibold: „Natürlich, soweit man konnte. Ich will nur nicht zu meiner illegalen Tätigkeit (gefragt werden) — dann ist es aber aus." Interviewer: „Wieso?" Schweigen. Interviewer: „Nimmt Sie das zu sehr mit oder haben Sie Angst, damit könnte man (gegen Sie vorgehen)? Ich kann doch damit überhaupt nichts Negatives für Sie anfangen." Klarissa Leibold: „Nein, also wir hatten natürlich Kontakte gehabt. Mehr möchte ich dazu wirklich nicht sagen. Ich weiß nicht, was das soll. Fragen Sie nicht." Interviewer: „Ich könnte natürlich gegenfragen: Was meinen Sie, wem das schaden könnte?" Frau Leibold erregt: „Das ist doch ganz klar. Das ist doch kein Geheimnis, daß Kommunisten unter sich Kontakte aufrecht erhalten haben. Man hat sich gegenseitig besucht." Die Freundin ergänzt: „Und Mut gemacht." Klarissa Leibold: „Und politisch möchten Sie wissen — da war 1935 Schluß. Bis '35 hatte ich noch Verbindungen, sagen wir, regelmäßige Treffen mit Genossen und dann war Schluß." Die Freundin: „Ein großer Teil war ja dann schon weg. Viele waren schon tot." Frau Leibold: „Ja, ja, riß die Verbindung ab durch Verhaftungen, sagen wir mal so." In der Nachbarschaft, so die Freundin, hat „man sich gemieden oder mal' gegrüßt, aber keinen Kontakt mehr. Auch die Leute haben uns gemieden, weil sie Angst hatten, daß sie in Verbindung gebracht wurden. Oder stimmt das nicht?" Klarissa Leibold: „Ja, doch. Das stimmt. Hast recht." Von ihrer Arbeit und ihren Kollegen in dem Großbetrieb während der NS-Zeit erzählt Klarissa Leibold:

„Während meiner ganzen Tätigkeit konnte man nicht viel machen, überhaupt nicht. Ich hab versucht, mich daran vorbei zu mogeln, mit ‚Heil Hitler' zu grüßen." . . . Als sie einmal Schwierigkeiten bekam, stellten sich diese Kolleginnen und Kollegen schützend vor sie. In ihrer Abteilung waren „natürlich einige dabei, die für Hitler begeistert waren, klar, aber die Mehrzahl nicht, die waren mehr zurückhaltend", besonders nachdem es mit den Bombenangriffen schlimmer wurde. Ihre Brüder, die politisch nicht so engagiert waren wie sie, aber Mitglied im Arbeitersportverein waren, wurden eines Nachts abgeholt: „Die beiden Jungens sind auf eine Polizeiwache gebracht worden. Der Jüngere durfte sich noch nichtmals Schuhe anziehen. Im Winter, im Februar. ‚Du brauchst keine Schuhe mehr', hieß es. Da kannst Du Dir meine Mutter vorstellen." (Pause.) Interviewer: „Und da sind sie dann verprügelt worden?" Klarissa Leibold: „Und wie!" Freundin: „Nicht wieder zu erkennen." Frau Leibold: „Alle beide." Freundin: „Die fuhren vor und holten die Leute raus bei Nacht und Nebel. Das waren die SA-Leute, meist SA. Die SS war ja da zu fein für. Die SA waren ja die Todbringer. Ja, so war das." Die Brüder kamen mit dem Leben davon. Dann erzählt Klarissa Leibold von umgefallenen Genossen: „Umgeschwenkt, sicher. Es hat sogar einen gegeben, mit dem wir eng zusammen verkehrt haben, der hinterher als Spitzel entlarvt worden ist." Freundin: „Ach der, vergessen wir 's." Als sie mehr erzählen will, wird sie von Frau Leibold daran gehindert. Nach 1945 wurde Klarissa Leibold sofort von ihren Kollegen als Betriebsrätin gewählt, war aktiv beim Aufbau der Gewerkschaften und besonders in der Frauenarbeit. 1946 wurde sie geschieden und heiratete erneut. Bald bekam sie ihren Sohn und schied zunächst aus der politischen und gewerkschaftlichen

Aktivität aus. Nach einigen Jahren Unterbrechung begann sie erneut für die KPD und „verschiedene Organisationen" zu arbeiten. Mehr will sie dazu nicht sagen. „Ich weiß nicht, was das soll, wenn man Verbindungen herstellt: Die da gearbeitet, da und da und da. Was soll das?" Der Interviewer versucht zu erklären, warum die Frage nach ihrer späteren Arbeit wichtig ist: „Viele derjenigen, die 1945 und danach aktiv waren, haben ja dann — sei es einen wirtschaftlichen, sei es einen politischen, sei es einen beruflichen Aufstieg erlebt. Ich kann mir vorstellen, daß das mit einer solchen Überzeugung wie der Ihren schwer war." Die Freundin: „Sehr schwer." Klarissa Leibold: „Gar nicht möglich. Ja, da muß man ein Bewußtsein mitbringen; es gibt Menschen, denen Geld nicht das Wichtige ist im Leben. Für mich war Geld nie das Wichtigste, sonst hätte ich einen ganz anderen Lebensweg eingeschlagen. Ich glaube, daß ich auch da — wie man so schön sagt — meinen Mann gestanden hätte. Oder meinst Du nicht?" Freundin: „Hättest auch mehr verdienen können." Als der Interviewer weiter nach ihren späteren Arbeiten fragt, antwortet Frau Leibold: „Gott, das ist kein Geheimnis. Ich war voll bei politischen Organisationen tätig." Als wir lachen, erklärt sie erneut: „Ich weiß nicht, warum Sie das interessiert." Diesmal versucht es der Interviewer anders: „Es interessiert mich natürlich, warum Sie in einer Zeit, als andere sich von der KPD abwandten und zumeist zur SPD gingen, dabei geblieben sind." Frau Leibold: „Ach so, das kann ich mit einem Satz beantworten. Dazu brauche ich Ihnen meine verschiedenen Stellungen nicht anzugeben. Ich bin einfach meiner Überzeugung treu geblieben. Ganz simpel. Und zwar bin ich der Überzeugung, daß der Sozialismus — es kann im Sozialismus noch so viel falsch gemacht werden, es ist und bleibt die bessere, die humanere Gesellschaftsordnung. Das ist meine Überzeugung. Und da die SPD immer zu Kompromissen bereit ist mit den Kapitalisten, bin ich überzeugte Kommunistin geblieben. . . Wie kann ich einer Partei angehören, wenn ich den Frieden will, bei der der Helmut Schmidt den Nato-Doppelbeschluß durchgesetzt hat? Wieso kann ich da noch Mitglied sein?" Dabei bleibt es; auch zu den Folgen des KPD-Verbots für sie will Klarissa Leibold nichts sagen. Als der Interviewer nachfragt, was sie denn nach 1956 gewählt habe, antwortet sie: „Sie werden es nicht glauben: Ich habe einmal sogar einen SPD-Kandidaten gewählt, wenn es mir auch hinterher speiübel war. Es gab hier eine Patt-Situation im Stadtparlament." Interviewer: „Und sonst?" Frau Leibold: „Ich sag dazu nichts mehr." Interviewer: „Schade, ich würde Ihnen gern das Mißtrauen nehmen." Klarissa Leibold: „Ja, wissen Sie, wenn Sie mir sagen, die Forschungsarbeit wird zum Teil vom Land finanziert — da soll kein Mißtrauen aufkommen?"

Klarissa Leibolds Interviewpassage steht aus mehreren Gründen am

Anfang dieses Abschnitts: Wie sie waren die meisten ersten Betriebsräte nach 1945 schon in der Weimarer Republik in den verschiedenen Strömungen der Arbeiterbewegung aktiv gewesen; wie sie wurden sie gewählt, weil sie Nazigegner waren und Erfahrung aus der Weimarer Zeit mitbrachten; wie ihr Bericht machen auch die anderen deutlich, daß die Aktivitäten zur Gründung der Einheitsgewerkschaft von Männern bestimmt wurden, daß am Anfang Kommunisten besonders aktiv waren und daß es eine gute Zusammenarbeit zwischen ihnen und den Sozialdemokraten gegeben hat; im übrigen zeigt ihre Erzählung das typische „Schicksal" von Arbeiterfrauen ihrer Generation und besonders von jenen, die verheiratet und politisch aktiv waren: Die ersten Kinder rissen sie aus der beruflichen und politischen Arbeit; erst nach einer mehr oder minder langen Zeitspanne kehren sie ins politische oder berufliche Leben zurück. Und schließlich ist ihr Mißtrauen gegen wissenschaftliche Untersuchungen und jede Offenlegung ihrer Vergangenheit kein Einzelfall bei kommunistischen Interviewpartnern. Sie haben anders als die Sozialdemokraten, die sich als Sieger der Geschichte fühlen, Angst vor neuerlicher Verfolgung — die deutsche Geschichte habe sie dies gelehrt.

Daß die ersten Nachkriegsjahre die „große, heroische Zeit" der alten Betriebsräte waren, geht auch aus anderen Interviews hervor. Allerdings spielte — und das scheint mir bemerkenswert — bei ihnen die „große Politik" zwar eine Rolle, sie war jedoch bei den befragten Betriebsräten, unabhängig von ihrer politischen Provenienz, untergeordnet gegenüber den unmittelbar anstehenden Aufgaben der Versorgung der Belegschaften, des Aufbaus der Produktion, der Wohnungsbeschaffung, der Betriebsvereinbarungen, der Entnazifizierung, des Kampfes gegen die Demontage. Vorstellungen zum Sozialismus bzw. zur Sozialisierung erscheinen in den Interviews entweder gar nicht oder nur als ferne Visionen abgehoben von diesen unmittelbaren Aufgaben. Ernst Stecker beschreibt diese Tätigkeit:

„Im Betrieb waren keine Chefs. Das machte der Kommunist Raben. Der war hier Sprecher und hat das alles in die Hand genommen . . . Dann wurde der Notar der Firma als Treuhänder eingesetzt. Der Raben hat zu mir gesagt: ‚Du mußt helfen. Ich schaff das nicht mehr alleine.' Ich wurde dann von ihm als Betriebssprecher vorgeschlagen und die Kollegen waren einverstanden, denn ich war mit allen gut Freund. Der Raben hat den Betrieb von Nazis gereinigt. Da waren keine Fremdarbeiter mehr und auch keine Nazis. Die meisten haben sich abgesetzt . . . Die Hauptarbeit des Betriebsrats waren der Aufbau und private Sorgen, die Esserei mit dem Aufbau der Küche und der Kantine . . . Man besorgte Obst, machte Geschäfte mit anderen Betrieben, besorgte Kartoffeln aus dem Emsland, auch rote Kartoffeln. Wir haben zweimal zweitausend Zentner Kartoffeln geholt. Die wurden bei uns gelagert, auch Zigaretten. Von einigen Lebensmitteln in Pulverform haben die alle die große Scheißerei bekommen. Ich habe auch Verbindungen nach Solingen gehabt und machte Kompensationsgeschäfte mit Messern, Rasierklingen, Rollschuhen, Schlittschuhen usw. . . . Im Sauerland haben wir das tollste Ding gedreht: Mit einem Kollegen haben wir dort Schmalz besorgt, und zwar einen halben Lastwagen voll. Mit diesem LKW fuhr ich in den Betrieb (zurück). Jeder bekam sieben Pfund Schmalz, auch die Kriegerwitwen, auch die (inzwischen zurückgekehrte) Geschäftsleitung und jeder Stift . . . Im Betrieb haben wir Werkzeuge gemacht für den Bergbau, Draht gezogen, Bohrer. Die Kontakte mit dem Bergbau sind auch über den Betriebsrat gelaufen, auch der Verkauf und der Einkauf. Zum Beispiel als ein Betriebsleiter und ein Obersteiger mit einem Auftrag zu uns kamen, in Wirklichkeit um zu trinken, zu essen und in den Puff zu gehen. Da gibt es kein Vertun."[121]

Ähnlich wie hier Ernst Stecker beschreiben nahezu alle alten Betriebsräte ihre Aufgaben in ihrer „großen Zeit" 1945 bis 1948. Unter der Ägide des Betriebsrats wurden Lebensmittel gegen betriebliche Produkte getauscht, im Betrieb verteilt oder für die Werkskantine verbraucht. Der Betrieb wurde zu der Stätte, an der Arbeiter mit den Betriebsräten als Regisseure gemeinschaftliche Erfahrungen beim Organisieren in der Not machten, so daß sich unter diesen Voraussetzungen ein festes Klientelverhältnis zwischen ihnen gebildet haben dürfte. Auch die ganz jungen Einheitsgewerkschaften betrachtete man — so die Berichte der Interviewpartner — unter dem Gesichtspunkt der Versorgung; hier vor allem besaßen sie ihre Attraktivität:

„Damals hat man geglaubt, die Gewerkschaft kann einfach alles: die kann uns Wohnungen besorgen, die kann uns Dächer besorgen, alles wieder im Tauschgeschäft. Das kann die Gewerkschaft alles. Das ist im Grunde gar nicht an dem gewesen. Aber sie hat dazu beigetragen, weil sie ja Leute hatte, die waren im Ernährungsausschuß der Stadt, im Wiederbeschaffungs-, im Wohnungsausschuß."[122]

So scheinen bereits in der ersten Nachkriegszeit der Betriebsrat und die Gewerkschaften als die entscheidenden *kollektiven* Interessenvertretungen aufgefaßt worden zu sein. Das wird auch in Gesprächen mit Interviewpartnern, die keine Betriebsräte waren, deutlich. Andere (etwa staatliche) Stellen solcher kollektiven Vertretungen werden kaum oder nur in Verbindung mit den Gewerkschaften genannt. Der Betriebsrat und die Gewerkschaften schienen am ehesten in der Lage, die Versorgungsprobleme für die Belegschaften zu lösen. Darum kümmerten sie sich auf unterer Ebene hauptsächlich, weniger um politische Ziele, die nur im Zusammenhang mit der schlechten Versorgungslage zeitweilig Bedeutung gewannen. Das aber war für die weitere Entwicklung der Gewerkschaften und der Betriebsvertretungen in ihrem Klientelverhältnis zu den Belegschaften, die insgesamt für gewerkschaftliche oder politische Aktivitäten schwer zu mobilisieren gewesen sein sollen, von großer Bedeutung: Hier entstand die Grundlage für das Vertrauen, das diese Arbeiterorganisationen im Ruhrgebiet seitdem genossen.

Die Betriebsräte hatten zunächst eine große Macht und übten sie auch mit Selbstverständlichkeit aus, weil sie sich als Nazi-Gegner fühlten und die belasteten Kapitalisten „untergetaucht" waren. Ihre Macht setzten die befragten alten Betriebsräte jedoch nicht für eine sozialistische Herrschaft oder für eine Alleinherrschaft des Betriebsrats, sondern im Sinne der Mitsprache in den unmittelbar anstehenden Aufgaben ein.

Auch wenn ihr Selbstbewußtsein in ihren ersten Nachkriegsaktivitäten vor allem gegenüber belasteten Unternehmern gewachsen war, so machten sie dennoch mit diesen auch neue Gemeinschaftserfahrungen, nicht nur in der Beschaffung von Aufträgen oder dem Aufbau der Produktion, sondern auch gegenüber der damaligen Exekutivgewalt, der Besatzungsmacht: an erster Stelle in der Frage der Demontage. Gemeinsam kämpfte man für den „Erhalt der Arbeitsplätze" bzw. der Produktion. Dies dürfte *eine* der Ursachen dafür sein, daß sich gerade bei den Älteren ein aktives, auf den Betrieb bezogenes sozialpartnerschaftliches Denken findet, das angesichts ihrer früheren politischen Sozialisation in der Weimarer Republik und ihrer weitergehenden politischen Vorstellungen erstaunen mag. Die Praxis scheint Visionen von einer sozialistischen Gesellschaft in den Hintergrund gedrängt zu haben.

Die Bedeutung des Kampfes gegen die Demontage sowohl für die Arbeit der Betriebsräte als auch für ihre Entwicklung ist in vielen Interviews zu spüren. Dafür im folgenden das Beispiel Alexander Stoppoks, das gerade in seiner Überzeichnung diese Bedeutung sichtbar werden läßt.

„Eines Tages wurde ich zum Leiter der Geschäftsleitung der Firma aus dem Betriebsratsbüro gerufen. Der hatte ein Schreiben vor sich liegen und sagte: ,Herr Stoppok, Sie müssen zu allen drei Hohen Kommissaren. Wir haben hier eine Petition von 2.000 Walzwerkern.' Das Walzwerk war ganz gut und konnte von heute auf morgen anfangen zu arbeiten, war aber auf der Demontage-Liste. Wir hatten ja Demontage-Listen, wo wir — der Betriebsrat und auch die Geschäftsleitung — „Ja" zu gesagt haben: Kriegsproduktionsbetriebe. Die mußten demontiert werden. Aber dieses Walzwerk nicht, das war keine Kriegsproduktion. Ich fragte den Geschäftsleiter: ,Warum gerade ich?' Er: ,Weil Sies können.' Ich kriegte dann einen Mann, Herrn Dr. Hase mit, mit seinem VW."

Die Reise zu den Drei Hohen Kommissaren wird zu einer Fahrt durch „Alliiertenland", vorgetragen mit dem ganzen Stolz eines für die Firma und die Belegschaft wichtigen Kuriers. Zuerst ging es zu den Engländern auf Schloß Röttgen:

„An der Kontrolle sagten wir, wir wollten den Hohen Kommissar Robertson sprechen, wir kämen von der Firma so und so ... Es waren da drei Offiziere,

Robertson war auch dabei und eine Engländerin als Dolmetscherin. Als die Herren dann Platz genommen hatten, legte ich dann los und sagte, daß ich das bedauerte, was in Deutschland passiert sei, aber daß wir — die ganze Belegschaft unserer Firma — den festen Willen hätten, für den Frieden zu arbeiten. Und wir hätten hier eine Petition mit der Bitte, dieses Drahtwalzwerk von der Demontage-Liste abzusetzen. Wir könnten das für die Friedensproduktion gebrauchen und bäten um Verständnis. Ja, die hörten sich das an. Die Engländerin, die übersetzte, war eine Zynikerin: bei der Übersetzung lachte sie den drei Offizieren zu. Man konnte merken, was sie dachte. Na, kurz und gut, wir gingen raus . . . Die Engländerin gab uns draußen eine Zigarette. Wir steckten sie an. Und dann sagte sie: „Jetzt gestatten Sie mir auch mal eine Frage.' ,Aber selbstverständlich', sagte ich, ,warum nicht?' Sie: ,Sie haben immer von Verständnis für Ihre Arbeitsplätze geredet. Haben Sie denn auch Verständnis dafür gehabt, als die Nazis die Leute ermordeten?' Ich war so perplex, ich nahm demonstrativ die Zigarette und drückte sie im Aschenbecher aus; war gerade erst angebrannt. Ich sagte: „Jetzt bekommen Sie von mir die Antwort: 1933, als die Nazis kamen und die Leute, deutsche Arbeiter, erschlugen, zuerst die Kommunisten, dann die Sozialisten, dann die christlichen Gewerkschafter und nachher auch die Kapitalisten (!), da haben wir mit der Faust in der Tasche über die Grenze geschaut und haben die Frage gestellt, warum kommen die denn nicht? Warum marschieren die nicht ein? Warum machen die das?' Also der Dr. Hase trat mir dauernd auf die Füße. Ich sagte nur: ,Laß das sein!' Die Herren kamen rein und wir konnten gehen. Draußen sagte der Dr. Hase zu mir: ,Ich fahr nach Hause. Meinen Sie denn, ich wollte im KZ, eh, im Lager landen?' — nee der Dr. Hase."

Dann ging es weiter nach Bonn und von dort auf den Petersberg. „Gingen wir an die Rezeption. Da standen drei Offiziere, Amerikaner, Engländer, Franzosen in Gala-Uniform . . . Wurden dann reingelassen. Wir gingen die Treppe rauf. Die befrackten Kellner rannten rum, es roch nach Bohnenkaffee. Silberkännchen." Dann sprachen sie mit dem Stellvertreter von McCloy, der war aber in Frankfurt. Ein Stockwerk tiefer suchten sie François Poncet. „Und da saßen die Franzosen da und Französinnen. Wir sagten, was wir wollten. ,Oh', sagt da einer, ,François Poncet ist in Paris' . . . Da nahm eine Französin eine Schachtel Pralinen und bot mir eine an. Ich sag: ,Merci, Mademoiselle.' — ,Oh, parlez-vous français?' — ,Non', sagte ich, ,un peu.' Raus waren wir."

Zurück in die Heimatstadt, Besprechung mit dem Exportleiter der Firma. „Der kriegte uns direkt am Kragen: ,Rein in die gute Stube!' Da haben wir dann zwei Stunden palavert. Dann sagt er: ,Ihr fahrt morgen hin nach Frankfurt.'"

Am nächsten Tag ab nach Frankfurt zu den Amerikanern; nach einigen Schwierigkeiten kamen sie ins IG-Farben-Haus. „Wir dann rauf, die Treppe hoch und dann stand an seinem Büro ,McCloy'. Ich sag: ,Da wohnt der. Rein!' Dann standen wir drin. Dann kam eine Sekretärin; der sagten wir so und so. Und mitdem stand der im Türrahmen, von den Bildern her kannte ich den. Der kam auf uns zu, lachte. Wir hatten der das dann gesagt; sie hat übersetzt. Dann nickte der und dann sagte die Amerikanerin, die Sekretärin: ,Er wird alles versuchen.' Wir lachten uns an. Ich wollte ihm die Hand geben, er dreht sich um und geht weg. Wir sind dann weg. Wie wir draußen waren, habe ich gesagt: ‚Jetzt los, ab nach Hause mit Karacho. Es ist Weihnachten, ich hab auch noch keinen Christbaum gefunden.' (...) So acht Tage später rief mich der Chef. Da sagt der: ‚Herr Stoppok, alles vergebens. Einer hat nein gesagt.' Das konnten wir uns dann denken. Ich sagte nur zu ihm: ‚Ja, wir habens wenigstens versucht.'" Das Walzwerk wurde dann doch demontiert.

Aber nicht nur die Alliierten, sondern auch die eigenen Kollegen machten Schwierigkeiten:

> „Man hatte vor, die Demontage durch kleine Firmen machen zu lassen, die das gar nicht konnten. Denn das waren riesige Träger und Hallen . . . Eines Tages war es dann soweit. Da kam eine Kolonne von 40 Leuten. Ein anderer Betriebsrat und ich, wir schlossen uns dem Trupp an . . . Da wurden die aufmerksam und fragten, was wir wollten. Ich sag: ‚Wir sind Betriebsräte von der Firma. Und wenn hier demontiert wird, dann machen wir das. Wir wollen, daß hier Arbeitsplätze bestehen.' Kurz und gut, nach zwei Tagen werde ich angerufen: Die Demontage soll von unserer Firma durchgeführt werden . . . Ja, was blieb uns anderes übrig . . . Da kam nur die Montage-Abteilung in Frage. Wir in den Betrieb hin. Was glauben Sie wohl — wir sind ausgelacht worden von den Kollegen: ‚Wir demontieren doch nicht unsere Arbeitsplätze.' Ich sag: ‚Das sind keine Arbeitsplätze mehr. Die werden demontiert. Entweder macht Ihr das oder es kommen Krauter hierhin.' . . . Nach langem Palaver waren wir uns einig. Am nächsten Tag standen 150 Mann, Stahlbauer mit ihren Brenngeräten. Und die hatten auch Ahnung und Kenntnisse . . . Der erste Tag mit 150, der letzte Tag mit 5.000. Alle, die zurückkehrten, alle in die Demontage rein. Und so haben wir die Arbeit dann bewältigt. Das waren Betriebsräte! Ich will dabei auch einen erwähnen von der anderen Seite, von der Geschäftsleitung, Dr. Lose, der in vorbildlicher Art mit uns allen zusammen diesem Gemeinschaftswerk (!) vorgestanden hat."[123]

Überbetriebliche Politik machten die damaligen Betriebsräte hauptsächlich in der Entnazifizierung, bei Hungerdemonstrationen und im Gewerkschaftsaufbau, von dem sie sich auch nicht durch Beschränkungen der Besatzungsmacht abhalten ließen. In der Entnazifizierung zeigte sich ihre Macht in besonderer Weise. Ernst Stecker:

> „Ich war federführend beim Entnazifizierungsausschuß in unserem Betrieb. Als Vorsitzender dieses Ausschusses hatte ich mit Captain Boyd zu tun. Ich mußte Fragebögen ausstellen, die vom Vorarbeiter aufwärts alle ausfüllen mußten. Alle hohen Herren kamen privat zu mir. Das wurde dann geheim geregelt, geprüft von mir. Entschieden wurde es außerhalb."[124]

Und Werner Jabel erzählt über seine Vorgänger in den Betriebsfunktionen:

> „Hier gab es eine unbewältigte Vergangenheit, die aus dem Tausendjährigen Reich herrührte. Wie jeder Betrieb in der NS-Zeit hatte auch unser Betrieb einen Gefolgschaftsführer, der Chef des Betriebes, und einen Betriebsobmann,

der die Arbeiter vertreten sollte, aber ein 150%iger Nazi war. Dieser Betriebsobmann hatte mit stiller Duldung des Gefolgschaftsführers mit Leuten sozia-
listischer, christlicher oder kommunistischer Gesinnung Schindluder getrieben.
Sie haben manchen, der nicht in die damalige politische Landschaft paßte, bei
der Arbeit benachteiligt, denunziert oder gar ins KZ gebracht. Nach dem Krieg
begann nun das große Reinemachen. Die nach dem Krieg 1946 gewählten
Betriebsräte hatten auch die Aufgabe festzustellen, wer sich bei den Nazis hatte
was zu Schulden kommen lassen und wer nicht. Da gab es die sog. Persilscheine. Das war keine leichte Aufgabe für die Betriebsräte."[125]

Daß die Arbeit der Betriebsräte in der Entnazifizierung von erheblicher
Bedeutung für ihr großes Selbstbewußtsein war, davon zeugen die zahlreichen Berichte über die Chefs und ihre Familienangehörigen, die jetzt „um
Persilscheine betteln" mußten. Man entschied auch manchmal nach eigenem Gusto, wer Nazi gewesen war und wer nicht. So machte Herr Stecker
eine Entlassung, die wegen nationalsozialistischer Tätigkeit ausgesprochen war, rückgängig:

> „Das war ein wunderbarer Mann, Stahlhelmer, den habe ich wieder geholt, war
> ein 100%iger Kollege, ein Kumpel. Der war Stahlhelmer und Ostpreuße."[126]

Schon hier deutet sich an, daß es im Zuge der Entnazifizierung auch einige
Mauscheleien gab, die im Bewußtsein der eigenen Machtvollkommenheit
„unter dem Tisch geregelt" wurden. Davon ist auch in anderen Berichten
die Rede. In den folgenden Interview-Ausschnitten wird der gleiche Fall
von zwei Betriebsräten in zwei Versionen geschildert. Version Nummer 1
von Herrn Wesel:

> „Und es kamen auch unsere alten Direktoren wieder. Aber wir haben die nicht
> mehr eingestellt, nur den Lohnbuchhalter. Aber der Betriebsleiter und der
> Direktor wurden hier nicht wieder eingestellt. Ja, das konnten wir. Da hatten
> wir schon einen eigenen Betriebsrat gegründet gehabt unter uns. Das waren ja
> alles Betriebsbeschlüsse. Die Arbeiter wollten die ja nicht mehr haben: ‚Die
> kommen hier nicht wieder rein, die haben uns im Stich gelassen und jetzt
> kommen die auch hier nicht wieder rein, hier bei uns' . . . Wir haben das doch
> alles geregelt hier. Das ist doch alles geregelt worden mit dem Direktor, daß der
> Nazi gewesen sein soll, wie der hier wieder Direktor werden wollte. Das war ja
> alles bis hin nach Düsseldorf zum Gericht gekommen. Aber der hatte ja
> nachher nachgewiesen, daß er sogar zwei Juden in seiner Wohnung versteckt
> gehalten hatte und dadurch ist er nachher freigesprochen worden . . . Soll sich
> nichts zuschulden gekommen lassen haben."[127]

Hier scheint eine gewisse Enttäuschung durchzuklingen. Ein anderer,
jüngerer Betriebsrat aus dem gleichen Betrieb, Herbert Krämer,
beschreibt die „gelungene" Entnazifizierung dieses Direktors, der später
wieder eingestellt wurde, jedoch etwas anders, nämlich als Ergebnis der
Hilfe des Betriebsrats. Version Nr. 2:

„Der Direktor, der war Wehrwirtschaftsführer gewesen, oben in Berlin. Dem hat der Betriebsrat einen Persilschein ausgestellt. Das hat der denen ewig gedankt . . . Da ist was gelogen worden! Was meinen Sie, was da gelogen worden ist!"[128]

Herr Krämer meint daher, daß aufgrund solcher Geschichten diese damaligen Betriebsräte mit einer einzigen Ausnahme im Betrieb leitende Stellungen bekommen hätten.

Gerade deshalb, weil 1945 und auch nach dem alliierten Betriebsräte-Gesetz vom 10. April 1946 die Arbeit der Betriebsräte entweder gar nicht oder nur allgemein gesetzlich festgeschrieben war, hatten sie große Möglichkeiten und Befugnisse, die je nach ihrer eigenen wie auch nach der Bereitschaft der Belegschaften zu weitgehenden Betriebsvereinbarungen genutzt werden konnten. Damals — so betonen einige — habe man gemeinsam Dinge durchgesetzt, um die man heute noch kämpfe, unabhängig davon, ob einer Christ, Kommunist oder Sozialdemokrat gewesen sei:

„Politische Differenzen spielten keine Rolle zur damaligen Zeit, gar keine. Wir waren alle eins." Das sei erst mit Verschärfung des Kalten Krieges anders geworden.[129]

Die Persönlichkeit der Betriebsräte der „ersten Stunde" nach Kriegsende erscheint in den Berichten in scharfer Kontur: voller Selbstbewußtsein und Durchsetzungskraft gegenüber Unternehmern und Besatzungsbehörden, selbstherrlich in den eigenen Entscheidungen, wie Patriarchen für das eigene wie auch das leibliche und seelische Wohl der Belegschaften sorgend — aber eben nicht auf der Grundlage gesetzlicher Festlegungen, sondern ihres eigenen Machtgefühls und der Unterstützung der Betriebskollegen, die sie vertraten, denen gegenüber sie aber auch mit mißtrauischem Selbstbewußtsein auftraten; denn unter diesen Kollegen gab es einige, die „Heil" geschrien hatten. Auf ihre Aufbauleistungen, ihre anti-nationalsozialistische Politik, ihre Karriere und gesellschaftliche Anerkennung sind sie stolz.

3. „Zuerst einmal von Politik die Schnauze voll" oder die Jungen in der ersten Nachkriegszeit zwischen Lethargie und gewerkschaftlichem Aktivismus.

(Adolf Gerlachs Lebensgeschichte)

Adolf Gerlach hatte „Glück": „Ich habe unheimlich Glück gehabt. Ich hatte mal Bilder (von Kriegskameraden), wo fast keiner mehr lebt von außer mir. Ich hatte das meiste Glück durch meine Verwundung. Für mich war ja der Krieg schon ein Jahr früher aus. Von meinen Freunden und Schulkameraden sind viele gefallen. Sind nur noch wenige von da, ganz wenige. Von unserer Straße, Straßenkameraden oder Freunden möchte ich sagen: von zehn sind wir noch zwei. Alle, die sich zur Marine, zur U-Bootwaffe und zur Waffen-SS gemeldet haben, die sind restlos alle nicht wieder gekommen ... Ich wurde dann (von den Engländern aus der Gefangenschaft) mit einem Oberfeldwebel auf einen Bauernhof verfrachtet in Wolfenbüttel. Da haben wir das erste Mal wieder gelebt: Essen in Hülle und Fülle, aber wie gesagt — ich wollte nach Hause. Die Engländer haben bestimmt, daß die Bauern uns erst mehr oder weniger mal füttern sollten, weil hier im Ruhrgebiet ja bittere Not herrschte, so daß die nicht daran interessiert waren, daß wir sofort alle ins Ruhrgebiet abtransportiert wurden. Bei einem Spaziergang abends habe ich mal festgestellt, daß ein LKW mit Konserven zum Ruhrgebiet fuhr. Dann bin ich, nachdem ich 14 Tage auf dem Bauernhof war, auf einem LKW oben auf den Konserven liegend auf der damals noch mehr oder weniger intakten Autobahn bis Witten gekommen. In Witten mußte ich runter und stand dann auf der Straße und dann kam, wie es früher war, Ausgangssperre um 10 Uhr wie heute in Polen, es war Juli 1945. Dann habe ich wieder Glück gehabt, da kam so'n amerikanischer Jeep, Militärpolizei, die hatten schon einen Radfahrer aufgegriffen. Der sprach zum Glück englisch, was ich nicht konnte, und machte denen plausibel, weshalb ich da überhaupt gestanden habe. Dann haben die uns gefahren nach Bochum, Hauptbahnhof. Da habe ich erstmal das Elend gesehen: Da lagen die Leute mehr oder weniger alle in den Gängen — Familien, Kinder. Am anderen Morgen bin ich dann nach Hause gefahren. Zu Hause angekommen, war unser Haus noch unversehrt, nur der Vater war nicht da. Der war, wie ich dann von der Mutter hörte, bis nach Wuppertal, gefahren und versuchte da, etwas Fleisch zu bekommen. Jetzt kommt ja die Zeit, die Sie sicher schon oft gehört haben — es gab ja nichts damals. Jetzt kommt ein neuer Abschnitt: erst mal keine Arbeit und auch keine Lust, weil alles mehr oder weniger durcheinander war. Ich bekam z. B. ausgehändigt Scheine für Schuhe, für einen Anzug, für alles Mögliche und ging dann, wo ich nichts mehr hatte, nichtsahnend in die entsprechende Schule, wo man mich hingejagd hatte. Und da mußten die direkt lachen: Es gab überhaupt nichts — es gab effektiv nichts, nur alte Sachen; die lagen so in einer Ecke. Da sagte der: ‚Suchen Sie sich meinetwegen einen Mantel raus.' Da war mir mein Militärmantel immer noch besser als wie das, was da gelegen hatte. Dann hab ich mehrere Kameraden von früher, die auch aus dem Krieg heimgekehrt waren, mehrmals getroffen, auch wie gesagt rumgelungert. Meine Mutter fuhr zu der Zeit zum Hamstern für Wochen weg zu Bauern ins Hessenland, arbeitete dort und kam dann nach Wochen wieder mit einem Zentner Mehl, Speck und alles, was in der damaligen Zeit Wert hatte zum Überleben überhaupt. Mein Vater war so geschickt, der konnte mehr oder weniger alles vom Schuhesohlen bis zum Mauern und was überhaupt gibt ... So sind wir einigermaßen da immer über die Runden gekommen in der Zeit. Aber nach vier, fünf Wochen war mir das zu langweilig, dann bin ich zu meiner Firma gegangen und wollte wieder eingestellt werden. Das geschah aber nicht, weil man angeblich nicht genug Arbeit hatte. Dann hab ich selbst versucht, mir

Arbeit zu beschaffen, z. B. in einer Alteisenfirma. Der Prokurist kannte zufällig meinen Vater und sagte dann zu mir: ‚Gucken Sie Ihre Figur an und die Arbeit', sagt der, ‚ich gebe Ihnen gerne die Arbeit, aber nach drei Tagen brechen Sie zusammen. Das ist Schwerstarbeit.' Dann kommt ein Schulkollege, dessen Vater beim Arbeitsamt war . . . Der Vater sagte dann allerdings sofort: ‚Entlassene Soldaten müssen bei der alten Firma wieder eingestellt werden', gab mir ein entsprechendes Schriftstück. Und da auf einmal ging es; ich wurde sofort eingestellt, hatte im ganzen von der Entlassung als Gefangener bis zur Arbeitsaufnahme ca. drei Monate nicht gearbeitet. Das ist übrigens die einzigste Zeit in meinem ganzen Leben, die mir dazwischen fehlt für Rentenansprüche usw. Und jetzt kommt der Abschnitt, der für mich Neuland ist. Jetzt kam ich zurück in die Firma, als Rechnungsprüfer angefangen. Es kamen auch wieder Aufträge; es ging aufwärts. Es wurden für die Engländer Omnibusse gebaut. Und da kam ich das erste Mal mit der Gewerkschaft zusammen. Bedingt schon dadurch, weil ich nun mal bekannt war in der Firma, auch bei den Arbeitern als Angestellter, wurde ich 1946 (als parteiloser Angestelltenvertreter) in den Betriebsrat gewählt. Trat dann der Gewerkschaft IG Metall bei — das mußte man ja mehr oder weniger (bei der Einstellung) und lernte dann das erste Mal etwas von der Gewerkschaft und von den Zielen kennen. Das waren aber mehr oder weniger meine älteren Kollegen, die im Betriebsrat noch mit waren — wir waren zu sieben — die mich darauf gebracht haben, worum es geht und wofür Betriebsrat überhaupt, weil es das ja früher nicht gegeben hat. Da gab es ja nur einen Betriebsobmann. Der bestimmte ja mit dem Chef, was gemacht wurde . . . Die anderen (Betriebsräte) waren alle schon älter. Das waren alles Kollegen, die schon in 40, 45 waren, und ich war damals erst 27 Jahre . . . Der Betriebsratsvorsitzende, der war schon etwas älter (an die sechzig), war Schiedsmann hier in der Stadt und hatte, jetzt weiß ich nicht welche, Funktionen in der CDU. Der war mit allen von der CDU bekannt zu der damaligen Zeit . . . Ich hab nie einer Partei angehört. Ich hab erst, da ich ja beeinflußt war von unserem Vorsitzenden, die CDU gewählt — früher. Ungefähr seit Helmut Schmidt dran war, hab ich SPD gewählt . . . Das war ja im Betrieb so, das waren mehr oder weniger drei Parteien; und im Anfang war die KPD verhältnismäßig stark vertreten — nicht in der Zahl, sondern in ihrem Auftreten, also die fielen so aus dem Rahmen (z. B. bei Absprachen auf Delegiertenwahlen) . . . Ich war dann weggewesen zum Seminar von der Gewerkschaft in Rummenohl, von der IG Metall vierzehn Tage . . . Ich war auch zu jung damals, hatte auch viele andere Interessen, hab das alles mehr oder weniger nur mitgemacht . . . Für mich war das ja alles Neuland; ich hab da gesessen, ich mußte ja immer fragen, wenn da was war, bei den älteren Kollegen. Wenn man da reinkam, dann lag da die Tagesordnung usw., usw. ‚Kerl', sag ich, ‚Hermann, was bedeutet das denn all hier? Sozialabgaben und diese Löhne kriegen die (Gewerkschafter)schon?' Also da habe ich mich schon damals etwas drüber aufgeregt. Da wurde mir aber erklärt: ‚Ein Gewerkschaftler muß soviel Geld verdienen, daß er unbestechlich ist.' Na, ja, jetzt haben wir es ja gesehen (mit der ‚Neuen Heimat'-Affäre). Da mußte man sich mehr oder weniger mit zufrieden geben, weil die Löhne, die wir zur damaligen Zeit verdienten, ja niedrig waren — 180 Mark netto im Monat. An Urlaub hatte ja noch kein Mensch gedacht zur damaligen Zeit, Auto oder irgendwie. Aber dann kam der Aufschwung nachher. Gewerkschaftlich habe ich mich nachher nur noch wenig betätigt, nur immer im Betriebsrat. Und da war ja nachher leichtes arbeiten. Im Anfang war ja nur zu verteilen. Da gab es Schüsseln, dann gab es ein Paar Schuhe, dann gab es dieses — mehr oder weniger sollte es gerecht verteilt werden. Die Angestellten wurden so'n bißchen benachteiligt."[130]

Adolf Gerlach wurde 1923 im Ruhrgebiet geboren. „Der Vater war Glasmacher." Adolf Gerlach besuchte acht Jahre lang die Volksschule. Bei der Entlassung bekam „ich so eine Art Diplom" als einer der drei Besten. „Trotzdem fand ich keine Arbeit. Mir schwebte erst vor, einen handwerklichen Beruf zu ergreifen, zum Beispiel Modellschreiner. Das war mein Wunsch. Dazu ist es aber nicht gekommen, weil trotz der Hitler-Zeit — oder wie soll ich mich ausdrücken — es nicht so war, daß man ohne weiteres eine Stelle kriegen konnte." Nach vielen Bewerbungen, die nicht klappten, „habe ich auf eine Anzeige (hin) als kaufmännischer Lehrling am 12. April 1938 angefangen" bei einem Omnibusunternehmen. „Dann habe ich da eine dreijährige Lehre durchgemacht mit allem, was in der damaligen Zeit — da konnte man wirklich noch sagen im Gegensatz zu heute: ‚Lehrjahre sind keine Herrenjahre'. Von einer geregelten Arbeitszeit war überhaupt keine Rede". Die 12 Kilometer zu seiner Arbeitsstelle machte er mit dem Fahrrad. „Feierabend war offiziell nach achteinhalb Stunden, aber es war keine Seltenheit, daß man als Lehrling auch um acht oder zehn Uhr abends nach Hause kam . . . Man konnte nicht wie heute sagen: ‚Ist Feierabend, ich geh nach Hause' — das war einfach nicht drin." „Dann brach '39 der Krieg aus, da war ich auch noch Lehrling. Und dann habe ich noch in Erinnerung, daß wir nicht so direkt ein Rüstungsbetrieb waren, aber es wurden Omnibusse gebaut für die Wehrmacht. Dort wurden Leute, die einen Gestellungsbefehl bekamen, freigestellt, mehr oder weniger u. k. gestellt zu der damaligen Zeit". Er mußte dafür die Anträge erledigen. „Dann hab ich 1941 meine kaufmännische Gehilfenprüfung mit Erfolg — wie man so sagt — abgelegt; hab auch dieses entsprechende Diplom und wurde dann noch als kaufmännischer Angestellter in derselben Firma weiter beschäftigt. Gearbeitet hab ich seinerzeit in der Lohnbuchhaltung zunächst und habe Abrechnungen mit getätigt für ca. 600 Leute, und das war wöchentlich früher." Im Dezember 1941 wurde Adolf Gerlach zum Reichsarbeitsdienst nach Stendal eingezogen. „Da war ich unter ganz unmöglichen Zuständen: in Baracken waren wir nur untergebracht. Und die ganze Ausbildung dauerte nur sechs Wochen." Im März 1942 wurde er — wie im Kriegskapitel beschrieben — eingezogen, kam zur Infanterie, marschierte bis Moskau, wurde auf dem Rückzug verwundet, ins Lazarett eingeliefert und geriet zunächst in amerikanische, dann in englische Gefangenschaft bei Salzgitter. „Hier waren wir ziemlich zusammengepfercht und auch die Essensverhältnisse waren sehr schlecht, so daß wir froh waren, als die Entlassungskommission kam. Aufgrund meiner Tätigkeit auf der Schreibstube zuletzt hatte ich meine ganzen Krankenpapiere von 52 Wochen einschließlich Röntgenaufnahmen mitgenommen. Und die haben mir geholfen insofern, daß ich als krank Geltender entlassen wurde."

Nach der Gefangenschaft kam er zu einem Bauern, kehrte verbotenerweise ins Ruhrgebiet zurück, hatte zunächst keine Lust zu arbeiten und hamsterte sich durchs Leben, bis er im Sommer 45 wieder bei seiner alten Firma anfing und bereits 1946 Betriebsrat wurde. „Dann begann der Aufschwung . . . Dann begann eigentlich eine schöne Zeit für meine Begriffe. Es gab kein Fernsehen, es hatte noch keiner ein Auto. Geselligkeit wurde damals groß geschrieben, und weil man ja auch verhältnismäßig jung war, haben wir sehr viel Spaß gehabt zur damaligen Zeit." 1950 heiratete Adolf Gerlach; seine Frau — eine Verkäuferin — hörte nach der Hochzeit mit ihrem Beruf auf. Als seine Firma ihm bis Mitte der 50er Jahre keine bessere Stellung bot, bewarb er sich bei anderen, vor allem großen Firmen, „wo ich glaubte, die sind krisenfest und da kann man mehr verdienen und man hat Aufstiegsmöglichkeiten. Ich war dann auch irgendwie schlauer geworden und hab gesagt: ‚Jetzt nimmst Du alles an, was geboten wird, und machst auch alles, um irgendwie voran zu kommen'." Seine Rechnung ging auf: Er fand eine neue Stelle, wo er zwar zunächst weniger verdiente — mit dem Weihnachtsgeld war es „aber unter dem Strich mehr" — und bald zum Abteilungsleiter avancierte.

Die eingangs zitierte Passage aus dem Gespräch mit Adolf Gerlach und sein Lebensbericht zeigen viele Aspekte, die in den Interviews mit „jüngeren" Betriebsräten immer wieder erscheinen: Mit „Glück" kommt man aus dem Krieg zurück; man drängt schnell „heim zur Familie"; man war zunächst lustlos und fand sich schwer in die Nachkriegssituation; man hatte seine Freunde zu einem großen Teil verloren; man fand im Betrieb eine alte Generation vor, die dort das Sagen hatte; man ging mit halbem Herzen in die Gewerkschaft und erst nach mehr oder weniger langer Zeit begann man für die Gewerkschaft und den Betriebsrat zu arbeiten, bekam jedoch von Politik „in der Hamsterzeit" nicht viel mit und hatte kein Interesse an ihr; nach der Überwindung der ersten Nachkriegsnot war man voller Lebenshunger, „suchte das Vergnügen" und hatte viel Spaß; die Kriegs- und Nachkriegswirren, der Hunger und die Not verstärkte den Traum von einem „normalen" Leben, von einem krisenfesten Beruf mit Aufstiegschancen, einem höheren Lohn und besserem Lebensstandard, zu dem es durch den Aufschwung auch kam, aber zum Preis des Verlusts der Geselligkeit. Wie Adolf Gerlach schwankten die meisten jungen Angestellten, die ihre ersten öffentlichen Erfahrungen in der HJ gemacht hatten, in der Nachkriegszeit noch zwischen der Wahl der CDU oder der SPD. Auch sie kommen meistens nach einer betrieblichen oder gewerkschaftlichen Aktivität, zu der sie von alten Betriebsräten hinzugezogen wurden, um Angestellte im Betriebsrat zu haben, zur Sozialdemokratie.

Ebenso wie Adolf Gerlach und die Altaktiven waren einige aus der jüngeren Generation direkt nach 1945 aktiv: So die ganz jungen „Unbelasteten" aus kommunistischen, katholischen oder sozialdemokratischen Familien, die dem Nationalsozialismus feindlich gegenüber gestanden hatten, oder die Mitglieder und Funktionäre des BDM, der HJ oder des Jungvolks, die dort einen Aktivitätsschub erfahren hatten und 1945 so jung waren, daß sie als unbelastet galten. Sie schätzen heute ihre frühere NS-Jugendtätigkeit als „Jugendspielerei" ein und betonen daher weniger die Schwierigkeiten nach 1945 wegen ihrer Tätigkeit in der HJ, als vielmehr die Führungs- und Organisationsqualifikationen, die sie durch die HJ bekommen hatten.

Schwieriger — hier ist Adolf Gerlach eine Ausnahme — hatten es die etwas Älteren unter der jüngeren Generation, nämlich die aus den Jahrgängen 1919 bis 1928, die hier in der Überzahl sind: Nicht nur die belasteten Jungvolk-Funktionäre „gingen erstmal auf Tauchstation", sondern auch die „Unbelasteten" dieser Jahrgänge, wie Werner Jabel:

> „Sie müssen ja auch bedenken, was meine Generation erlebte: Mein Vater, der Sozialist war, wurde 1933 verhaftet. 1945 brauchten die Nazis plötzlich Persilscheine. Von Politik wollten zunächst erst einmal die Alten etwas wissen, die vor 1933 aktiv waren. Sie kannten sich auch im Betrieb aus. Wir Jüngeren hatten doch nur Negatives mit der Politik erlebt und hatten unsere Erfahrungen auf den Schlachtfeldern und weniger im Betrieb gemacht."[131]

Da hielt man sich lieber aus der Politik ganz raus oder siedelte sich in der politisch ungefährlichen Mitte an, fern den Extremen. Ebenso wie Werner Jabel erzählt auch Erich Schulz, der nie überzeugter Nazi war und aus einer Familie stammt, die in der bekennenden Kirche aktiv war:

> „Meine Alterskollegen waren doch zunächst passiv, wir wußten doch nicht wohin. Als ich 1945 zurückkehrte, da habe ich die Niederlage Deutschlands nicht als ‚Befreiung vom Faschismus' begriffen; da habe ich gedacht: jetzt ist alles vorbei. Wir haben doch nichts mitbekommen, wir haben doch das geglaubt, was die Nazis sagten. Und was meinen Sie, wie schnell der Mensch manipulierbar ist, gerade die Jugend."[132]

Auch und besonders für ehemals aktive junge Nationalsozialisten war — wie beschrieben — jede neue politische Betätigung zunächst ausgeschlossen. Sie fühlten sich in ihrem Idealismus verheizt, wollten von einer neuen parteipolitischen Organisierung erst einmal nichts wissen und tasteten sich langsam hinein „in das normale Leben", wie Paul Keller:

> „Wo ich nach 1947, nach der Kriegsgefangenschaft dann angefangen bin, dann hatte man ja erstmal von dem die Schnauze voll bis oben hin."[133]

Gisbert Pohl beschreibt seine Haltung nach der Rückkehr aus der Gefangenschaft 1949 ähnlich:

> „Ich war doch bei der Waffen-SS. Um jetzt mal ein bißchen zu übertreiben: Ich war also der Stolz der Nation, wir waren die Elite. Und wie ich da nach Hause kam, war ich über Nacht Verbrecher, verstehen Sie? (. . .) Da war man nach dem Krieg erstmal politisch passiv gewesen. Wir hatten erst mal eine Phase des Lernens, ich möchte sagen des Einlebens hier mitmachen müssen. Ich weiß nicht, ob ich Ihnen schon die Geschichte erzählt habe von dem Kasten Bier, den ich gewonnen habe? Daß ich gesagt habe, wir finden keine Nazis mehr hier im Betrieb? Ich hab den Kasten Bier gewonnen. Jeden, den man jetzt so fragte von den Älteren, sagte: ‚Noch ein Wort und ich wäre hier weg gewesen'. Und ich hatte doch selber als Pimpf mitgemacht zum Beispiel bei dem Mussolini-Besuch hier vor der Hauptverwaltung. Da haben sie mich mit dem Krankenwagen wegbringen müssen, weil die tobende Masse, die begeisterte tobende Masse mich bald tot gedrückt hätte."
>
> Interviewer: „Das waren Arbeiter?"
>
> Pohl: „Das waren Arbeiter. Wer denn sonst? Das waren Arbeiter . . . Die waren wie von der Tarantel gestochen . . . so haben sie geschrien: ‚Heil!' und ‚Duce!' Und das war doch ich nicht nur, verdammt noch mal. Die waren doch noch da, verstehen Sie? Damals standen da doch die Proleten, wenn ich das mal sagen darf. Da hat ja nicht der Direktor X da gestanden! Da haben die Arbeitskollegen, die haben da gestanden! So, und die Leute lebten doch noch. Die mußten doch irgendwo sein! Und die waren nicht mehr da, verstehen Sie? Und dann aus Trotz — das war im Grunde eine Trotzreaktion — dann habe ich gesagt: ‚Verdammt noch mal, das gibt es doch nicht'. Und dann habe ich gesagt: ‚Ich wette jetzt mit Dir, daß wir hier im ganzen Betrieb keinen Nazi finden', der also sagt: ‚Jawohl, ich war hier Blockleiter oder was weiß ich . . . Ich hab den Kasten Bier gewonnen. Wir haben keinen Nazi gefunden. Und ein Kasten Bier war damals allerhand . . . Nachher waren doch alles Antifaschisten'."

Nicht nur der Nationalsozialismus hatte sich für ihn (und andere) als Betrug erwiesen, sondern auch die Entnazifizierung: „jeder" versuchte nun, sich als „Gegner der Nazis" darzustellen. Ein anderes Erlebnis erschütterte Herrn Pohl weiter:

> „Oder hatte ich Ihnen das Ding mit dem Russen erzählt, den sie im Betrieb umgelegt hatten? Das war auch so eine Episode. In dem Betrieb ist während des Krieges mal ein russischer Kriegsgefangener von einem Betriebsobmann erschossen worden . . . Die Betriebsobmänner, die hatten ja alle ihre Pistole um. Und da standen ein paar Waggons . . . Ja, und da ist dann so ein Russe, der

wahrscheinlich Kohldampf hatte, der hat sich da an so einem Waggon zu schaffen gemacht. Und so eine Pfeife hat ihn dann gesehen und ihn umgelegt. Da hat sich doch keiner zu bekannt. Ich wollte ja jetzt (1950) nicht so weit gehen, daß der jetzt sagt: ‚Jawohl, ich hab abgedrückt.‘ Das kann man ja nicht. (Der ehemalige Betriebsobmann arbeitete nach 1945 weiter in dem Betrieb.) Ich hab ja erst nachträglich davon gehört. Verdammt, die Leute waren doch noch im Betrieb. Die haben das doch auch gesehen. Da hätte doch schon damals einer aufschreien müssen und sagen: ‚Mensch, wie kannst Du denn einen (umlegen)?‘ Verstehen Sie? (. . .) Und das war das große Unverständnis von uns. Daß man uns zu Verbrechern machte, und das andere lief alles so peu à peu weg. Und dann kam natürlich hinzu, daß in verschiedenen politischen Stellen echt noch Nazis saßen. Nehmen Sie doch hier die Polizei. Oder nehmen Sie, ich will jetzt nicht politisch werden, nehmen Sie die Adenauer-Ära. Da gab es noch Leute, die die Nürnberger Gesetze verbreiteten. Das war unverständlich, verstehen Sie? Mir haben Sie meinen Führerschein nicht umgetauscht, meinen Wehrmachtsführerschein, obwohl ich den Panzerführerschein bis 60 Tonnen hatte und durch ganz Rußland gefegt bin im Schwimmwagen. Ich hab meinen Führerschein nicht umgetauscht gekriegt, weil da vorne ‚SS‘ drauf stand, verstehen Sie? Und andere Leute, die saßen in Amt und Würden. *Das* Gefühl, *das* Gefühl! Und das ist ja nicht nur mir passiert, das ist ja Tausenden meiner Generation so passiert.“

Das Gefühl, daß nach 1945 niemand mehr zu seiner früheren Haltung stand, daß man die Kleinen bestrafte, während die Großen in ihren Ämtern blieben, wurde verstärkt durch eine weitere Erfahrung, nämlich daß auch die Älteren Dreck am Stecken hatte.

„Wir Jüngeren hatten uns ja dazu (zur nationalsozialistischen Vergangenheit) bekannt. Uns blieb ja auch gar nichts anderes übrig. Wir wußten ja, wo wir herkamen. Wissen Sie, ich sag das heute noch manchmal: Meine Generation — *wir* haben die Nazis ja nicht gewählt. Wir sind in der Nazi-Zeit nur erzogen worden. Wir sind also von den Leuten erzogen worden, die die Nazis gewählt haben. Und die Generation, die die Nazis gewählt hat, die sie also ans Ruder gebracht hat, die trat uns ja als ältere Arbeitskollegen nachher, nach dem Kriege in den Betrieben gegenüber.“[134]

Mit solchen Erfahrungen, wie die von Herrn Keller und Herrn Pohl, war man nicht bereit, sich erneut politisch zu betätigen. Außerdem kam hinzu, daß diese ehemaligen Soldaten nach ihrer Rückkehr aus der Gefangenschaft einen „ungeheuren Lebenshunger“ hatten. Sie hatten — wie einige erzählen — „vom Leben noch nichts kennengelernt“. Es seien sogar Jüngere gewesen, die ihnen nach dem Krieg in der Sexualität „was beigebracht“ hätten. Auch wegen dieses „Lebenshungers“ — neben der politischen Enttäuschung und dem Gefühl, der Betrogene zu sein — zogen sie sich in der unmittelbaren Nachkriegszeit zunächst in die private Sphäre zurück. Auch einige Frauen — z. B. Frau Gehrmann — berichten, daß sie

120

nach der Überwindung der ersten Nachkriegsnot erstmal „das Leben ohne Zwang und Hunger genossen" hätten: Reisen, Tanzen usw.

Hans Müller, selbst durch seinen kommunistischen Stiefvater 1945 zur KPD gekommen, faßt seine Erfahrungen mit der passiven Haltung nicht nur bei ehemaligen Jungnazis, sondern insgesamt in seiner Altersgruppe zusammen. Die Alten hätten sich auch vom Verbot der Alliierten nicht von politischer Arbeit abhalten lassen:

„Man traf sich(trotzdem) in Gastwirtschaften ganz offiziell." Interviewer: „Gab es denn da viele Junge damals schon dabei, direkt nach der Kapitulation?" Antwort: „Also, ich würde sagen, in meinem Alter (22 Jahre), die dann aus dem Krieg zurückgekommen waren: wenig. Es waren mehr diejenigen, die noch so unbeleckt waren, die die Schule gerade hinter sich hatten. Die noch nicht Soldat waren, die waren eher zu haben, während die Soldaten nur zögernd zu den Parteien gingen. Ich weiß noch, daß man damals gesagt hat: Ich hab einmal die Nase voll, also für mich kommt sowas nicht mehr in Frage. Das war also damals das Hauptargument der Leute, die aus dem Krieg zurückkamen." Interviewer: „Wovon die Schnauze voll?" Antwort: „Ja, die sagten, also einmal von den Parteien wahrscheinlich haben wir die Schnauze voll. Für uns kommt eine Partei nicht mehr infrage . . ." Interviewer: „Das sagten also nicht so sehr die Älteren und nicht die ganz Jungen, sondern es waren mehr diejenigen, die schon Soldaten waren?" Antwort: „Ja, richtig, richtig. Die hielten sich an und für sich ein bißchen zurück. Die Älteren (die schon vor 1933 aktiv waren) gründeten Parteien und Gewerkschaften sofort."[135]

Warum sind nun diese enttäuschten Interview-Partner aus der jüngeren Generation, sowohl die politisch „Belasteten" wie auch einige „Unbelastete", dann doch für den Betriebsrat, die Gewerkschaft oder die SPD aktiv geworden? Diese Frage wird sehr unterschiedlich beantwortet. Eines läßt sich aber für fast alle zusammenfassen: sie wurden zuerst wegen betrieblicher und gewerkschaftlicher Probleme aus ihrer Resignation, ihrer Lethargie oder ihrer erstmals genossenen Lebensfreude herausgeholt. Erst später kamen politische Motive hinzu, wie bei Gisbert Pohl, der bereits in der Gefangenschaft mit Sozialisten und Gewerkschaftern konfrontiert wurde; im Betrieb war sein Meister „ein vorbildlicher Sozialdemokrat und Gewerkschafter" gewesen; aus diesem Grunde, und weil der Betriebsrat ihm bei seiner Wiedereinstellung den Aufnahmebogen der IGM „über den Tisch schob", sei er 1949 in die Gewerkschaft gegangen.

„Ich hab mich damals hauptsächlich gewerkschaftlich betätigt. Gewerkschaftlich betätigt, tja, wegen — parteipolitische Neutralität gibt es im Grunde nicht, aber zumindest versucht. Es sind sehr viele meiner Freunde, die sich ganz bewußt gewerkschaftlich betätigt haben, weil sie eben politisch vollkommen unsicher waren: ‚Was machen wir jetzt, was ist richtig?' Ich habe Ihnen gesagt, wir waren also vollkommen unsicher. Wir wußten also, daß man uns verführt hatte, und wir standen nun vor der großen Angst: Na, werden wir jetzt wieder verführt? Wem sollen wir jetzt noch glauben? Wer meint es ehrlich mit uns? Und um dem aus dem Wege zu gehen, haben wir uns jetzt den Weg der gewerkschaftlichen Betätigung ausgesucht."[136]

Gerade die früheren Unterführer im Jungvolk oder der HJ sehen in ihrem Leben eine Kontinuität: Da sie auch in den NS-Organisationen aus sozialen Motiven aktiv geworden waren, können sie nach 1945 mit einem sozialen Engagement in der Gewerkschaft, aber ohne Parteipolitik, beginnen. Ähnliches beschreibt explizit auch Paul Keller:

Interviewer: „Wie erklären Sie sich selbst diese Entwicklung aus Ihrer Jugendzeit heraus: Jungvolk, NSDAP und dann dieser Bruch? Ist ja dann ein Bruch zur SPD?"
Herr Keller: „Tja, ich weiß nicht, ob da ein Bruch ist. Das kann ich nicht sagen. Ich kenne viele persönlich oder dem Namen nach, mit denen ich keinen Kontakt mehr hab, die seinerzeit mit in der HJ oder im Jungvolk waren und jetzt sogar führend in der SPD tätig sind." Ein Landesminister sei darunter. Man habe nach 1945 die HJ-Tätigkeit als Jugendspielerei aufgefaßt, die mit Politik überhaupt nichts zu tun gehabt hätte. Nach dem Krieg „die ersten Jahre als Betriebsrat hatten für mich mit Politik auch nichts zu tun. Das waren rein innerbetriebliche Angelegenheiten."
Es folgt die Nachfrage, warum er dann seine neutrale Haltung aufgab und sich an der SPD orientierte.
Herr Keller: „Ich bin in einem sozialdemokratischen Elternhaus groß geworden und hatte als junger Mann (im deutschen Jungvolk) eben auch die sozialen Dinge immer im Kopf gehabt und hab dann auch nach dem Krieg nun das Soziale, ich bin ja reingekommen (in die Gewerkschaft 1947), indem man gesagt hat: ‚Sie müssen sich aufnehmen lassen, sonst fliegen Sie gleich wieder raus.' Das hat man dann natürlich gemacht. Und dann hat man erst nachher gesehen, um den Arbeitsplatz zu erhalten, wie das läuft und dann eben gesagt: ‚Okay, das ist eine soziale Sache'." Als die Kollegen 1950 an ihn herantraten wegen einer Kandidatur zum Betriebsrat, „da war da nur die soziale Seite diejenige, die da gereizt hat, weil man da selbst als Akkord-Arbeiter von betroffen war." Erst 1972 bei dem Mißtrauensvotum gegen Willy Brandt hat er seine Ablehnung gegen eine neue parteipolitische Organisierung aufgegeben und wurde Mitglied der SPD.[137]

Bei beiden Interview-Partnern ist das betriebliche und gewerkschaftliche Engagement das erste nach dem Krieg unter anderem deshalb, weil es den Vorzug hat, „unpolitisch" zu sein. Diese Abkehr von der „großen Politik" in die damals als unpolitisch begriffene Arbeit in der Einheitsgewerkschaft begegneten mir in den Gesprächen immer wieder. Erst über die Gewerkschaftsarbeit kam man auf politische Probleme und zu einem politischen Engagememt in der SPD. Also auch hier zeigt sich die Einheitsgewerkschaft als „Durchgangsschleuse" zur SPD.

In den Nachkriegserfahrungen der jüngeren Generation lassen sich trotz der Unterschiedlichkeit der Befragten einige Tendenzen herausarbeiten:

Anders als die Älteren waren diese Jüngeren ohne den politischen Hintergrund aus der Weimarer Zeit. Sie hatten nicht wie die Alten eine politische Linie gegen widrige Umstände auf Betriebs- und Gewerkschaftsebene erneut zu etablieren, sondern waren zunächst von jeder Politik abgestoßen, hielten sie für gefährlich, betrügerisch oder einfach widerwärtig nach dem Motto: „Politik ist ein dreckiges Geschäft". So gab es bei den Älteren der jüngeren Generation eine Individualisierungstendenz, wie sie bei den Alten in der Zeit des Nationalsozialismus aus anderen Gründen entstanden war.

Die älteren Jahrgänge in dieser jüngeren Generation hatten den Krieg mitgemacht und „bisher wenig vom Leben gehabt". Deshalb wollten sie diesen „Lebenshunger" nun befriedigen. Über betriebliche und gewerkschaftliche Probleme wurden sie für eine Betriebsratsarbeit oder für die Gewerkschaftspolitik gewonnen; erst dann folgte das politische Engagement für die SPD. Und auch für ihre politische Tätigkeit betonen viele, daß es ihnen in der SPD vorrangig um eine Vertretung gewerkschaftlicher Interessen gegangen sei.

Im Betrieb und in der Gewerkschaft setzten sie sich sowohl für ihre eigenen wie für die „Belange der Kollegen" ein, lernten dort — wie fast alle betonen — neu die Notwendigkeiten sozialer Politik.

Da die meisten schon aus ihren Vorerfahrungen heraus leistungs- und aufstiegsorientiert waren, viele von ihnen aber ihre höhere Schulbildung hatten abbrechen müssen, konnten sie ihre Aufstiegsorientierung entweder im Beruf erfüllen (wie Adolf Gerlach) oder in der Verbindung mit ihrem sozialen Engagement zunächst nur innerhalb des Betriebsrats und der Gewerkschaft auf Betriebsebene.

Einige der damals ganz Jungen, aus der Altersgruppe der Jahrgänge 1928 bis 1931, hatten die Schwierigkeiten der etwas Älteren nicht, sondern konnten sich unbelastet in neue Aktivitäten stürzen. Sie erfuhren also weniger einen Bruch in organisierter Aktivität als in ihren Orientierungen. Aber auch für sie gilt, daß sie die politischen Erfahrungen aus der Arbeiterbewegung der Weimarer Zeit nicht mitbrachten und meist zunächst in der Gewerkschaft und dann in der SPD aktiv waren.

III. Zum Aktions- und Sozialprofil der Betriebsräte in den Fünfziger Jahren

1. *„Wie ist die Zeit damals über uns weggerollt" oder von den ambivalent erfahrenen Niederlagen der Nachkriegszeit bis zum Betriebsverfassungsgesetz von 1952*

(Helmut Krämers Lebensgeschichte)

Helmut Krämer und Emil Oppeln, Betriebsräte derselben Firma, diskutieren über die ersten Betriebsvereinbarungen der Nachkriegszeit im Verhältnis zum Betriebsverfassungsgesetz:

Emil Oppeln: „Die Betriebsräte und ihre Arbeiten damals (1946/47) waren alles Vorreiter für das Betriebsverfassungsgesetz, besonders die Betriebsvereinbarungen. Mit einigen Dingen, die damals schon durchgesetzt waren, schlagen wir uns heute noch rum ... Die Kumpels haben die Betriebe aufgebaut und die Arbeitgeber kamen nachher ins gemachte Nest. Und dann kam die Umkehrung. Dann haben sie das schöne Betriebsverfassungsgesetz verfaßt und haben den Betriebsrat als Ordnungsfaktor in den Betrieb eingebaut, zumindest sollte —"

Helmut Krämer: „— wir hatten doch nach dem Krieg durch unsre Stärke als Arbeitnehmer, als Gewerkschaften, die Chance, damals schon die Mitbestimmung durchzuführen. Da ist ja nachher nur die Montan-Mitbestimmung daraus umgewandelt worden. Aber da hat echt der gewerkschaftliche Kreis, der gewerkschaftliche Raum versagt ... Wir hatten echt ne Macht in dem Betrieb, aber die Macht ist von den Arbeitgebern praktisch so geschickt umgewandelt worden, indem daß man die einzelnen Köpfe teilweise gekauft hat. Ich kann da so viele Beispiele bringen von Leuten, die alle sehr gut zurande gekommen sind. Das ist nicht mehr zu vergleichen mit den letzten 20 Jahren. Das war der große Mangel damals gewesen, daß wir als Gewerkschafter oder als Gewerkschaften insgesamt nicht die qualifizierten, gebildeten Leute hatten, die bereit und in der Lage gewesen wären, mitzubestimmen in den Gremien. Das war das große Handicap. Zum Beispiel der W., er wurde nachher Betriebsleiter dadurch, daß — wie gesagt: das fing mit dem Betriebsrat an und nachher waren ja dann alle avanciert, die Herren. Das eine war mein Vorgänger, Lagerverwalter, der andere war (Meister) — der einzigste, der nicht avanciert war, war sein (Oppelns) Onkel. Der war Berufsbetriebsrat."

Interviewer: „Wie — und die anderen sind in die Leitung des Betriebes —?"

Helmut Krämer: „— ja, wollen mal sagen, mit in die führenden Stellungen gekommen. W. war praktisch Gießereileiter. Wir könnten Ihnen ein gutes Buch schreiben, kann ich Ihnen sagen." (Beide lachen.)

Interviewer: „War der Betrieb hier ein Rüstungsbetrieb gewesen?" Emil Oppeln: „Im Krieg haben sie hier Granaten gemacht. 1945 war der Direktor interniert und wir waren ein kriegswichtiger Betrieb. (Deshalb hatte der Betrieb zeitweilig Produktionsverbot — Pl.) Und dann sind unsere Kumpels zu den Alliierten gefahren und haben erstmal gesehen, daß sie die Genehmigung zur Weiterführung des Betriebes kriegten. Da stelle ich mir die Frage: wem gehört der Betrieb denn? Der gehört heute dem X. (Alle lachen.) Wie ist die Zeit, Helmut, über uns weggerollt! Aber Du sagst schon selber, Helmut, die Kumpels hatten die Schüppe in der Hand, dann sind sie dran gegangen. Und heute sind wir so qualifiziert und müssen uns mit Rechtsfragen rumschlagen. Damit ist das beschrieben, was Helmut sagt: die hatten damals die Macht."

Helmut Krämer: „Ich könnte mir vorstellen, wenn bei unserem heutigen Wissen und Kenntnisstand der Besitzer dann käme und würde sagen: ,Wie ist das, jetzt übernehme ich wieder', würden wir sagen: ,Nu, so geht das ja mal nicht. Jetzt müssen erstmal bestimmte Bedingungen her. Wir haben dafür gesorgt, daß Du Deinen Laden hier kriegst.'"

Emil Oppeln liest aus einer alten Betriebsratsakte von 1946 vor: „,Montag, den 16. Februar, 14 Uhr Versammlung für sämtliche Jugendliche. Ursache: Wahl der Jugendvertretung'. Ich kann praktisch sagen: Unsere Kumpels (von den Betriebsräten) waren auch eine der Keimzellen, daß diese Dinger alle gesetzlich oder tarifvertraglich ausgehandelt wurden."[138]

Helmut Krämer — Emil Oppelns Lebensgeschichte ist im Abschnitt I,2 c nachzulesen — wurde 1923 im Ruhrgebiet geboren. „Der Vater war irgendwie parteilos. Ich wüßte nicht, daß er sich parteipolitisch betätigt hat. Katholik. Regelmäßiger Kirchgänger so in etwa. Was heißt regelmäßig. Er dachte schon ein bißchen freier. Er war auch nicht so in der Erziehung, daß er auf alle Dinge so hundertprozentig Wert legte. Der war schon so ein bißchen demokratischer eingestellt. Das war ein gelernter Dreher, ist aber später beim städtischen Dienst gewesen und hat da als Hausmeister eine Beamtentätigkeit gehabt. Das ist praktisch das Elternhaus gewesen." Interviewer: „Und ihre Mutter?" „Ja, die kam aus einer Bergmannsfamilie, wie das hier so üblich war. Mein Großvater hat hier schon (gearbeitet); wir sind ja praktisch hier Ureingesessene." Auf die erneute Frage nach der Mutter und ihrem Beruf vor der Ehe, antwortet Helmut Krämer: „Ja, die war im Haushalt und später als Büglerin. Das war ja ein direkter Beruf." Interviewer: „Und das hat sie dann aufgehört, als Ihre Eltern geheiratet haben?" Antwort: „Ja, die hat dann nicht mehr gearbeitet." Die Mutter war auch katholisch: „Och, Gott — katholisch. Die hielten sich an die Geschichte und dann war die Sache klar. Ich persönlich habe mich ja etwas mehr engagiert nachher, auch im Katholischen Jugendverband, habe auch zig lange Jahre den Chor hier mit aufgebaut und war dessen Vorsitzender usw." Helmut Krämer besuchte zunächst die katholische Volksschule. Mit der HJ hatte er nicht viel im Sinn. „Ich bin sogar einer derjenigen gewesen, der in die Pflicht-HJ rein mußte. Also damals war ja schon der Staatsjugendtag — alles mußte beim Adolf in den Jugendverbänden drin sein, sonst kriegte der überhaupt keine Lehrstelle. Wir waren damals, kann man sagen, so ein harter Kern. Durch die Erziehung war das nationalsozialistische Denken, das totalitäre Denken, was da so an den Tag gelegt wurde, war nicht unser Fall. Ich bin auch einer der wenigen gewesen, die samstags noch zur Schule gingen, wo der Staatsjugendtag war. Da marschierten wir mit dem Lehrer los und machten da oben auf dem Berg so Handgranatenübungen. Pappkameraden hatten wir gehabt. Nee, nee, da war ich nicht für zu haben. Die Lehrer haben uns das natürlich spüren lassen. Die wollten ja auch gerne zu Hause bleiben. Da mußten die für uns paar Männekes (kommen), das war so eine Klasse für sich, das waren so die gleichen Jugendlichen. Aus welchen Gründen auch immer, das kann ich heute gar nicht mehr sagen, waren wir nicht für diese HJ-Geschichten zu haben — Antreten und da Circus machen. Nachher mußten wir ja." Helmut ging dann in die Flieger-HJ. Über einen Onkel bekam Helmut Krämer eine Lehre als Schlosser in dem Betrieb, in dem er auch heute noch arbeitet. „Der Onkel ist 52 Jahre hier gewesen, hat gearbeitet. Der hat noch über das 65. Lebensjahr hinaus gearbeitet. War immer ein Spitzendreher hier gewesen, nachher auch Vorarbeiter . . . Damals war das so: Da waren ja Lehrstellen sehr, sehr schwer zu bekommen. Und wenn Sie einen Lehrvertrag haben wollten, mußten Sie erst ein Jahr als Laufjunge gehen, d. h. Kaffee holen für die Handwerker, für die Gesellen rumspringen und Hilfsarbeiten leisten." So fing die wirkliche Lehre erst 1938 an und dauerte dann noch dreieinhalb Jahre. „Und dann habe ich hier ein gutes halbes Jahr als Handwerker, als Geselle gearbeitet und bin dann zum Militärdienst eingezogen, verpflichtet worden, an die Front gekommen und im letzten Kriegsjahr verwundet worden. In Rußland war ich kurz vor Stalingrad, wo die eingekesselt waren, und dann war ich nachher von Rußland aus nach Frankreich gekommen zur Normandie und von da aus später nach Italien. Bei Bologna bin ich dann verwundet worden. Und dann hab ich über ein Jahr im Lazarett gelegen, bin dann entlassen worden Ende '45. Und im Juli 1946 bin ich dann hier praktisch als schwer Körperbehinderter angefangen. Konnte allerdings in meinem Beruf die Arbeit nicht mehr ausführen. Ich wollte die Meisterprüfung und alles machen, aber das war ja nicht mehr gegeben, weil ich durch die Körperbehinderung nicht mehr in der Lage war, schwere handwerkliche Dinge zu tun."

Wegen seiner Aktivitäten im Katholischen Jugendverband und im Kirchenchor kam Helmut Krämer, der 1952 in den Betriebsrat gewählt wurde, in Berührung mit der CDU, die er zunächst auch wählte: „Ich singe sehr gerne, bin in mehreren Männerchören. Aber da wollte man mich ja auch immer für bestimmte Dinge (für die CDU) gewinnen, aber da hab ich mich nie engagiert." Schließlich hörte die CDU auf, Helmut Krämer zu umwerben, weil er „zu sehr bekannt war als Betriebsrat. Und da ist man ja in dem Raum auch schon rot, verstehen Sie, von der schwarzen Sicht . . . Meine, sagen wir mal, SPD-Neigung entstand ja erst viel später, als ich mich gewerkschaftlich interessierte. Und dann kam das Sozialkritische dabei und das Ungerechte. Dadurch kam die Tendenz zu sagen: ‚Du setzt Dich für die Kumpels ein, versuchst es jedenfalls'." Interviewer: „Das hätten Sie ja nun auch als Christ?" Helmut Krämer: „Ja, hätte ich gekonnt. Aber da hatte ich nicht die Möglichkeit in dem Sinne. Die Schulungen, die ich dazu notwendig hatte und die ich auch hinter mich gebracht (habe), die wurden ja auf der Gewerkschaftsseite geboten, trotzdem man mir Angebote gemacht hat auch auf christlicher Seite. Und da hab ich mich, weil ich ja nun hier (im Betrieb) engagiert war, nicht für interessiert. Im Gegenteil, ich hab immer gesagt: ‚Ich bin IG Metall-Mitglied, und ich bin als solches gewerkschaftlich tätig. Und für mich sind die weltanschaulichen und auch die politischen Dinge im Betrieb zunächst einmal in zweiter Linie zu sehen. Erstmal kommt die gewerkschaftliche und die betriebliche Arbeit'." (. . .)

Interviewer: „Aber wenn Sie vorher in der katholischen Jugend waren, haben Sie nach '45 nicht . . .?"
Krämer: „. . . nein, das war für mich dann nachher son bißchen vorbei, trotzdem man damals versuchte — das Zentrum war ja noch da nach dem Krieg und auch die CDU —, mich ein bißchen (zu ködern), weil die mich kannten. Da habe ich ganz abrupt gesagt: ‚Ich interessiere mich für betriebsmäßige Dinge'." (. . .)
Interviewer: „Sie hatten zu der Zeit mit Politik nicht viel am Hut?"
Krämer: „Nee, nichts am Hut gehabt. Ich hätte da vielleicht Chancen gehabt, mich zu engagieren. Ich war mehr auf gewerkschaftlicher Basis. Und hab dann auch mehr versucht, das überparteilich zu sehen hier auf dem gewerkschaftlichen Sektor. Und neigte natürlich auf Grund der ganzen Bildungslehrgänge, die ich bei der IG Metall mitgemacht hab, dazu, mich als SPD-Wahlmann zu etablieren." Helmut Krämer heiratete 1950. Seit den siebziger Jahren kämpft er als Betriebsrat gegen die Stillegung der Firma und hat für die 75% der früheren Kollegen, die entlassen wurden, Sozialpläne mit ausgearbeitet. 1982 ging er selbst vorzeitig in Rente.

Helmut Krämer ist ein Paradebeispiel für jene aktiven Christen unter den Interviewpartnern, die über ihr Engagement im Betriebsrat und in der Einheitsgewerkschaft zur SPD wechselten. In seinem Bericht wird deutlich, daß er sich wegen dieses Wechsels gegen jede *Partei*politik auf Betriebsebene wandte. Betriebsratspolitik — das war für ihn, der gewerkschaftlich organisierter Leiter eines katholischen Männerchors war, soziale Interessenvertretung über die Parteigrenzen hinweg und von den Parteien deutlich abgesetzt. Wäre es anders, hätte er sich entweder mit seinen katholischen Gesangsgenossen oder aber mit seinen sozialdemokratischen Betriebsratskollegen angelegt. Außerdem hätten parteipolitische Spaltungen im Betriebsrat bei relativer Stärke der SPD seine Möglichkeiten in der Betriebspolitik geschwächt.

Seine Diskussion mit Emil Oppeln über den Weg zum Betriebsverfassungsgesetz zeigt, daß beide diese Entwicklung als Gang in die Niederlage beschreiben. Diese Niederlage ist aber keineswegs eindeutig: Sie signalisierte zugleich Fortschritt und erweiterte Durchsetzungsmöglichkeiten für SPD und Betriebsrat. Diese Ambivalenz der Niederlage im Nachkriegsdeutschland wird schon in einigen Beschreibungen des Zusammenbruchs spürbar, etwa wenn die Zerstörungen, das niedrige Lohnniveau und der Aufbauwille als Vorbedingungen für den späteren ökonomischen Aufstieg geschildert werden. Sehr deutlich wird diese Ambivalenz in der Beschreibung der Währungsreform.

Die Währungsreform, bei fast allen Befragten als wichtiger Einschnitt in Erinnerung, wurde zunächst als Ungerechtigkeit empfunden, weil es plötzlich Waren gab, die man zuvor zurückgehalten hatte und vor allem deshalb, weil Leute mit Waren, Immobilien, Fabriken und Aktienkapital ihre Werte behielten, während die, die nur kleine Sparguthaben hatten, plötzlich mit 40 Mark in den Händen vor dem Nichts standen. Die Geschichten darüber, was man mit den 40 Mark anfing, haben manchmal etwas Tragikomisches, das die Nichtigkeit oder Absurdität dieser Einzelsumme deutlich machen soll.

Frau Gehrmann: „Da kriegten wir also jeder unser Startkapital von 40 D-Mark in die Hand gedrückt und am nächsten Tag, als wir alle vierzig Mark hatten, waren die Schaufenster voll. Da gabs wieder alles. Wo das Zeug, wo die Waren herkamen — ich weiß es nicht. Es gab alles. Von einem Tag zum anderen. Das ist also für mich immer noch unerklärlich." Interviewer: „Meinen Sie, daß es die schon vorher gab und nur zurückgehalten wurden?" Gerda Gehrmann: „Ja, sicher!" Interviewer: „Und was konnten Sie damit anfangen?" — „Mit 40 Mark? Was hab ich mir da gekauft? Von diesen 40 Mark habe ich mir als erstes einen Unterrock gekauft. Das weiß ich noch. Da hatte ich noch ein grauenvolles Pech mit diesem berühmten Unterrock: Ich hatte ein viertel Jahr vorher von einem Freund aus Bayern einen jungen Hund geschenkt gekriegt, einen Fox. Wir hatten selbst nichts zu essen, aber den Hund haben wir auch noch durchgebracht. Na, jedenfalls, der war ein viertel Jahr alt und dieser Unterrock war mein ganzer Stolz. Ich gehe in die Badewanne am Sonntagmorgen und hab den neuen Unterrock in meinem Schlafzimmer — oder ich schlief im Wohnzimmer damals — zurechtgelegt und freute mich in der Badewanne, daß ich nun gleich den neuen Unterrock anziehen konnte. Und auf einmal — ich trete aus dem Badezimmer, da hatte der Hund so seltsame Fäden im Mund hängen (lacht). Ich denk, was ist denn jetzt los. Der zerbiß sowieso alles. Und ich komme an meinen zusammengefalteten Unterrock, da hatte der sich also durchgebissen, durch alle Falten durchgebissen. Das war also schlimm. Ich hätte den erwürgen können."[139]

Und Klaus Gerber antwortet auf die Frage, wann die Verhältnisse wieder „normal" wurden, mit einer Geschichte zur Währungsreform. „Normal wurden sie — ich würde sagen fast normal am Tag der Währungsreform; da haben wir am Wochenende ein Zeltlager gemacht. Und am Währungsstichtag, das war der Sonntag, da mußten wir extra wieder in die Stadt kommen, um diese 40 DM Kopfgeld, wie sie damals genannt wurden, einzutauschen. Und wie wir am Abend zurückkamen, da hatten wir auch eine Gaststätte, da konnte man am gleichen Tag Wein kaufen. Vorher gab es nur Trockenbier, jetzt war sofort Wein da. Da haben wir zusammengeschmissen und uns eine Flasche Wein gekauft, für 3 Mark 50 oder was sie gekostet hat. Und am Montag, das war das Erstaunliche, waren wieder Waren angeboten, die vorher überhaupt nicht auf dem Markt waren . . . was also vorher irgendwo in finstere Kanäle verschwand. Aber nachdem wieder eine vernünftige, stabile Währung da war, war alles wieder kaufbar. War für uns als junge Leute, damals war ich siebzehn Jahr alt, völlig unbegreifbar . . . Ich hab das damals gar nicht so sehr in Verbindung mit dem Staat gesehen, sondern mehr so, daß diejenigen, die Sachmittel besaßen, also zurückhielten, weil mit dem Geld nicht viel anzufangen war . . . Das war mehr so ein Gefühl gegenüber den Kapitalisten, die jetzt da wieder sichtbar bereit waren, also ein Gefühl der Erbitterung."[140]

Trotz alledem — nach der Währungsreform ging es allgemein und persönlich ökonomisch bergauf. „Die Währung", die klingende neue DeEm, scheint im kollektiven Gedächtnis der Bundesrepublik die Totenglocke gewesen zu sein, die Chaos und Schwarzmarkt zum Friedhof der Nachkriegszeit geleitete, aber zugleich die Auferstehung eines selten erlebten „normalen Lebens" einläutete. Diese normale Zeit begann zwar mit Betrug, der aber immerhin *Perspektive* für die Betrogenen wies — zumindest in der Retrospektive. (Ähnlich schien es schon 1933 gewesen zu sein, als die unvergleichlich schärfere Niederlage das „Wirtschaftswunder" der dreißiger Jahre brachte).[141] Daß es gerade „die Währung" war, die den Startschuß gab, sagt schon etwas über den kommenden Weg: er war zwar steinig, führte aber zu den Höhen eines nie erlebten Lebensstandards. „Der Verlierer geht nicht leer aus" scheint eine Lehre aus dieser Erfahrung mit ambivalenten Niederlagen gewesen zu sein ebenso wie die Zusammenfassung „Hinterher merkt man, daß es richtig war, daß es schiefgegangen ist" — der Titel des zweiten Ergebnisbandes des Forschungsprojekts.

Seit der Währungsreform standen diese Betriebsräte vor der für sie schwierigen Situation, daß es zwar ökonomisch bergauf ging, aber politisch anders als von ihnen gewünscht lief. So erzählt Konrad Vogel, der bereits 1946 gewerkschaftlich aktiv war:

„Zur Gründung der Bundesrepublik haben wir natürlich diskutiert, da haben wir ja alle so euphorisch gesagt: ‚Das ist doch ganz klar, die Sozialdemokraten und die Kommunisten machen da im Bundestag einen Durchmarsch.‘ Wir jungen Leute waren da sofort der Meinung, daß das eine Regierung der Sozialisten wird, obwohl da schon Schumacher gesagt hat, mit den Kommunisten gibt es kein Zusammengehen . . . Und 1949 und 1953 hat sich eine Bevölkerungsmehrheit für einen konservativen Kurs entschieden. Ja, das war einfach nicht drin. Hier war die Zeit nicht reif für die damalige Zeit, daß man da so eine Wahl gewinnen konnte. Das waren schwere, schwere Zeiten."[142]

Daß die Kommunisten so schlecht abschnitten, führt Konrad Vogel wie viele andere darauf zurück, daß man sie mit der KPdSU identifizierte, daß bei den Jüngeren die antibolschewistische Propaganda der Nationalsozialisten wirkte (das erklären auch die Jüngeren für sich selbst), daß man im Krieg ja die Zustände in Rußland erlebt hatte, daß man die Amerikaner mit ihrem lässigen Chic, hoher Technik, Care-Paketen und Marshallplan-Hilfe positiv erfuhr und schließlich, daß man die KPD der *Form* nach mit der NSDAP hat vergleichen können. Die Altaktiven, die in den ersten Jahren der Nachkriegszeit mit Kommunisten ohne größere Probleme zusammengearbeitet hatten, führen gegen die Kommunisten zusätzlich ihre Erfahrungen aus der Endphase der Weimarer Republik oder den Hitler-Stalin-Pakt an.

Werner Jabel — 1919 geboren und damit zwischen den Generationen stehend — entschied sich gegen die KPD, „weil die Frage der politischen Freizügigkeit stand. Denn wir haben ja alle das Tausendjährige Reich erlebt und wir wußten, mit welchen drakonischen Maßnahmen die Parteiführung der SED und damit teilweise auch im FDGB, die Massen wieder — sagen wir mal — unter Kontrolle hielt. Das widersprach unserer demokratischen Auffassung. Sie müssen ja davon ausgehen, wir hatten das Tausendjährige Reich, wo wir uns nicht bewegen konnten, ja nun hinter uns gebracht. Im Tausendjährigen Reich spielte auch eine Rolle, daß der Arbeitnehmer seinen Arbeitsplatz nicht freiwillig wechseln konnte. Der mußte ja eine entsprechende Bescheinigung haben vom Arbeitgeber und vom Arbeitsamt, damit er überhaupt einen Arbeitsplatzwechsel vornehmen konnte. Und die gleichen Dinge, wie wir sie im Tausendjährigen Reich hatten, erzählten die Kollegen, die aus der DDR, damals Sowjetische Besatzungszone, kamen, von drüben. Die konnten ihren Wohnort nicht beliebig nach eigenem Ermessen wechseln; sie konnten darüber hinaus auch ihren Arbeitsplatz nicht wechseln. Ja, und das sprach sich doch rum. Denn zu der damaligen Zeit kamen ja hier in die Betriebe eine ganze Menge, Ende der vierziger/Anfang der fünfziger Jahre. Nachdem die Währungsreform hier abgelaufen ist und einige Verhältnisse sich verbessert hatten, war natürlich der Zugzwang, von drüben herüber zu kommen, der wuchs ja von Jahr zu Jahr. Und da war immer wieder die Frage bei den Gesprächen, ich weiß das aus Einstellungsgesprächen, wenn da wieder mehrere bei uns nachfragten: ‚Können wir hier bei Euch eine Beschäftigung aufnehmen?‘ Und da hat man gefragt:

,Aus welchem Grunde seid Ihr türmen gegangen da drüben?' Und dann spielten diese Fragen der Eingrenzung der persönlichen Freiheiten, die spielten immer eine Rolle. Und daß sie auch teilweise von einem Betrieb in den anderen einfach reingeschickt wurden, obwohl sie da gar nicht arbeiten wollten. Sie konnten sich aber dieser Art Dienstverpflichtung nicht entziehen. Wir hatten die Abschaffung der persönlichen Arbeitsbeschränkungen hinter uns gebracht und jetzt, jetzt gab es da drüben eine Zone, wo all die Dinge weiter Bestand hatten, wie wir das vorher hier über uns ergehen lassen mußten. Das war dann doch eine Unmöglichkeit, jetzt zu einer (solchen) politischen oder gewerkschaftlichen Richtung Ja zu sagen."[143]

Die Interviews machen deutlich, daß die Totalitarismus-Theorie („rot gleich braun") eine Basis bei Teilen der Arbeiterklasse besaß — aufgrund ihrer Erfahrungen mit dem Nationalsozialismus. Die Systemkonkurrenz zwischen DDR und BRD fand sowohl auf der Ebene der Ökonomie und des Lebensstandards wie auch auf der Ebene der persönlichen Freiheiten ihr Feld; dabei spielte die Organisierung des persönlichen Lebens eine erhebliche Rolle: Man hatte von Überorganisierung, von persönlichen Zwängen, Aufmärschen, Uniformen vor allem für die Jugendlichen genug. Und nun hörte man von Flüchtlingen, daß es in der SBZ bzw. DDR ähnliche Formen der Massenorganisierung gab und daß die KPD in ihrer Struktur für diese Menschen Vergleichbares aufwies. Diese Formen waren jedoch entscheidend gewesen in der Erfahrung der einzelnen. Deshalb hatten es Kommunisten schwer, die nahezu ausschließlich von ihrer antifaschistischen Gegnerschaft her argumentierten und dabei nicht verstanden, welche Bedeutung diese Formen für die Beteiligten hatten und welche negativen Seiten die streng hierarchische Organisierung hervorrufen könnten.[144]

Solche Erfahrungen dürften auch neben dem ökonomischen Fortschritt Bedeutung gehabt haben für die Haltung dieser politisch Aktiven aller Altersgruppen zur Spaltung Deutschlands. Für die meisten scheint sie in ihrer betrieblichen und gewerkschaftlichen Arbeit, die für sie vorrangig war, ohne größere Bedeutung gewesen zu sein. Einige wenige erinnern sich, daß damals die SPD Schumachers gegen die Teilung Deutschlands eingetreten sei. Andere argumentieren damit, daß die Alliierten die Spaltung bereits am Ende des Krieges beschlossen hätten und „daß wir da gar nichts machen konnten". Allerdings setzten sich einige wenige sogar selbst für die Einheit beider deutscher Staaten ein, wie Konrad Vogel, der mit der Spaltung Deutschlands eine weitere Niederlage hinnehmen mußte.

„Und dann kommt wieder so ein Einschnitt 1952, ich weiß das Datum nicht mehr ganz genau: Da hat der Stalin das Ultimatum mit der gesamtdeutschen Frage gestellt, wo er gesagt hat, daß Deutschland, daß das deutsche Volk zusammen bleibt, wenn es in keinen Pakt rein geht. Das hat erst der Heinemann im Bundestag aufgedeckt. Da haben wir gesagt jawohl ... Da habe ich sogar Unterschriften für gesammelt."[145]

Wichtiger für die betriebliche und gewerkschaftliche Arbeit wurde die Einführung der Montanmitbestimmung im Frühjahr 1951. Für die Betriebsräte des Bergbaus hatte sie konkrete Bedeutung für den Betrieb wie für die eigene Person (vgl. dazu den Lebensbericht Erwin Fennes in Abschnitt IV, 1), während die Funktionäre aus dem Metallbereich die Montanmitbestimmung eher als Ziel für die eigene Branche betrachteten.

Ungefähr ein Jahr danach erlebten Herr Vogel und andere damals aktive Interviewpartner erneut eine politische Niederlage mit dem Betriebsverfassungsgesetz, das ihre Tätigkeit einschränkte, bisher selbstverständlich wahrgenommene Rechte abschaffte, die Betriebsräte zur vertrauensvollen Zusammenarbeit mit der Geschäftsleitung, zum Betriebsfrieden und zu Stillschweigen über betriebliche Angelegenheiten verpflichtete, aber nur wenige neue Möglichkeiten (vor allem im Wirtschaftsausschuß auf der „Unterrichtungsebene") enthielt und Rechte festschrieb. Damit ging vor allem für die ersten Betriebsräte der Nachkriegszeit die Ära ihrer großen Möglichkeiten zu Ende. Nun fühlten sie sich doppelt gebunden: an das Interesse der Firma und an das Interesse der Belegschaften. Die Erfahrung mit dem Betriebsverfassungsgesetz (BVG) von 1952 wird widersprüchlich geschildert; auf der einen Seite begrüßten einige die nun legalisierten Rechte des Betriebsrates, auf der anderen Seite stellten viele fest, welche positiven Möglichkeiten das Alliierte Kontrollrats-Gesetz enthalten hatte gerade deshalb, weil es so wenig festschrieb. Die einen sahen daher mit dem BVG eine neue Zeit der Rechtssicherheit heraufziehen, die das Ende der „Kartoffelbetriebsratszeit" brachte, die anderen, wie Emil Oppeln und Helmut Krämer, verstanden die Verabschiedung des BVG als Sieg des Kapitals: Durch das BVG sollten sie selbst als Ordnungsfaktor für die einseitigen Interessen des Betriebs innerhalb der Belegschaft eingesetzt werden.

So schimpft Ernst Stecker, einer der Betriebsräte der „ersten Stunde":

„Das Betriebsverfassungsgesetz war Scheiße. Das machte alles kaputt, was wir gemacht hatten. Wo gibt es denn Mitbestimmung nach dem Betriebsverfassungsgesetz? Nur Anhörungen. Die Chefs wurden auch andere Menschen, nämlich Herren. Ich war dann in der Mitte drin zwischen Belegschaft und Geschäftsleitung."[146]

Konrad Vogel, einer der wenigen damals jungen Aktiven unter den Befragten, faßt seine Erfahrungen mit der Einführung des Betriebsverfassungsgesetzes zusammen:

„Unter dem Alliierten-Kontrollrats-Gesetz war es überhaupt kein Problem gewesen, als Jugendvertreter z. B. für Schulungen frei zu bekommen. Das wurde schlagartig anders, als das Betriebsverfassungsgesetz in Kraft getreten ist . . . Da merkte man sofort die Unterschiede. Da wurde genau gefragt: 'Warum? Wohin? Weswegen?' und und und. Ich habe sofort die schwächere Position als Jugendvertreter gespürt und gemerkt, die Arbeitgeber waren wieder ganz stark. Die haben die Dinge nicht mehr so einfach hingenommen. Man konnte nicht mehr einfach auf Schulungen oder zur Gewerkschaft gehen. Das wurde erst wieder anders, später mit der Novellierung des Betriebsverfassungsgesetzes in den siebziger Jahren."[147]

Anders als diese beiden Interviewpartner oder Emil Oppeln und Helmut Krämer haben andere das Betriebsverfassungsgesetz begrüßt, vor allem deshalb, weil man annahm, es schaffe die Rechtsunsicherheit ab und bringe Schutz vor Willkürmaßnahmen.

„Sie (die kommunistischen Betriebsräte) haben in den ersten Monaten nach dem Krieg, das war meine Überzeugung, eine sehr gute Arbeit für die Belegschaften geleistet. Das war nicht immer so, denn es gehörte hinterher . . . doch ein bißchen mehr dazu, eine Belegschaft entsprechend der gesetzlichen Regelung des Betriebsverfassungsgesetzes und des Mitbestimmungsgesetzes zu führen . . . Ich hab dann nur versucht, nach dem ganz genauen Recht, nach dem Betriebsverfassungsgesetz, nach der Montanmitbestimmung mich zu verhalten."[148]

Und Werner Jabel beschreibt die Entwicklung zu seiner positiven Einschätzung des BVG folgendermaßen:

„Es gab einen Gesamtbetriebsrat nicht. Wir konnten am Anfang noch nichtmals als Betriebsräte die damaligen Besatzungszonen überschreiten. Und all das, was wir machen mußten, war eigentlich illegal. Die Hauptverwaltung war in M. (in einer anderen Zone), und in Nordrhein-Westfalen hatten wir vier große Betriebseinheiten. Und wir kamen also auf der Diskussionsseite mit dem Unternehmensvorstand nicht zurande. Und erst durch das Betriebsverfassungsgesetz wurde die Gründung eines Gesamtbetriebsrats möglich. Wir hatten vorher einen sogenannten Sechser-Ausschuß. (Darin waren die verschiedenen Betriebe aus den einzelnen Zonen vertreten.) Wir kamen auf der freiwilligen Ebene mit der Unternehmensleitung zusammen. Alle Beschlüsse, die notwendig gewesen wären, konnten nicht gefaßt werden, weil einfach die gesetzliche Möglichkeit dazu nicht vorhanden war. Und im Jahre 1953, nachdem das Betriebsverfassungsgesetz '52 in Kraft getreten war, ging die eigentliche Arbeit nach der Betriebsratswahl '53 los, hatten wir dann einen Gesamtbetriebsrat und konnten im Rahmen dieser Gesamtbetriebsratssitzung beispielsweise auf dem Sektor der Sozialbetreuung eine Sozialordnung abfassen für den gesamten Konzern." Interviewer: „Also in dieser Hinsicht begreifen Sie das Betriebsverfassungsgesetz von '52, wenn ich Sie richtig verstehe, als einen Fortschritt."
Werner Jabel: „Für die größeren Unternehmen, die über das gesamte Bundesgebiet tätig sind: ja."[149]

So wurde das Betriebsverfassungsgesetz von 1952 zu einem Einschnitt sowohl für seine Befürworter wie für seine Gegner. Ein neues Vertretungsmodell entstand: die gesetzlich fixierte Zwischenposition des Betriebsrats zwischen „Arbeitgeber" und „Arbeitnehmer". Von nun an wurde für die Arbeit der Betriebsräte weniger ihre Kampfbereitschaft oder die der Belegschaft entscheidend, sondern die gekonnte gesetzliche Ausnutzung ihrer Position; nicht mehr die Zusammenarbeit zwischen Betriebsrat und Belegschaften für gemeinsame Arbeitskämpfe war per Gesetz wesentlich, sondern die vertrauensvolle Zusammenarbeit mit den Unternehmern. Gerade die Notwendigkeit, als Betriebsräte zusammen mit den Kollegen zu kämpfen, war jedoch eine der Voraussetzungen für die Durchsetzung weitgehender Betriebsvereinbarungen 1946 bis 1948 gewesen. Wer nun als Betriebsrat zu gemeinsamen Kämpfen mit den Betriebsangehörigen aufrief, machte sich strafbar. Trotz vieler widersprüchlicher Tendenzen scheint es so, als ob die alten Betriebsräte, die in den nächsten Jahren noch die Mehrheit stellten, die alten Kommunisten und die Betriebsräte auf der einzelnen Firmenebene, gegen dieses neue Modell waren, während es die Betriebsfunktionäre auf den „höheren" Konzernebenen und die meisten jüngeren, vorher eher unpolitischen Befragten begrüßten. In einigen Betrieben folgte mit dem neuen BVG ein miteinander verknüpfter politischer und generationeller Wechsel: Ältere Betriebsräte — oft auch kommunistische — wurden zu ihrem tiefen Ärger durch jüngere abgelöst, die sie noch als HJler „mit Schwertern" gesehen hatten.

Diese Jüngeren entwickelten dann aber eher als die älteren Sozialdemokraten überbetriebliche politische Vorstellungen, z. B. des Kampfes um verbesserte Mitbestimmung oder Chancengleichheit in einem als neutral begriffenen Staat, der bei wachsender Stärke der Sozialdemokratie und der Gewerkschaften gesetzliche Verbesserungen durchsetzen sollte. Im Gegensatz dazu waren es mehr die Älteren, die sozialpartnerschaftlich betriebsbezogen dachten: „Was für den Betrieb gut ist, nützt auch der Belegschaft" (Erich Berger). Aber gleichzeitig waren sie es, die ihrer früheren Sozialisation entsprechend eine allgemeine — für ihre Betriebspolitik jedoch fast folgenlose — Kritik am kapitalistischen Klassenstaat formulierten.

Vor diesem Hintergrund wird auch die gegenseitige Kritik verständlich, die die verschiedenen Altersgruppen aneinander üben. Vorweggeschickt werden muß allerdings, daß die Altaktiven zumeist von den Jüngeren als Vorbilder gelobt werden. Einige der Älteren kritisieren an den Jüngeren, daß diese nicht wie sie für ihre politischen Überzeugungen haben geradestehen müssen, daß in der jüngeren Generation der „Idealismus" fehlt, daß zuviel von Spesen und persönlichem Vorteil die Rede ist.

Umgekehrt kritisieren viele Jüngere an den Älteren ganz ähnlich, daß sie sich wie selbstherrliche Patriarchen auf ihren Nachkriegsposten verhalten hätten:

> „Zum Teil waren es ja ganz gute Kollegen, aber andersherum waren sie doch nachher auch ein bißchen Ich-Menschen, die an sich persönlich dachten."[150]

Diese Kritik wird vermischt mit einer weitergehenden: Von einigen Jüngeren werden die Älteren auch deshalb kritisiert, weil sie die Chancen der ersten Nachkriegszeit versäumt hätten. Die patriarchalische Haltung älterer Betriebsräte wird besonders für die Zeit nach dem Betriebsverfassungsgesetz von 1952 von Jüngeren als Anachronismus gesehen:

> „Die lebten also noch von nach 1945, als man hier (im Betrieb) Schuhe verkauft hat, als man Schokolade verkauft hat, als man hier billige Butter oder was weiß ich angeboten hat. Für meine Begriffe lebten die aus der Illusion noch, das müßte alles so weitergehen, obwohl jetzt echt schon ein Fortschritt da war: Nach 1952 z. B. hatten wir das neue Betriebsverfassungsgesetz, das zwar nicht unseren Vorstellungen entsprach, genau wie das '72er nicht, aber wir hatten damals als junge Menschen nicht nur den Eindruck, sondern es war tatsächlich so, daß die vorhandenen Gesetze (von den alten Betriebsräten) zu wenig ausgeschöpft wurden."[151]

Das war aber die Hauptarbeit im neuen Vertretungsmodell. Anschaulich beschreibt Werner Jabel die unterschiedlichen Wirkungen der Mitbestimmungs-Arbeit auf die verschiedenen Generationen in einer Episode über die erste Sitzung des Wirtschaftsausschusses:

> „Ich will mal aus den ersten Sitzungen eine Episode darstellen. Wir hatten die Sitzung im Wirtschaftsausschuß mit der Unternehmensleitung. Und die Unternehmensleitung (war) vertreten durch ihren Sprecher. Der Sprecher war gleichzeitig auch der Finanzminister des Betriebes. Der kam mit einem Teewagen... mit einem Aktenwagen voll Akten. Der hat dann die Sitzung eröffnet... Er hat sich entschuldigt, daß er nicht alle Zahlen im Kopf haben kann, er aber das ganze Unternehmen auf dem Teewagen mitgebracht hätte. Und wir sollten also Fragen stellen. Und jetzt standen wir zunächst wie der Ochs vorm Berg da und konnten natürlich mit einer solchen Anforderung aus dem Stegreif nicht ohne weiteres fertig werden. Der hat dann gesagt, nein, er hätte ja Verständnis dafür, wir würden ja die ersten Gehversuche auf dem Gebiet machen. Er hat dann die Akten verteilt und da standen dann sechs- und achtstellige Zahlen und alles war aus den Kontenrahmenplänen aufgeführt. Die einzelnen Konten las er vor und hat uns dann gefragt, ob wir Fragen dazu hätten. Wir waren also so schockiert, daß wir zunächst einmal versuchten, uns dieser ganzen Verpflichtung zu entledigen und haben dann — ich würde mal sagen — eine Geschäftsordnungsdebatte geführt, um die zweieinhalb Stunden, die wir jetzt mit diesem Zahlenmaterial zu verbringen hatten, auch einigermaßen in Anstand über die Runden zu bringen."

Nach dieser Blamage fuhr Herr Jabel mit dem Motorrad zum Vorstand der IG Metall und berichtete dort „von diesem Mißgeschick". Dort kam man überein, für die Mitglieder des Wirtschaftsausschusses Kurse in Betriebswirtschaft zu planen.

> „Denn wir kannten ja von der Betriebswirtschaft nichts. Auf der damaligen Sozialakademie in Dortmund beim Professor Nölting sind dann Sonderlehrgänge eingerichtet worden, wo uns die Betriebswirtschaft näher gebracht wurde. Und während dieser Zeit hat mein Vater immer wieder gesagt: ‚Ich versteh dat nicht. Wat soll der ganze Quatsch? Die wollen Euch bloß zu Kapitalisten machen. Daß die Gewerkschaftsbewegung mitmacht. Wir haben früher die Hemdsärmel aufgekrempelt und notfalls haben wir die Schreibtische umgeschmissen und sind dann auf die Straße gegangen.' Und daraus ergaben sich immer wieder neue Diskussionen, aber ich versuchte, aus der moderneren Industriegewerkschaft heraus, ihm das verständlich zu machen, daß man auch die Probleme anders lösen könnte . . . Mein Vater hatte auch nicht begriffen, daß man mit der Gegenseite nicht mit der Faust auf den Tisch hauen muß, sondern sich auch geistig durchsetzen kann. Das haben die alten Gewerkschafter nicht begriffen."[152]

Später im Gespräch fügt Werner Jabel hinzu, daß man als Betriebsrat eben ein besserer Volks- und Betriebswirt sein müsse als der Unternehmer und sich entsprechend auszubilden habe.

2. „Zeiten, wo man politisch resignierte, aber nicht persönlich" oder von der Loslösung der politischen Opposition von der privaten Wohlstandserfahrung.

(Klaus Gerbers Lebensgeschichte)

Klaus Gerber faßt seine Haltung zu den fünfziger Jahren zusammen:

> „Also ich muß sagen, bei mir persönlich ging die berufliche Entwicklung voran, die Heirat kam, ein eigener Hausstand. Ich hatte also eine positive Einstellung zu der Entwicklung. Es ging also alles voran . . . Ich würde auch differenzieren (zwischen) der wirtschaftlichen Entwicklung und der politischen Entwicklung. Denn in den fünfziger Jahren hat man ja allgemein versucht, sich das, was die meisten durch den Krieg verloren hatten, alles wieder hochzubauen: die Wohnungen auszustatten, sogar sicherlich komfortabler und besser als man früher gehabt hat; moderner, auch mit modernen Mitteln. Wenn man daneben die politische Entwicklung sieht, dann haben die fünfziger Jahre sicherlich nach der Aufbruchsstimmung, die so 1948/49 da war, eine gewisse Resignation (gebracht) im Hinblick auf die Restauration der alten politischen Kräfte hier, jetzt im übertragenen Sinne, der konservativen Kräfte. Weil es für einen, der politisch engagiert war und nicht konservativ orientiert war, sicherlich teilweise Grund zum Resignieren (gab), besonders nach der Wiederbewaffnungsdiskussion, der europäischen Verteidigungsgemeinschaft usw. Das waren sicherlich

Zeiten, wo man politisch resignierte, die aber mit der persönlichen Entwicklung nicht unmittelbar einhergingen.
Ich würde sagen, so wie sich die SPD in den späten fünfziger und sechziger Jahren entwickelt hat, diese Entwicklung habe ich irgendwie mit vollzogen. Ja, weil wir auch damals, zumindest ich, immer das Erlebnis hatten, nach jeder Wahl feststellen zu müssen, daß wieder nicht das Ziel erreicht war, Mehrheiten zu bekommen. Das berühmte Schlagwort vom ‚Turm der 30 %‘; den wir nicht überspringen konnten — da sind irgendwie die Erkenntnisse gereift, daß man also zu andere Wählerschichten ansprechen muß, um überhaupt mal Mehrheiten zu bekommen. Wahrscheinlich ist dieser Prozess zum Teil überzogen worden — überzogen worden nach meiner Meinung auch, daß heute innerhalb der Parteigremien die Funktionäre und Mandatsträger überwiegend aus dem öffentlichen Bereich kommen.‘‘[153]

Klaus Gerber wurde 1931 im Ruhrgebiet geboren. „Ich bin durchaus nicht in einem sozialistischen Elternhaus groß geworden. Meine Großeltern waren eher katholische Zentrumswähler.‘‘ Der Vater war Kranführer in eben demselben Großbetrieb, in dem Klaus Gerber heute Betriebsratsvorsitzender ist. Die Mutter ist Hausfrau; Klaus hat noch drei Geschwister. Nach vier Jahren wurde die Ehe der Eltern geschieden. Die Mutter hat dann erneut geheiratet. „Der Stiefvater war gelernter Maler und Anstreicher‘‘. 1937 wurde Klaus eingeschult. „Anfang des Krieges kam ich zur Kinderlandverschickung nach Ulm‘‘ und wohnte bei Leuten, die dem „gehobenen Bürgerstand‘‘ angehörten: der Mann hatte ein großes Bauunternehmen. Ende 1941 kehrte er nach Essen zurück, wo er die Realschule besuchte. Er wurde Mitglied des Deutschen Jungvolks. Aber schon „Anfang 1941 bin ich in die Slowakei evakuiert worden und habe dort ein Dreivierteljahr verbracht.‘‘ Als die Ostfront näher rückte, wurde er zurückverlegt nach Böhmen und Mähren. „In der Zeit habe ich zum ersten Mal bewußt wahrgenommen, daß Deutschland in Schwierigkeiten war.‘‘ 1941 wurde auch der Stiefvater eingezogen und 1943 wurden die Eltern und die Großeltern ausgebombt. „Ich habe die ganze Zeit in der KLV praktisch in Lagern verbracht, und beide Jahre wurden wir paramilitärisch ausgebildet.‘‘ Die Führer kamen zumeist von der Napola, „auch ein verwundeter Feldwebel und ein Unteroffizier als Lagerführer in Uniform‘‘, während in der ersten KLV-Zeit noch die Lehrer das Sagen hatten, unter denen nicht nur Nazis waren. Als er einmal zwischenzeitlich zu Hause war, erlebte er Fremdarbeiter, die täglich am Hause seiner Großeltern vorbeizogen: „Und die sahen natürlich ziemlich zerlumpt aus für unsere damaligen Verhältnisse . . . Da muß hier irgendwo bereits ein Lager gewesen sein . . . Meine Großmutter, die hat dann denen schon mal ab und zu so einen Brotknust zugesteckt, und dann hat mein Großvater immer geschimpft: ‚Du bringst uns nochmal ins Gefängnis mit deiner Großmütigkeit.‘ Und die hat immer gesagt: ‚Das sind doch arme Menschen, die haben doch nichts zu essen. Guck mal, wie die aussehen' und so. Das waren Russen, daran kann ich mich erinnern, daß da meine Großmutter mal von so einem Russen, dem sie Brot zugesteckt hat, so einen geschnitzten Vogel bekommen hatte . . . Da war sie so stolz drauf, aber der Großvater hat gesagt: ‚Versteck das bloß, das darf keiner sehen, du bringst uns nochmal in Schwierigkeiten'. Mein Großvater, der hat mir so den Eindruck gemacht, als wenn der so ein ziemlich glühender Verfechter des Nationalsozialismus gewesen ist, obwohl er vom Zentrum her kam. Und anschließend war er dann wieder großer Anhänger von Adenauer." Als Klaus Gerber von einem solchen Urlaub nicht wieder in die KLV zurück wollte, wurde er von einer HJ-Streife aufgegriffen und in sein Lager in einem Sammeltransport gebracht. In den letzten Jahren des Nationalsozialismus waren sie stark von Werbeoffizieren umworben worden, die von Lager zu Lager gingen; ab ca. 14 Jahren konnte man sich zu verschiedenen Waffengattungen verpflichten. „Da gab es Progagandafilme über die verschiedenen Waffengattungen, die Waffen-SS usw." Außerdem waren Filme über Feindeinsätze gezeigt worden, in denen z. B. „sogenannte Partisanen erledigt wurden, ‚Untermenschen'. Und während des Filmes war unsere Reaktion: Wir waren überzeugt, die Partisanen umzulegen, war vom Kriegsstandpunkt her richtig."

Trotz allem war es in der KLV „manchmal wie auf der Erholung". Zum Schluß der KLV „waren wir in einem ehemaligen Kloster in Märkisch-Ostrau". Dort kamen ihm erste Zweifel, als ein Nazibonze, „ein Goldfasan", dort „sein Schäfchen ins Trockene brachte". Auch der Rektor nahm auf einem Leiterwagen während des Rückzugs das ganze Silber des Klosters, Lebensmittelvorräte, Kaffee, Tabak usw. mit. Diesen Wagen haben die Jugendlichen einmal ausgeräumt. „Da haben wir uns selbst eingedeckt; der Rektor hat immer in Parteiuniform mit Pistolentasche Quartier gemacht. Er hat natürlich nach dem Leiterwagen gefragt und Theater gemacht . . . Wir haben dann erkannt, was das für ein Mensch war. Er ist noch zwei Tage mit uns mitgezogen, und eines Abends lagen wir in einer Scheune, er in der Mitte, wir drum rum und ein Feldwebel als Lagerführer neben ihm, der von uns eingeweiht war. Jedenfalls haben wir dann dafür gesorgt, daß er abgehauen ist; war von da ab nicht mehr gesehen. Das war ein Schlüsselerlebnis."

Die Schüler wurden dann kurz vor Kriegsende von den Amerikanern in einem Gemeindesaal in Zwiesel festgesetzt; dort hörten sie zum ersten Male von KZs. Das brachte „eine Enttäuschung über das, was wir geglaubt hatten, denn der Nationalsozialismus war uns ja als einzig mögliche Herrschaftsform" erschienen. Langsam kam ins Bewußtsein: „Das stimmte nicht! Das war ein Schock. Alles war ganz anders. Nichts war hehr und rein, sondern es war ein verbrecherisches System".

Von Zwiesel aus ging es mit dem Zug nach Niederbayern in die Nähe von Landshut. Dort hieß es dann, man müsse sich allein nach Hause durchschlagen. „Da ich schon Jahre im Lager war, war ich ziemlich selbständig zu dieser Zeit, obwohl ich erst 14 Jahre alt war." Klaus Gerber fuhr mit dem Zug Richtung Heimat, der jedoch in Gießen angehalten wurde, da für das Ruhrgebiet eine Zuzugssperre galt. Trotzdem fuhr er weiter auf Kohlezügen, wurde mehrfach von britischen Soldaten runtergeholt: „Habe eine Woche bis in meine Heimatstadt gebraucht". Anfang September 1945 war er dann zu Hause. Dort besuchte er bald wieder die Realschule. Die Wohnverhältnisse waren sehr beengt, da die vier Geschwister und die Mutter in einem Raum wohnten. Als der Stiefvater 1948 heimkehrte, tauschten sie die Wohnung mit den Großeltern, so daß sie wenigstens zwei Zimmer hatten. Die Bindungen, die Klaus vor dem Kriege hatte, waren zerstört: „Der frühere Freundeskreis, der war weg." Nur ein kleiner Kern auf der Realschule war noch der alte. „Das heißt von daher war das praktisch ein Anknüpfen an den alten Kreis. Aber die früheren Freunde aus der Wohngegend — überhaupt keinen Kontakt mehr. Die waren in alle Winde zerstreut." Trotzdem erzeugte das Kriegsende ein „befreiendes Gefühl". Klaus Gerber suchte bald neuen Kontakt, ging 1946 zeitweilig zur FDJ, wo es ihm aber nicht zusagte, weil man dort alles guthieß, was die Sowjetunion machte. Er ging dann zu den Falken, arbeitete in Jugendgruppen und hörte Vorträge. „Für mich war das interessant. Ich bin dann sehr schnell in diesen Kreis integriert worden und auch sehr schnell zum Gruppenleiter aufgestiegen." 1947 beteiligte er sich am ersten internationalen Jugendtreffen. „Das war ein Zeltlager" mit über 1.000 Jugendlichen, für die die Amerikaner die Verpflegung übernahmen.

In der Nachkriegszeit mußte er wie alle anderen „hamstern"; darin war „meine Großmutter Spezialistin". Sie nahm ihn oft auf Hamsterfahrten mit zum Tragen. „Für mich war das allerdings sehr unangenehm; ich empfand das als Bettelei. Viel zum Tauschen hatte man ja eh' nicht." Als der Bürgermeister einen Aufruf zur Schuttbeseitigung erließ, meldete sich Klaus Gerber freiwillig. Er besitzt heute noch den „Schutträum-Ehrenbrief".

Im März 1948 machte er die Mittlere Reife und begann eine Ausbildung als Stoffprüfer bei einem Großbetrieb mit vielen berufsfremden Arbeiten. Als es das Berufsbild und damit auch die Lehre des Stoffprüfers nicht mehr gab, fing er 1949 im gleichen Betrieb eine Chemielaborantenlehre an, die er 1951 abschloß. Auf einer staatlichen Ingenieurschule besuchte er drei Jahre lang Abendkurse und schloß als Chemotechniker ab. „Das war eine anstrengende Angelegenheit", vor allem deshalb, weil er weiter in der Jugendarbeit aktiv war und in einem Alter war, „wo Beziehungen zum anderen Geschlecht interessant waren". Außerdem arbeitete man in den fünfziger Jahren noch samstags. Zeitweilig wurde ihm alles zuviel und er wollte die Ausbildung abbrechen, war dann aber froh, daß er durchgehalten hatte, weil sein Berufswunsch, der immer mit Chemie in Verbindung stand, „in Erfüllung gegangen ist". Klaus Gerber machte bis 1954 Jugendarbeit bei den Falken, zunächst auf Kreisebene, dann im Bezirksvorstand. Das Hauptgewicht lag damals auf „jugendpflegerischen Tätigkeiten; es war schwierig, die Jungen an politische Themen heranzuführen; sie waren sehr enttäuscht und sehr vorsichtig mit Politik." Das änderte sich mit der Remilitarisierung: „Damals waren wir sehr stark gegen die Remilitarisierung, gegen die Aufstellung eines eigenen Heeres. Es hat Demonstrationen und Kundgebungen gegeben." 1954 wurde er Mitglied der SPD. Bei den Jungsozialisten lernte er 1954 auch seine spätere Frau („von Beruf Großhandelskaufmann") kennen; sie heirateten 1955, wohnten anderthalb Jahre bei den Eltern, ehe sie eine eigene Wohnung bekamen. Sie waren beide berufstätig; da sie später als er von der Arbeit kam, hat er damals „meistens gekocht, so daß das Essen schon fertig war. Wir hatten nicht so die strenge Teilung." Das änderte sich, als das erste Kind nach 11 Jahren Ehe kam.

Über den Betriebsrat bekam er Kontakt zu den Gewerkschaften und nahm 1957/58 an verschiedenen gewerkschaftlichen Lehrgängen teil. „1959 habe ich mich zum ersten Mal für den Betriebsrat aufstellen lassen, aber da hatte ich keine Chance." 1961 wurde er dann in diese Betriebsfunktion gewählt, weil „ich gewerkschaftlich geschult war und in Gremien gearbeitet hatte"; später wurde er gewählt, weil seine Arbeit eine Vertrauensbasis schuf. Sofort nach der ersten Wahl wurde er freigestellt. Klaus Gerber arbeitete hauptsächlich „auf dem sozialen Sektor; denn damals ging alles voran." Dann kam die betriebliche Lohn- und Gehaltspolitik, das Problem der Arbeitssicherheit und der Arbeitsplatzgestaltung, Lohn- und Gehaltseinstufungen hinzu. 1963 wurde er Gesamtbetriebsrat, 1968 Betriebsratsvorsitzender und 1979 Gesamtbetriebsratsvorsitzender und gab seine Funktionen in der SPD ab. Außerdem hat Klaus Gerber zahlreiche andere Funktionen im Vorstand in der Betriebskrankenkasse, in der Berufsgenossenschaft und in der Gewerkschaft. „Also von daher bleibt nicht viel Zeit mehr, wenn man diese Dinge ausfüllt." Auch in der SPD hat er alle Funktionen aufgegeben.

Klaus Gerber ist also einer derjenigen jüngeren Interviewpartner, die die schon früher beschriebenen Erfahrungen im Nationalsozialismus machten: Aus der Arbeiterklasse stammend geriet er durch die KLV in neue, andere soziale Räume; wurde der familiären Erziehung weitgehend entrissen; kam in verschiedene Regionen; lernte Menschen anderer Klassen und Schichten kennen; konnte eine höhere Schule besuchen; war bereits als Kind militärischem Drill ausgesetzt; mußte 1945 den Zusammenbruch „seiner Welt" verdauen; verlor weitgehend seinen alten Freundeskreis und suchte in seinem Aktivismus schnell neue Kontakte, Betätigungsfelder und Sinnorientierungen.

Durch die Interviewpassage mit Klaus Gerber und durch seine Lebensgeschichte werden die Widersprüche deutlich, die er und die meisten anderen politisch aktiven Interviewpartner während der fünfziger Jahre verspürten: Ökonomisch und persönlich ging es aufwärts, politisch brachen Hoffnungen zusammen — nicht nur mit dem Betriebsverfassungsgesetz 1952. Die Wiederbewaffnung und die atomare Aufrüstung waren weitere politische Niederlagen. Und jeweils wenige Jahre später trug die SPD die zuvor abgelehnte Politik mit. Auf die Frage, wie er mit diesen Änderungen der SPD-Politik fertig geworden sei, erklärt Konrad Vogel, der wie Klaus Gerber ebenfalls sehr jung nach 1945 gewerkschaftlich und politisch aktiv wurde:

> „Ja, das ist schwierig zu sagen. Aber es gibt ja einen alten Spruch, den kennen Sie sicherlich auch: Politik ist die Kunst des Möglichen. Und da mußte man hin und wieder mal umdenken. Ich will ja Politik vertreten, und sicherlich, da ist man auf Kompromisse angewiesen . . . Wenn man nicht darin (in der SPD) beheimatet ist, kann man auch nichts sagen."[154]

So explizit wie Konrad Vogel formulieren nur noch zwei andere die Stationen der politischen Entwicklung der Bundesrepublik und ihrer verschütteten Hoffnungen. Strittig ist unter den Befragten das Verhältnis zu Kommunisten — die Mehrheit der damals sozialdemokratisch orientierten Interview-Partner war gegen ein Zusammengehen mit der KPD 1949 und trug — wie Klaus Gerber — die neue politische Entwicklung der SPD mit, da sie auf neue Mehrheiten hoffte. Aber in den Fragen der Wiederaufrüstung, der atomaren Bewaffnung und der Notstandsgesetze zeigten sich nahezu alle Befragten einig. Man könnte es auch so zusammenfassen: Die Herausbildung der Bürgerblock-Regierung im Maßstab der Bundesrepublik wurde von den meisten Befragten als politische Personen abgelehnt. Auffallend ist aber, daß diese politische Oppositionshaltung im Kontrast stand zu den Erfahrungen des allgemeinen wie auch des persönlichen wirtschaftlichen Aufstiegs: Auch die Betriebsräte sprechen beim Thema „50er Jahre" von den ersten großen Anschaffungen, vom beruflichen Fortkommen, vom ersten Urlaub in entferntere Regionen, von individuell oder familiär genossenen Früchten des gewachsenen Lebensstandards. Man konnte es sich auch als Oppositioneller gut einrichten in diesem Staat, der gleichwohl kritisiert wurde, wenn er Rechte der Arbeitervertretungen aufhob oder beschnitt, wenn er insgesamt eine gewerkschaftsfeindliche bzw. antisozialdemokratische Politik betrieb.

Von einigen wurde die Adenauer-Regierung auch deshalb kritisiert, weil sie das kapitalistische System und die Westbindung repräsentierte. Während man also auf allgemein-politischer Ebene in abgestufter Opposition stand, nahm man im persönlichen Bereich teil an den wirtschaftlichen Erfolgen der Bundesrepublik. Die öffentlich-politische Opposition löste sich so von der privaten Wohlstandserfahrung.

Der allgemeine und persönliche wirtschaftliche Aufstieg allein hätte jedoch wahrscheinlich nicht ausgereicht, um diese bundesrepublikanische Entwicklung — wenn auch kritisch — schließlich doch in ihren Grundzügen hinzunehmen. Aber es kam neben dem persönlichen ökonomischen Fortschritt auch eine politisch-öffentlich befriedigende Anerkennung hinzu: Viele Betriebsräte — besonders unter den jüngeren Jahrgängen — zeigten ein ausgeprägtes Aufstiegsbewußtsein und machten in den fünfziger Jahren einen sozialen Aufstieg; sie bildeten sich zu einem Teil autodidaktisch oder durch eine weiterführende Berufsausbildung auch in Gewerkschaftsakademien weiter und erlangten so Qualifikationen für höhere Funktionen im Betrieb oder der Gewerkschaft; ebenso in sozialen Institutionen und schließlich über die SPD auch in den Stadt-, Landes-, oder sogar Bundesparlamenten. Sowohl im privaten als auch im politischen Bereich gab es persönliche Erfolgserfahrungen. Aber es waren Karrieren innerhalb einer Gesamtopposition zum Adenauer-Staat, also zunächst auf der Ebene des Betriebs, der lokalen Gewerkschaften, in den Kommunal- und Landesparlamenten und in einigen sozialen Institutionen (wie dem Arbeitsamt, der AOK, der BfA, den Berufsgenossenschaften, den Sozialgerichten usw.); denn die SPD wurde anders als im Bundesmaßstab im Ruhrgebiet früh zur einflußreichsten Partei. Der soziale Aufstieg der Befragten konnte nur in einem Vertretungsmodell der Arbeiterbewegung funktionieren, denn nur dort konnten sie ohne akademische Ausbildung avancieren und bei einer sozialen politischen Einstellung in hohe oder sogar höchste Ebenen vorstoßen — teilweise „von unten" gewählt, teilweise von höheren Gremien der Arbeiterbewegung bestimmt, manchmal beides zugleich. Andere gesellschaftliche, bürgerliche Bereiche, so erzählen sie, hätten sich ihnen hochmütig verschlossen. Daher ist es nicht erstaunlich, daß in den Interviews die Gewerkschaft und die SPD zunehmend wie eine verschworene Gemeinschaft erscheinen — aber eine verschworene Gemeinschaft auf der Ebene der Einheitsgewerkschaft und der Partei bzw. ihrer Funktionäre, weniger auf der Ebene der alten Arbeiter-Milieus, die während des Nationalsozialismus, des Krieges und der Nachkriegszeit weitgehend zerstört worden waren. Hier zeigt sich eine der wichtigsten Veränderungen gegenüber der Weimarer Zeit.

In dieser widersprüchlichen Konstellation von Allgemein-Opposition, persönlicher Teilhabe am wirtschaftlichen Aufschwung, individuellem

Aufstieg in und durch eine verschworene SPD- und Gewerkschaftsgemeinschaft und dem eigenen sozialpolitischen Engagement gibt es bei den Interviewpartner verschiedene individuelle Einstellungen zum Staat: die einen betonen ihre Verantwortung für diesen Staat, die sie von Anfang an, also auch vor der sozialliberalen Koalition, übernommen hätten. Denn für sie war in ihrer betrieblichen Sicht die Teilhabe am wirtschaftlichen Aufstieg der Bundesrepublik entscheidend zumindest dann, als sozialstaatliche Institutionen eine Absicherung der Arbeiter und Angestellten brachten. Andere lehnten die bürgerliche Regierung — nicht die Bundesrepublik — als Regierung des Kapitals ab, genossen aber gleichwohl ebenfalls die ökonomischen Früchte dieses wiedererstarkten Kapitalismus; ihre Ablehnung des Kapitalismus verstanden sie als Kampf um den Sozialstaat, um die Teilhabe der Arbeiter- und Angestelltenschaft an den ökonomischen Erfolgen, um ihre politisch-soziale Abfederung in kapitalistischen Krisen und um die Einbeziehung der SPD und der Gewerkschaften in politische und gesellschaftliche Machtzentren. Ihre politische Haltung läßt sich als Kampf um die Teilhabe der Arbeiterorganisationen am Staat im „Interesse der Arbeitnehmer" beschreiben. Prägnant faßt diese Haltung ein Betriebsrat selbst zusammen:

„Wir kämpfen mit den Mitteln des Klassenkampfes um den Sozialstaat."[155]

IV. Zu einigen heutigen Haltungen der Betriebsräte

1. „Was wäre ohne uns?" oder von der eigenen Rolle in der Geschichte der Bundesrepublik.

(Erwin Fennes Lebensgeschichte)

„Jedenfalls habe ich geglaubt, durch die Erfahrung des Krieges würde alles, auch in den Betrieben, besser, es würde alles ein bißchen fairer, und man würde dort mit mehr Toleranz empfangen. Und die ganze Hierarchie mit ihren Drohungen, Entlassungen auszusprechen, wenn einer sich nicht entsprechend der Betriebsordnung verhält — alles das, glaubte ich, sei jetzt überflüssig und würde sich zum Positiven entwickeln. Aber da hatte ich mich getäuscht. Nachdem dann nach zwei Jahren die Entnazifizierung kaum noch eine Rolle spielte, ist fast alles im Sande verlaufen. Und dann fühlten sich diejenigen, die sich ein bißchen belastet gefühlt hatten, doch wesentlich freier. Und es kam ganz merklich wieder der alte Ton, der alte Befehlston. Aber da haben die dann mit einigen Leuten, die ja nun jetzt lange Jahre Soldat spielen mußten und Kriegsdienst erlebt hatten, mit diesen Menschen nicht gerechnet: daß die sich verändert hatten. Und zwar haben sich nur die Jüngeren verändert, die älteren Kollegen nicht. Wir haben uns dagegen gewehrt, gegen diese Art und Weise der Behandlung im Beruf, als Untergebene; wir wollten ein besseres Betriebsklima schaffen. Vor allen Dingen wollten wir auch schon irgendwie eine Art von Mitsprache. Wir wollten schon ein bißchen so die Demokratisierung in die Betriebe reinbringen. Wenn schon ein neuer Anfang, dann ein sauberer ... Da war ich einer der härtesten Kämpfer für Gerechtigkeit und für ein besseres Betriebsklima.

Da habe ich festgestellt (nach Auseinandersetzungen mit Vorgesetzten), daß es nur eine Wende geben kann über unsere Gewerkschaften, über die Mitbestimmung. Die Mitbestimmung war in meinen Augen eigentlich das Wichtigste, war wir uns in den Betrieben, alle Schaffenden in den Betrieben, was wir uns aneignen müßten. Da müßten wir für kämpfen, daß wenigstens über die Mitbestimmung eine Mitverantwortung und bessere Arbeitsbedingungen, ein besseres Betriebsklima geschaffen würde, und vor allen Dingen, daß der Mensch entsprechend seiner Würde auch behandelt würde.

Wir haben dafür gesorgt, daß wir im Ruhrgebiet von den Löhnen her betrachtet, von der Prämie her betrachtet, absolut an der Spitze standen. Sehen Sie, das vermögen gute Leute aus der Mitbestimmung und aus den Betriebsräten für ihre Belegschaften zu tun. Und das ist wichtig. Die heute nicht mehr im Betrieb sind, die haben eine gute Rente. Auch das ganze Betriebsklima, das ist ja ein so sauberes, weil wir da waren. Wir hatten natürlich einen Rückhalt. Ich bin 1960 in den Aufsichtsrat gewählt worden. Und von den Rechten her konnte ich mir als Vertreter dieser Belegschaften — und das waren ja immerhin einige Belegschaften — ja wirklich hier eine Art aufzutreten (erlauben) und ein Durchsetzungsvermögen zuschreiben, das vielleicht ein anderer aufgrund dieser Tätigkeit nicht hätte durchsetzen können."[156]

Erwin Fenne wurde 1922 im Ruhrgebiet geboren; seine Eltern stammen aus bereits dort ansässigen Bergarbeiterfamilien. „Bei meinem Vater spielte sehr wahrscheinlich auch das Handwerkliche eine Rolle", denn der Großvater hatte zeitweise eine eigene Schlosserei, mit der er allerdings Pleite machte; der Vater wurde Schornsteinfeger, ehe er wegen des besseren Verdienstes in den Bergbau ging und dort nach wenigen Jahren Steiger wurde. „Er sagte: ‚Das, was jeder hier macht, ist gut, aber ich möchte so ein bißchen aus der Masse heraus.'" Die Ausbildung war sehr zeitraubend, deshalb kam Erwin sehr häufig zu den Großeltern mütterlicherseits, „und mir gefiel der Großvater, weil der so wunderbar erzählen konnte aus dem Bergbau und weil er so eine starke Persönlichkeit war. Der war ausgeglichen und einfach eine Autorität. Und das war das Schöne, wir gingen jeden Tag zu den Großeltern." Dadurch hat Erwin Fenne auch früh die Nöte und Sorgen der Bergleute kennengelernt, besonders den niedrigen Lohn, der sehr oft zu „wenig war, um über die Runden zu kommen." Trotzdem hat er eine glückliche Kindheit erlebt — „ich möchte sagen, sehr glücklich sogar." Erwin besuchte die evangelische Volksschule bis zur zweiten Klasse; dann mußte er wechseln, weil sein Vater als einer von 40 mit „gut" seine Ausbildung beendete und eine Stelle als Steiger an einem anderen Ort anfing. Für Erwin war dies ein harter Schlag: „Alle waren glücklich, nur wir als Kinder waren nicht glücklich. Das war ein größeres Stück Entfernung von den Großeltern und ich hatte dort auch meine Spielkollegen gehabt." Als Steiger bekam der Vater eine unvergleichlich größere Wohnung. „Das waren ja doch damals schon herrliche Wohnungen für Angestellte. Eine Straße, die nur für die Angestellten gebaut war, ruhig. Irgendwie habe ich es dann aber später als Ghetto empfunden. Aus dem einfachen Grunde, weil ich das Empfinden hatte, daß alle Familien darauf bedacht waren, daß einer besser wie der andere eingerichtet sein wollte. Das fing schon bei den Gardinen an. Als Junge ist man ja hellhörig." Trotzdem war der Kontakt zu den anderen Steigern in der Siedlung sehr gut. Erwin wurde für den Garten verantwortlich. „Wir haben jedes Jahr ein Schwein gehabt und auch selbst geschlachtet. Ganzen Stall voll Hühner, alles Viehzeug interessierte mich ja auch sehr, Kaninchen usw. Da waren im Wesentlichen meine Mutter und ich für verantwortlich." Hier wird zum ersten Mal ohne Nachfrage des Interviewers die Mutter erwähnt. In der neuen Wohngegend besuchte Erwin wieder die evangelische Volksschule. „Aber ich weiß, daß ich mich im ersten Jahr nur herumgeprügelt habe, damit ich frei durch die Siedlung gehen konnte. An jeder Ecke riefen welche, die uns nicht kannten: ‚Da sind Fremde!‘ Also da kriegten wir den Hintern voll. Ich hab das nicht begriffen, aber das war wirklich so, so daß man nur mit Prügel versuchen konnte, der Stärkere zu sein, um anerkannt zu werden. Und da hab ich natürlich prächtig zugelangt. Und das ist mir auch gelungen. So nach zwei Jahren, da hatte ich nur noch Freunde. Ob das wirklich Freunde waren, das weiß man nicht, aber es waren zumindest welche, die sich sagten: ‚Der ist ein bißchen stärker als ich, den kann man gut schon als Freund gebrauchen.‘“ Prügeleien gab es auch und besonders zwischen den evangelischen und katholischen Schülern. „Heute kann man nur darüber lachen, aber das war wirklich so.“

Die finanzielle Situation der Familie war schlecht, weil sie ab 1933 den in Konkurs gegangenen Großvater unterstützen mußte; dadurch kühlte sich das Verhältnis zu den Großeltern ab. Alle Anschaffungen wurden in der Form von Abzahlungsgeschäften gemacht. Die Geldverwaltung lag „fest in den Händen der Mutter“. Der Vater bekam nur Taschengeld und lebte sehr „spartanisch“. „Meine Mutter hat diese Art Verteilung nie mehr aus den Händen gegeben. Im übrigen war meine Mutter eigentlich die Bestimmende in der Familie. Sie war aktiv, dynamisch, morgens die erste auf. Ich kenne meine Mutter nur, daß sie morgens vor meinem Vater aufstand, das Vieh verfütterte und auch schon auf dem Land arbeitete, und das war auch eine der ersten Frauen, die morgens auf der Straße die Treppe wischte. Also sie war von morgens bis abends unermüdlich unterwegs für die Familie, so daß ich sagen kann: von der Arbeit her war das zu gleichen Teilen verteilt. Mein Vater mußte arbeiten im Bergbau und meine Mutter hat eben versucht, diese Familie mit ihrer Arbeitskraft über die Runden zu bringen. Und das recht gut.“ „Mein Vater ist derart hart von seinen Eltern erzogen worden. Ich hab immer wieder gesagt, daß hier das Lutherische zum Ausdruck gekommen ist. Mein Großvater hat neben seinem evangelischen aktiven Gottesdienst auch ständig die Bibel gelesen. Und bei Mißtrauen, bei Kritik und alles, da wußte der das immer mit einem Bibelspruch zu belegen. Und ich wußte, daß der Vater und seine sieben Geschwister sehr viel Schläge bekommen hatten. Und der hat sich darüber weiter keine Gedanken gemacht, denn das ganze System aus der Kaiserzeit, diese Hierarchie und diese Erziehung des arbeitnehmenden Menschen, des untergeordneten Menschen, das war ja sehr hart. Das war ja oft sehr brutal. Und das, was die in den Betrieben und in der Lehrzeit und auch später im Beruf auch erlebten, dieses absolute Unterordnenmüssen und auch diese absolute Hierarchie im Bergbau, die ja kaum ein persönliches Recht aufkommen ließ und auch die Würde des Menschen oft mit Füßen trat — alles das, das färbte sich zur Familie hin ab." Besonders schlimm wurde es für Erwin und seinen Bruder, wenn sein Vater auf der Zeche wegen nicht erfüllten Solls zur Rede gestellt worden war; dann bekamen sie meistens Schläge. „Da mein Bruder ein bißchen schwächlicher war, bekam ich die meiste Dresche. Ich mußte herhalten für ihn. Wenn ich geschlagen wurde, dann entwickelte sich in mir ... ein Trotz: ich konnte nicht weinen."

Wegen der Prügel kam es dann für Erwin zu einem Schlüsselerlebnis: „Das war für mich Veranlassung, meinem Vater mit 13 Jahren kurz vor einer Prügelstrafe zu sagen: ‚Wenn Du mich jetzt schlägst, dann schlägst Du zu Unrecht, und ich lasse mir das nicht mehr gefallen. Rechne damit, daß ich mich zur Wehr setze.' Jedenfalls hat er sich das dann zwei Mal überlegt. Dann hab ich die Kloppeitsche, die hab ich dann aus der Tischschublade geholt und hab dann die einzelnen Riemen rausgezogen und da hingelegt. Und von dem Tag an eigentlich hat er mich fast ein Jahr lang übersehen. Aber ich bekam keine Schläge mehr, das hat er wohl verstanden."

Weder bei den Eltern noch bei den Großeltern wurde über Politik geredet, auch nicht über die Gewerkschaft. Der Vater war „kaisertreu, war deutschnational, der lobte den Kaiser — ist wahrscheinlich auch so erzogen worden. Politisch hat der sich gar nicht weiter gebildet." Da er im Ersten Weltkrieg Soldat war, „war er denn auch für Hindenburg und war einfach für das Deutschnationale. Der sah das als selbstverständlich an: Wir müssen Krieg führen, um unser Reich zu verteidigen, wir müssen aufrüsten." Erwins Bruder war aufgrund von Kinderkrankheiten sehr schwächlich und schlecht in der Schule, wurde jedoch immer von den Lehrern mit durchgezogen, weil er „ein Angestelltenkind" war. Das fasziniert Erwin Fenne heute um so mehr, als sein Bruder später selbst Lehrer wurde, nachdem er zunächst in der Nachkriegszeit als Bergmann angefangen und es zum Steiger gebracht hatte.

Über seine Schulzeit erzählt Erwin Fenne: „Und wer jetzt ein strammer Junge war und war sportlich auf Zack und war auch sonst in den anderen Fächern nicht dumm, der hatte schon gewonnen. Der hatte es viel, viel leichter. Ich hatte es aufgrund meiner sportlichen Eigenschaften — die waren sehr gut — in vielen Dingen leichter. Ich durfte mir schon mal Fehler erlauben. Aber ich möchte sagen, daß ich doch einigermaßen bestrebt war, auch immer einer der besten in der Klasse zu sein." An der Schule hat ihm auch gefallen, daß Mädchen und Jungen zusammensassen; dadurch hatten sie „einen viel offeneren Umgang mit den Mädchen". Der Interviewer fragt, welche Jungen am meisten angesehen waren — die Besten in der Schule oder die Kräftigsten. Antwort von Erwin Fenne: „Um in der Hackordnung auch ziemlich oben zu bleiben, war hier wohl die

Stärke mit ausschlaggebend. Aber ich muß auch sagen, daß zur Stärke die entsprechende Intelligenz gehören mußte. Aber auch die Toleranz, den anderen anzuerkennen, der schwächer war, ob es die schulischen Leistungen waren oder die körperliche Unterlegenheit. Diese Toleranz den anderen gegenüber, die hab ich sehr frühzeitig gehabt, und ich glaub, das hat mir so viele Freunde eingebracht. Ich hab nämlich meist die Schwächeren verteidigt. Und das spricht sich sehr schnell rum, und ich muß sagen, das ist mir gut bekommen."

Erwin Fenne versuchte sich in den letzten Schuljahren weiterzubilden, las die Bücher seines Vaters über Bergbau und Geologie und war glücklich, daß er über eine Tante auch schöngeistige Literatur bekommen konnte. Er wurde wie die meisten anderen seines Alters Mitglied im Jungvolk und später der HJ, wo er sich zwar für alles Sportliche begeisterte, die Einschränkungen aber ablehnte: „Ich fühlte auch das Bedürfnis, mich mit dieser schöngeistigen Literatur zu beschäftigen. Da fehlte mir die Freizeit, denn das war ja ein so blödes Tun, diese wenigen Lieder, die da eingepaukt wurden und die rein vormilitärische Erziehung im Jungvolk, das Marschieren ständig nach Süd, der Trommler vorweg. Dann kannten wir vier oder fünf Lieder und den Inhalt, den brauche ich Ihnen ja nicht zu erzählen." Neben dem Sport hat ihn am Jungvolk, in dem er keine höheren Funktionen wahrnahm, „auch die Kartenkunde gereizt." Bei den Sportfesten wurde er mehrfach Sieger der Stadt und „am 1. Mai war ja auch das Pflichtmarschieren und dann wurden da auch nachmittags die Sieger am Maibaum gefeiert", so auch er selbst. Sein Vater sah den Sohn gerne beim Jungvolk; selbst kommunistische oder streng katholische Eltern haben ihre Kinder zum Jungvolk gehen lassen, um ihnen nicht größere Schwierigkeiten zu machen.

Die meisten Jugendlichen wollten nach der Schule nicht in den Bergbau gehen; auch sein Vater lehnte dies ab. Ein Lehrer schlug Erwin Fenne vor, auf die Kadettenschule in Potsdam zu gehen, „da ich der gegebene Offizier sei", und später zu studieren. Er selbst war nicht abgeneigt, aber der Vater war dagegen, weil die Kadettenschule 120 oder 150 Mark im Monat gekostet hätte. Erwin bemühte sich dann um eine Lehrstelle als technischer Zeichner und hatte dann das große Glück, 1937 als Lehrling auf einer Zeche anfangen zu können. Der Markscheider besuchte seine Eltern sogar einmal kurz vor der Lehre: „Fahrsteiger war ja schon weit über gehobene Mittelklasse und ab Betriebsführer, das war ja schon ein Herrgott. Der Markscheider, jetzt als Akademiker, jetzt dem Werksleiter gleichgestellt — also, das kann ich Ihnen sagen, daß die Mutter nicht gleich auf die Kniee gefallen ist, das war alles." Seine Kollegen waren Angestellte, und das wirkte sich auch auf ihr Bewußtsein aus: „Die fühlten sich aufgrund ihres Wissens irgendwie zwei Treppen höher." Auch die

Lehrzeit wurde für Erwin Fenne relativ angenehm dadurch, daß er als guter Sportler Wettkämpfe machen konnte und sogar Gausieger wurde: „Die Tür stand offen, auch von den Nazis her. Sie haben mir ein freies Studium angeboten... Erst da ging mir ein Licht auf: Wenn Du über dem Durchschnitt stehst mit Deinen Leistungen, dann müßte man ja eigentlich auch irgendwie Profit draus schlagen und sich weiterbilden lassen." Seit dieser Zeit bestimmte der Wunsch nach Weiterbildung und nach dem Abitur sein Leben. Er machte dann Fernlehrgänge, um das Abitur nachzumachen oder „zumindest das Einjährige". Deshalb ärgerte er sich auch zunehmend über die Termine bei der HJ, die „blöden Abende" und die „vormilitärische Ausbildung": „Das ging mir bis dahin. Das konnte ich nicht damit verbinden."

Der Krieg vergiftete die Atmosphäre auf seiner Arbeitsstelle: „Da ging auf gut deutsch ein Denunzieren los. Dann wurden Kollegen, die früher wirklich gute Kollegen waren, zu Feinden." Alle hatten Angst davor, eingezogen zu werden. Erwin Fenne selbst wurde zunächst reklamiert, meldete sich jedoch, um einer Einziehung zuvorzukommen, freiwillig zur aktiven SA. Zwei andere Kollegen taten dies auch „und so saßen plötzlich bei uns ,drei stramme SA-Leute'". Er machte 1940 als erster der Lehrlinge seinen Abschluß und versuchte nun, sich vor dem fälligen Arbeitsdienst zu drücken: „Ich denk, wie kommst du von dem Arbeitsdienst weg? Dann hab ich gesagt: Wie wärs, wenn Du Dich freiwillig meldest?" Deshalb ging er freiwillig zur Luftwaffe, wurde nach der Ausbildung kurzzeitig wieder u.k. gestellt und mußte dann in den Krieg. Über seine Kriegszeit erzählt Erwin Fenne nicht viel. Kurz vor Ende des Krieges geriet er in Kriegsgefangenschaft „oberhalb von Leningrad". Dort konnte er „sich jedoch nach Finnland absetzen, was recht günstig war, da uns die Finnen damals geholfen haben." Über Schweden und Norwegen kam er nach Schleswig-Holstein, geriet in britische Gefangenschaft, aus der er jedoch als Bergmann schnell wieder ausgesondert und im Juli 1945 ins Ruhrgebiet gebracht wurde.

Nach Kriegsende hat Erwin Fenne überlegt, wie er weitermachen sollte. „Was hat man verwertet aus all dem Erlebten? Wie soll man weitermachen? Das einzige, was ich aus meinen ganzen Kriegsjahren gelernt hatte, das war eins: daß man jeden Krieg normalerweise verhindern müßte." Deshalb — und angeregt durch Literatur, ältere Kriegskameraden und zwei aktive Kommunisten — hat er sich bald gewerkschaftlich betätigt. Zwei Drittel des Betriebsrats der Zeche waren Kommunisten. Deren Arbeit betrachtete Erwin Fenne zwar für die ganze Nachkriegsentwicklung als sehr positiv, „aber die Kommunisten, die ich als Betriebsräte kennengelernt habe, standen doch der NPD näher als überhaupt der kommunistischen Partei". Erwin Fennes Vater, „der immer noch nichts gelernt hatte, der war inzwischen, um seinen Posten zu erhalten, in die Partei eingetreten, um sich abzusichern; um nicht in die Entnazifizierung rein zu geraten, ist er in die CDU gegangen." Bei der ganzen Entnazifizierung wurde, dafür bringt Erwin Fenne Beispiele, viel gelogen. Er besuchte bereits die ersten Gewerkschaftsversammlungen in der Absicht, „dort kräftig mit zu mischen. Aber um Mitarbeiter zu kriegen, muß man sich selbst erst einmal sachkundig machen. Dann hab ich mir in ganz kurzer Zeit von allen Geschäftsstellen die Literatur geben lassen, hab die Arbeitergeschichte gelesen und fing erst einmal an, Karl Marx zu lesen." 1948 heiratete er eine Frau, über die er wenig erzählt; mit ihr hat er drei Kinder. 1953 — er hatte inzwischen wieder als Angestellter angefangen — wurde Erwin Fenne als Angestelltenvertreter in den Betriebsrat der Zeche gewählt.

Der berufliche Neuanfang fiel ihm dagegen schwer; er mußte zunächst „berufsfremd" als Bergmann, und nicht als Angestellter, anfangen: „Das Berufliche war sehr schwierig. Alles stand jetzt unter dem Eindruck, doch irgendwie parteilich gebunden gewesen zu sein, ob aktiv oder weniger aktiv." Wahrscheinlich meint Erwin Fenne hier seine Probleme mit der eigenen SA-Vergangenheit. Noch schwieriger wurde es für ihn dadurch, daß er jetzt gewerkschaftlich aktiv war: „Alle die, die sich gewerkschaftlich betätigten, wurden dann, ich will nicht sagen: benachteiligt behandelt, aber man ließ es sie merken: ‚Meine Güte, Herr Fenne, Sie wollen doch beruflich weiter kommen. Sie haben doch die und die Chancen. Müssen Sie denn dahin? Das ist doch was für Arbeiter, nicht für Angestellte. Halten Sie sich ein bißchen bedeckt. Das kann nur Ihr Schaden sein.' Und das haben wir nämlich gemerkt: Jeder nimmt das Wort Demokratie in den Mund, aber jeder verhält sich genau wie zur Kaiserzeit und wie zur Nazizeit." Mit einem Vorgesetzten — „ein excellenter Bergmann, aber auf der anderen Seite war er einer der brutalsten Vorgesetzten" — bekam er Krach wegen einer Kleinigkeit. „Dann haben wir so voreinander gestanden. Ich hab ihm nur gesagt, ich sag: ‚Herr K., wenn Sie versuchen, mich anzugreifen, rechnen Sie damit, nicht wahr, Sie kommen hier nicht mehr lebend raus. Wenn Sie glauben, mich so behandeln zu können, wie meinen Vater und alle Ihre Untergebenen, Ihre Steiger, dann haben Sie sich geirrt.' Wutschnaubend haute der ab: ‚Männeken, wir sprechen uns noch.'" Kaum wieder über Tage, lag schon der Bescheid da, „ich soll mich beim Betriebsinspektor melden. Ich sag: ‚Okay', da lag er in seiner Badewanne, schwarz, und sagt noch: ‚Ja, Jüngsken, was hast Du mir zu sagen?' Ich sag: ‚Nichts.' — ‚Keine Entschuldigung?' — Ich sag: ‚Keine Entschuldigung. Im Gegenteil, ich finde Ihr Verhalten mir gegenüber sehr rüpelhaft. Und das laß ich mir nicht bieten.' Da sagt er: ‚Hau ab! Du betrittst die Schachtanlage nicht mehr.'" Am anderen Morgen beschwerte sich der

Betriebsinspektor bei Erwin Fennes Vater: „‚Was haben Sie denn da für ein Söhnchen? . . . Das eine sag ich Ihnen, der hat verschissen bis zur Steinzeit und zurück.' Wortwörtlich: ‚bis zur Steinzeit und zurück.' . . . Mein Vater kam mit so'nem Gesicht nach Hause, die Schlappohren, die konnte ich fast richtig sehen. Da sagt er: ‚Meine Güte, was hast Du gemacht?' Jedenfalls, ich war beschämt über den ganzen Verein, ich war beschämt über meinen eigenen Vater, aber ich wußte ja, er hat gehorchen gelernt." Von dem Tag an durfte Erwin Fenne sich nicht mehr auf der Schachtanlage sehen lassen, bekam aber über Tage als Kartenzeichner eine angenehme Arbeit mit Überstunden und Privatvertrag. „Und das kann ich Ihnen sagen, das waren monatlich 400 bis 500 Mark, das war soviel, wie mein ganzes Gehalt war."

Durch diese Arbeit kam er viel im Betrieb herum und wurde bekannt, denn er setzte sich gewerkschaftlich für Kollegen ein. „Und es passierte sehr viel in solchen Verwaltungen. Also so kleine Wichte, so kleine Angestellte in der tiefsten Gehaltsklasse, die werden da überhaupt nicht ernst genommen, die werden dementsprechend behandelt. Und wenn ich da helfen konnte, dann hab ich das auch getan. Das machte mich langsam bei den Kollegen bekannt und dann gab's bei der nächsten Betriebsratswahl im März 1953 nur einen Kandidaten. Das war ich." Seitdem hat Erwin Fenne sich mit Arbeits- und Sozialrecht und mit den Gerichtsentscheidungen zum Betriebsverfassungsgesetz befaßt. „Und ich muß das ehrlich sagen, wenn Sie mit an solchen Entscheidungen in einem Großunternehmen teilhaben wollen, dann ist Wissen die erste Voraussetzung."

„Wie ich zum Betriebsrat gewählt wurde, da wurde ich, da war ich überhaupt auf einmal der liebste Gast. Im ersten Augenblick wurde ich zum Werksleiter gerufen, der gratulierte mir. Ich bekam guten Kontakt hier zum Betriebsinspektor K., der eigentlich meine berufliche Karriere ganz stark negativ beeinflußt hat. Alles war auf einmal vergessen. Aber ich hab nichts vergessen."

Erwin Fenne wurde zweiter Vorsitzender des Betriebsrats, war im Wirtschaftsausschuß, „wurde in alle Ausschüsse gewählt, denn jetzt kam ja mein bergmännisches Wissen, die Geologie, die Tektonik, wie ein ganzes Grubenfeld zusammenhängt — alle diese Dinge, die ja wichtig sind, die kamen mir jetzt zugute. Ich konnte überall mitreden." Dadurch bekam er Vertrauen bei den Kollegen, die ihn immer wieder wählten, dadurch bekam er auch Lob von älteren und erfahreneren Betriebsräten, die sagten: „Ja, uns fehlen mehr solche Leute, die gewillt sind, sich das Wissen anzueignen, was einfach heute notwendig ist, um hier entsprechend unserer gesetzlichen Regelung jetzt auch die Mitverantwortung zu tragen."

1956 trat Erwin Fenne in die SPD ein; 1960 wurde er Mitglied des

Gesamtbetriebsrats und des Aufsichtsrats. 1970 kam er im Zuge der Umordnung zu einer anderen Schachtanlage, wo er Personal- und Sozialdirektor wurde; zwei Jahre später wurde er dort Prokurist (im Bereich des Arbeitsdirektors).

Trotz großer Zufriedenheit mit seiner Laufbahn ist er heute manchmal traurig darüber, daß er „so die schönsten Jahre verpaßt hat", denn er hat seine beiden Kinder kaum aufwachsen sehen.

Die eingangs wiedergegebene Interviewpassage aus dem Gespräch mit Erwin Fenne scheint in einem merkwürdigen Gegensatz zu seinem Lebensbericht zu stehen: In dem Zitat ist die Entnazifizierung mit Hoffnungen auf Änderungen bei Unternehmern verbunden — wie er dies von den Erwartungen an einen aktiven Gewerkschafter vermuten könnte —, während im Lebensbericht auch die Schwierigkeiten mit der eigenen Entnazifizierung anklingen. Vielleicht entspricht das Eingangszitat auch der kollektiven Gewerkschaftsverarbeitung der Geschichte, wie sie von ihm aufgenommen wird. Trotzdem oder auch gerade deswegen könnte sowohl das Eingangszitat als auch die Lebensgeschichte Erwin Fennes klarmachen, was die meisten Betriebsräte als ihre besondere Leistung in dieser Gesellschaft empfinden: sie haben nicht nur den Lebensstandard für die Kollegen angehoben und abgesichert, nicht nur soziale Errungenschaften durchgesetzt, sondern auch und vor allem darüber hinaus den Arbeitern und Angestellten, die bisher wie „kleine Wichte", „ohne Würde", „wie Dreck", „wie das Allerletzte" behandelt worden waren, ihre Würde und eine Beschwerdeinstanz mit Macht und Durchsetzungsvermögen gegeben. Das scheint für sehr viele wichtiger gewesen zu sein „als alles ideologische Brimborium", als alle weiterführenden gesellschaftspolitischen Vorstellungen. Erwin Fennes Lebensgeschichte macht auch nachvollziehbar, weshalb das für ihn so besonders wichtig war: Die eigenen Eltern, besonders der Vater, waren durch die Kaiserzeit und — von den Weimarer Jahren kaum unterbrochen — durch die Nazizeit so sehr als „Untergebene" zu Subalternen erzogen worden, daß sie das Geducktsein nicht einmal wahrnahmen. Der Sohn nun hat während des Nationalsozialismus, durch Umzug, durch Sport, Schule, Jungvolk, HJ und Militär gelernt, daß nur der Starke und Intelligente oben auf der „Hackordnung" steht; er hatte durch seine im Nationalsozialismus eröffneten Möglichkeiten eine individuelle Perspektive auf Weiterbildung, ja auf eine bessere Zukunft bekommen, die durch den Krieg wieder zerstört wurde. Die Subalternitätserfahrung war dann für Erwin Fenne besonders im Krieg so groß, daß er sich danach nicht mehr so behandeln lassen wollte. Und er behauptet, daß dies sehr vielen anderen seiner Generation ebenso ging, die sich hier von Gewerkschaft und Mitbestimmung eine Änderung erwarteten. Gleichzeitig wollte Erwin Fenne *persönlich* nicht mehr unten auf der Hackliste stehen, wußte, daß nur der Starke, Intelligente, Durchsetzungsfähige nach oben kommt. In dieser Verbindung von allgemeinen sozialen Hoffnungen für die Zukurzgekommenen und persönlichen Hoffnungen auf Besserstellung wollte er von 1945 ab „kräftig mitmischen". Und nicht nur seine Geschichte vom Vater, dem er bei weiterer Prügel selbst Schläge androhte, erscheint wie ein kleiner Vatermord gegenüber einem subalternen Erzeuger, der „nur gehorchen gelernt hatte, sondern auch die Auflehnung gegenüber dem Betriebsinspektor. Überall spielen körperliche Kraft, die Haltung, man darf sich nichts gefallen lassen, und ein Machtgefühl eine große Rolle (in der Schule, auf der Straße, beim Jungvolk und der HJ, beim Vater, bei der Auseinandersetzung mit dem Vorgesetzten). Und im Betriebsrat wie in der Mitbestimmung wird er erfolgreich, weil er sich für sich, aber auch für die Kollegen stark macht. Die Lehre: Man erringt Macht und wird selbst erfolgreich, wenn man für andere Erfolge verbucht.

Diese Haltung ist eher bei den jüngeren Befragten zu finden, die in ihrer Jugend gelernt haben, daß die persönliche Leistung Fortkommen ermöglicht, die nach den Kriegs- und Zusammenbruchserfahrungen zunächst „von Politik die Schnauze voll" hatten und dann über die Gewerkschaft und den Betriebsrat zur SPD-Politik kamen. Für ihre ersten gewerkschaftlichen Schritte waren noch nicht — wie später — politische Visionen oder eine bewußte politische Ablehnung des Nationalsozialismus von Bedeutung. Anders war es bei den meisten Älteren, die für ihre ersten Nachkriegsaktivitäten noch politische Begründungen und Visionen hatten, während sie durch die Nachkriegszeit eher auf den Betrieb fixiert wurden. Daher antworteten Ältere zumeist mit politischen Vergleichen zum Nationalsozialismus, wenn sie nach den Fortschritten durch ihre Arbeit befragt werden. So auch Herr Berger:

„Ho, das ist aber schwer. In welcher Beziehung meinen Sie? Gesellschaftspolitisch? Technisch oder was? (...) Wir haben doch gesellschaftspolitisch in dieser Zeit von meinem Standpunkt aus gesehen, von vor dem Krieg bis heute gewaltige Fortschritte gemacht. Ich meine jetzt rein im Gesellschaftspolitischen — also von der Diktatur zur Demokratie mit all den Möglichkeiten des Mitwirkens, die eine Demokratie gibt... Aber sonst, also im gesamten gesellschaftspolitischen Bereich hat es ja den größten Fortschritt in der Technik gegeben, einen Fortschritt, den wir alle, die wir heute leben, vor zwanzig Jahren nicht angenommen hätten. Das ist also ein ungewöhnlicher Fortschritt. Die Frage, die ja jetzt kommen muß: wie wird der Mensch eigentlich mit diesem technischen Fortschritt fertig? Das wissen wir heute alle noch nicht. Wir wissen heute alle noch nicht, wie die Kinder mit der Elektronik fertig werden, die da jetzt hineingeboren werden. Wie der Mensch insgesamt damit fertig wird, das ist noch eine Frage für mich. Der muß noch unheimlich viel lernen, um damit

153

fertig zu werden, sich die Technik zunutze zu machen und nicht von der Technik total abhängig gemacht zu werden."[157]

Nahezu alle Betriebsräte betonen, daß durch ihre Arbeit und durch die Arbeit der Gewerkschaften in der Bundesrepublik Fortschritte erreicht wurden: Ohne sie wäre der Fortschritt von der Diktatur zur Demokratie nicht vollzogen worden; sie seien die „Hüter der Demokratie" gegen das Kapital, aber auch gegen rechte und linke „radikale Strömungen". Ohne die Betriebsräte und die Gewerkschaften wären heute die Rechte und die gesellschaftlichen Möglichkeiten der Arbeitnehmer auf allen Gebieten beschnitten und der hohe Lebensstandard wäre nicht erreicht worden. Die verantwortungsvolle Haltung der Gewerkschaften hätte die „soziale Demokratie" geschaffen auf der Grundlage eines auch von ihnen getragenen technischen Fortschrittes der deutschen Industrie und ihrer Exportfähigkeit auf dem Weltmarkt.

> „Eines ist mir klar: Wenn wir nicht diese starken Gewerkschaften hätten, dann hätten wir das, was wir heute in der Bundesrepublik haben, nicht. Denn es gibt ja wohl keine Gewerkschaft auf der Welt, die so verantwortungsbewußt die Dinge mitgetragen hat, wie gerade unsere Gewerkschaft."[158]

Wegen dieser Beteiligung der Gewerkschaften am gesellschaftlichen Leben — meinen einige — könne sich heute kein Gewerkschafter für unverantwortlich an dieser Entwicklung erklären. Allerdings fragt sich der gleiche Gisbert Pohl, von dem das letzte Zitat stammt, wie weit es heute mit der Möglichkeit der Mitverantwortung der Betriebsräte steht:

> „Mitverantworten können Sie doch nur, wenn Sie das Gefühl haben, daß Sie auch wirklich mitverantworten *können*, daß Sie auch wirklich auf die Dinge, die entscheidend sind, Einfluß haben. Sonst wird das witzlos. Ich hab in den letzten Jahren meines Arbeitslebens feststellen müssen als Aufsichtsratmitglied: selbst die Leute, die uns gegenüber saßen, als Aufsichtsratsvorsitzender und so weiter, haben im Grunde genommen keine Bewegungsfreiheit mehr . . . der wird von der Geschäftsleitung genauso über den Löffel balbiert wie die Betriebsräte . . . Früher hatte man das Gefühl, man spricht von Mensch zu Mensch miteinander (mit der Leitung). Jetzt verstecken die ihr Menschsein roboterhaft." „Heute sitzt einem die ‚Dutschke-Generation' gegenüber und die ist knochenhart. Von denen hatten wir mal etwas anderes erwartet, und die stehen uns heute auf den Chefetagen gegenüber. Das Klima da oben hat sich verhärtet."[159]

Rückschritte in den letzten 35 Jahren sehen sehr viele Betriebsräte nicht nur in der Verschärfung des Klimas zwischen den „beiden Seiten", sondern auch und vor allem in den persönlichen und den nachbarschaftlichen Beziehungen der Menschen untereinander.

Die meisten von ihnen glauben an einen technisch-ökonomischen Fortschritt, der bei Begrenzung der Macht des Kapitals die Basis auch des sozialen Fortschritts sei. Trotzdem scheint einigen — der Minderheit der befragten Betriebsräte — der Umgang des Menschen mit dem technischen Fortschritt problematisch.

Einige der Befragten bewerten die Bedeutung des technischen Fortschritts für die sozialen Verbesserungen höher als die des politischen oder ökonomischen Systems: Wenn heute nur alle fest anpacken wie in der Zeit des Wiederaufbaus und des „Wirtschaftswunders", wenn alle nur wieder Leistung bringen würden, dann würde es auch heute wieder bergauf gehen — ob hier oder in Polen. Überall auf der Welt gäbe es nur eine Betriebswirtschaftslehre: das Rentabilitätsprinzip — unabhängig vom gesellschaftlichen System. Überall auf der Welt gäbe es „Realisten" und „Radikale", „Vernünftige" und „Fanatiker", „Radaubrüder" und „Gemäßigte" — ob „in der Waffen-SS oder in der Hausbesetzer-Szene" (Gisbert Pohl). Auch in diesen Argumentationsfiguren scheint die Form der Vertretung und Durchsetzung von Interessen entscheidend und nicht die jeweiligen unterschiedlichen Zielsetzungen. Als Erklärung dieser Argumentation müssen wohl nicht nur die Nachkriegs-, sondern vor allem die NS-Erfahrungen gerade bei den Jüngeren herangezogen werden: Denn „sieht man vom Inhalt einmal ab", dann muß man die eigene Tätigkeit im Nationalsozialismus und im Krieg auch nicht en bloc negativ bewerten, sondern kann das Positive ohne schlechtes Gewissen übernehmen: z. B. die Organisations-, die Gemeinschafts- und die Aufstiegserfahrungen.

Vorherrschend und nach den Erfahrungen des Aufbaus in der Nachkriegszeit verstehbar ist ein technisch-funktionales Fortschrittsdenken, ein „realistischer Pragmatismus", ein ausgeprägtes Leistungsdenken, ein positives Arbeitsethos und damit verbunden das mehrfach dargestellte Aufstiegsdenken: Der Stolz auf persönliche Leistungen durchzieht die Interviews in einer sprachlich wie inhaltlich ausdrucksvollen Weise mehr noch als der Stolz auf die sozialen Erfolge. Vor allem wird das eigene Redetalent hervorgehoben, denn als Betriebsrat müsse man „eine große Schnauze haben", sonst käme man bei den Kollegen nicht an.

2. „Überall in der Welt herrscht das Rentabilitätsprinzip" oder vom Verhältnis des Einzelbetriebs zur Gesamtgesellschaft.

(Werner Jabels Lebensgeschichte)

Werner Jabel und der Interviewer, die beide ein freundschaftliches und offenes Verhältnis während mehrerer Befragungen und anderer, teilweise privater Treffen in drei Jahren entwickelt haben, unterhalten sich über das Verhältnis von allgemeiner und betrieblicher Krise. Nachdem Werner

Jabel sehr ausführlich von Krisenprogrammen der Geschäftsleitungen und Betriebsräte des Konzerns erzählt hat, fragt ihn der Interviewer:

„Haben Sie manchmal das Gefühl gehabt, daß man als Betriebsrat — auch im Denken — sehr stark an diesen *einen* Betrieb gebunden ist?"

Werner Jabel: „Die Schwierigkeiten im eigenen Betrieb, wo das Mandat herkam, lagen anders wie die Verhältnisse im Gesamtunternehmen. Im Gesamtunternehmen muß ich für die Serienerzeugnisse wie für die Arbeitsplätze der Anlagentechnik tätig sein; hier in der Stadt nur für die Anlagentechnik . . ."

Interviewer: „Sie mißverstehen mich. Ich meine jetzt gerade nicht nur die Ebene des Konzerns, sondern z. B. die nationale. Man kann sich doch fragen: Kommt eigentlich das Problem, das ich hier in dem Betrieb habe aus unserer eigenen betriebswirtschaftlichen Planung oder Fehlplanung? Oder kommt das nicht vielmehr daher, daß die Konkurrenz auch nicht geschlafen hat, vielleicht vom Konkurrenzprinzip in der freien Marktwirtschaft, das dann dazu führt, daß der Betriebsrat nicht über den einzelnen Betrieb hinaus denken kann; denn auf der anderen Seite stehen Betriebsräte, die das für ihren Betrieb, mit dem ich in Konkurrenz gerate, auch planen müssen."

Werner Jabel: „Nein, nein. Das ist eine irrige Auffassung. Das ist eine irrige Auffassung. Denn die Probleme, die ich hier in der Stadt gehabt habe aus der Anlagentechnik heraus, waren genau die gleichen, wie mein Kollege sie bei Siemens und bei der AEG hatte. Und wir standen uns überhaupt nicht als Konkurrenten gegenüber, nur als Mitbewerber, nicht als Konkurrenten. Wir arbeiteten ja an den gleichen Objekten, in unterschiedlichen Bereichen."

Interviewer: „Aber für die gibt es doch nur einen begrenzten Markt?"

Werner Jabel: „Nein, so identisch sind die Produkte ja gar nicht."

Interviewer: „Nehmen Sie mal die Eisschränke. Ob Siemens sie produziert, ob BBC sie produziert oder AEG. Eisschränke sind nur in einer begrenzten Anzahl absetzbar. Das heißt, wenn Sie Eisschränke produzieren, dann wissen Sie doch genau, das macht AEG auch und versucht auch seinen Markt zu erweitern."

Werner Jabel: „Nein, da sind Sie im Irrtum. Da sind Sie im Irrtum (erregt). Da sind Sie im Irrtum. Eine bestimmte Type läuft bei BBC auch für Siemens und AEG. Und der, der an der Bandstraße steht, der hat nur aufzupassen, daß das Etikett und die Verpackungskiste vom Namen her identisch sind. Denn das kann die Hausfrau nicht verstehen, daß da ein AEG-Kühlschrank aus einer Siemenskiste rauskommt. . . Es gibt doch nur eine scheinbare Konkurrenz draußen. Das leuchtete uns als Betriebsräten, die aus der Haushaltsfertigung kamen, schon lange ein . . . Erst als die ausländische Konkurrenz kam, ob das jetzt von den Italienern und später über die Versandhäuser aus der DDR kam, da wurden die Verhältnisse für uns schwieriger, weil wir nämlich mit den Billigprodukten die Arbeitsplätze langsam aber sicher verloren haben."

Interviewer: „Also existiert diese Konkurrenz."

Werner Jabel: „Natürlich existiert sie, aber doch nicht für uns als Betriebsräte."

Interviewer: „Aber denken Sie dann für die Belegschaft Ihres Betriebs oder auch daran, was ist eigentlich das Gesamtinteresse für sämtliche Arbeiter in der Bundesrepublik? Sie sind doch auch gleichzeitig Mitglied der IG Metall."

Werner Jabel: „Ja, dafür waren wir doch gewerkschaftlich organisiert."
Interviewer: „Das machte die Gewerkschaft?"
Werner Jabel: „Das machten *wir* in der Gewerkschaft. Das machten *wir* in der Gewerkschaft. Damit die Kalkulationsbasis (der verschiedenen Firmen) gleich blieb über die Tarifverträge. Und wir haben nur einen entsprechenden Spielraum ausgeschöpft. Und da hat der einzelne Gesamtbetriebsrat ausgelotet, was steckt aufgrund der besseren organisatorischen Abläufe beispielsweise für meine Belegschaft drin. Und da hat BBC später 1960 die sogenannte Erfolgsbeteiligung eingeführt; die Siemens-Leute sind andere Wege gegangen und die AEG ist auch andere Wege gegangen. Aber wir haben das im Großen und Ganzen abgesprochen als Gesamtbetriebsräte . . . Jawoll, da haben wir gesagt: Was habt Ihr für Überlegungen außerhalb der Tarifverträge. Für die Tarifverträge haben wir doch in den einzelnen Fachgruppen, beispielsweise der Elektroindustrie zusammen gesessen. Wir haben doch beispielsweise dafür gesorgt, daß für die Monteure einheitliche Berechnungsgrundlagen aufgestellt wurden . . . Bei unterschiedlichen Tarifen hätte doch der Kalkulator, der Projektierungsingenieur, der hätte doch mit anderen Werten rechnen müssen. Und da haben wir uns hier zusammengesetzt als Gewerkschafter und Betriebsräte und haben gesagt: ‚Wir machen eine einheitliche Kalkulationsbasis, damit nicht auf dem Buckel der Monteure die Kalkulationen laufen.' . . . Und das ist doch für uns als Betriebsräte wichtig, daß wir zumindest eine einheitliche Kalkulatonsbasis haben müssen bei allen Mitanwärtern (also den verschiedenen Firmen.)"
Interviewer: „Also, wenn ich Sie recht verstehe, meinen Sie, daß über die gemeinsame Tätigkeit der Gesamtbetriebsräte das Konkurrenzprinzip zumindest auf der Personalkostenseite — ".
Werner Jabel: „— eliminiert wird. Ganz genau . . . Es gab kein Konkurrenzdenken unter den Betriebsräten.
Interviewer: „Das kann ich mir höchstens vorstellen in Zeiten des Aufschwungs. Aber in Zeiten, wo es darum geht, eine Krise zu bewältigen, Sozialpläne zu organisieren —"
Werner Jabel: „Langsam. Innerhalb von sieben Jahren ist immer eine Arbeitslosigkeit . . . Das ist doch nicht so, daß wir die Arbeitnehmerschaft gegeneinander gebracht hätten. Dann haben wir uns politisch eingesetzt und haben versucht, mit irgendwelchen Sonderprogrammen der Politiker darauf Einfluß zu nehmen, neue Aufträge zu bekommen. Z. B. über die öffentliche Hand. Da konnte man schon was tun . . . Da hat es immer eine Zusammenarbeit von Betriebsräten untereinander gegeben, die es auch heute gibt. Man versucht doch herauszufinden, wann geht das weiter, wie sind die Investitionspläne. Die Gesamtbetriebsratsvorsitzenden sind in der Regel ja auch alle in den Aufsichtsräten. Und in den Aufsichtsräten wurden doch die Investitionsprogramme beschlossen. Da geht es darum: Wenn ich eine wirtschaftliche Rückläufigkeit im eigenen Betrieb (habe) — wie sieht das im Nachbarbetrieb aus, d. h. also bei den Mitanbietern. Dann haben wir festgestellt, daß die Schwierigkeiten bei uns allen auf der gleichen Ebene liegen. Dann ist der eine Gesamtbetriebsrat zum anderen gegangen und hat gefragt: Wie sieht das bei Euch aus, wann geht das weiter. Dann kam heraus: Ja, bei uns sind 500 Millionen Mark vorgesehen für

nächstes Jahr an Investitionen für die und die und die Objekte. Und da kommt man schon in das Problem der Verschwiegenheit. Jetzt konnte man doch nicht hingehen, wie sich manche Pressefritzen das immer vorgestellt haben, wir stellen uns vor die Belegschaft hin und sagen, da und da werden jetzt soundsoviel Millionen Mark investiert. Dann hätten wir doch unsere eigene Informationsbasis zugekippt . . . Das Entscheidende war doch das Erkennen der Länge der Durststrecke. Und das konnte uns die Unternehmensseite genausowenig sagen wie der Projektierungsingenieur. Denn wenn der sein Angebot abgab und der lag mehrere Prozente höher, dann war die Durststrecke länger, weil der Auftrag doch weg war. Den hatte dann die Konkurrenz gekriegt. Aber es konnte doch nicht so sein, daß jetzt durch die Personalkostenquote der Auftrag verloren ging. Denn der Kalkulator bei uns und der Kalkulator bei Siemens konnte — bei gleichen Kalkulationsfaktoren in den Personalkosten — den Auftrag nur dadurch kriegen, weil er vielleicht eine andere Technik oder eine bessere Organisation in der Technik anzubieten hatte. Aber es konnte doch nicht Schuld der Arbeitnehmer sein. Denn die, die bei Siemens, bei der AEG, bei BBC, bei der GHH waren, die kriegten vom Verdienst her, dafür hatten wir als Betriebsräte in unseren gewerkschaftlichen Organisationen gesorgt, das Gleiche."

Interviewer: „Von der Personalkostenseite. Trotzdem war es so, daß der Auftrag an die Konkurrenz vergeben worden ist. Die Technik und die Organisation hatte billigere Produkte ermöglicht. Dann ist doch aber die Auftragslage begrenzt. Der eine bekam den Auftrag nicht. Ich sag doch nicht, daß das die Schuld der Arbeiter ist."

Werner Jabel: „Die Durststrecke würde länger, wenn der Auftrag nicht kam, dann mußte das Personal bis zum nächsten Auftrag . . . bei einer schlechten Auftragslage, da mußte der Kundenkreis unter Umständen erweitert werden. Und das ist dann der Ausweg gewesen — in den Export. Über einen Zeitraum von zehn, wenn nicht sogar fünfzehn Jahre, hatten wir im Ausland überhaupt kein Standbein."

Interviewer: „Wissen Sie, es geht mir doch nicht um Schuldzuweisung. Mein Problem war doch ein anderes von der Fragestellung her. Sie tun so, als ob die Auftragslage etwas wäre, was unabhängig von politischen, gesellschaftlichen Gesamtrahmenbedingungen her bestimmt wäre."

Werner Jabel: „Jawoll. Das ist sie auch."

Interviewer: „Woher kommen dann Krisen. Gibt es z. B. keine Überproduktionskrisen mehr?"

Werner Jabel: „Ja, natürlich. Aber die liegen doch nicht im Bereich der betriebsrätlichen Aktivität."

Interviewer: „Das ist doch gerade das, was ich meine. Ihre Arbeit kann sich nur hauptsächlich beschränken auf die Aktivitäten, die die Personalkosten, soziale Dinge, Weiterbildung usw. betreffen. Die krisenhafte Entwicklung kommt aber möglicherweise nicht aus diesem Bereich, sehen wir mal vom schlechten Management oder schlechter Investitionsplanung ab. Meine Frage richtet sich dahin: Was haben Sie getan, um gesamtgesellschaftliche und nicht nur die betrieblichen Bedingungen für die Aufhebung einer schlechten Auftragslage oder eine Überproduktionskrise zu verbessern. Das ist doch der Punkt."

Werner Jabel: „Ja."

Interviewer: „Was ich meine, ist etwas anderes, nämlich das gerade dadurch, daß jeder Betrieb für sich investiert, für sich plant — für sich wohlgemerkt —, daß dadurch die Überkapazitäten in unvorhersehbarer Weise entstehen, denn erst auf dem Markt entscheidet sich später, nach der Planung, was von dieser Planung eigentlich realistisch war und was nicht. Jetzt haben alle diese Großen, die Sie genannt haben, so und soviel investiert und hinterher stellt sich raus: Damit ist der Markt überfordert."

Werner Jabel: „Und da muß ich die Frage stellen: Was haben unsere Politiker in der Richtung gemacht. Wir, die Gesamtbetriebsratsvorsitzenden, haben immer auf die politische Linie hingewiesen . . . Und wenn beispielsweise hier in der Stadt eine neue Fabrik gebaut werden sollte und man weiß auf der politischen Ebene über die Betriebsräte und Gewerkschaften, daß also diese Fabrik zur Überkapazität führt, dann kann ich sie doch im Grunde genommen im Bau verzögern. Ich kann sie nicht verhindern, aber verzögern kann ich sie."

Interviewer: „Sie als Betriebsrat?"

Werner Jabel: „Nicht als Betriebsrat. Auf der politischen Ebene. Auf der politischen Ebene, das ist doch versäumt worden . . . Genau eine gleiche Frage: Die öffentliche Hand — das sind doch alles unsere Politiker, ob das von Schwarz über Rot oder Rosarot bis hin nach Blau, das spielt doch überhaupt keine Rolle, sie haben sich alle im Grunde genommen fehlverhalten. Heute kommt das raus. Die öffentliche Hand wird von den Baufirmen (die sich absprechen) über den Leisten gezogen . . . Das ist doch politisch eine Frage der Investitionen im Bereich der öffentlichen Hand. Ich kann doch nicht alles auf die Unternehmer abwälzen. Das Ziel muß doch sein, Arbeitsplätze zu erhalten. Und Arbeitsplätze würden erhalten, wenn ich aus dem Steueraufkommen der breiten Masse das Entsprechende für die Sicherheit für die Arbeitsplätze tue. Jetzt könnten Sie natürlich ideologisch sagen: ‚Und was machen die in anderen Gebieten, die wollen doch auch Arbeit haben.'"

Interviewer: „In der Tat."

Werner Jabel: „Da muß ich sagen, das ist natürlich richtig, aber wo liegt denn die Vordringlichkeit, wenn ich mich als politisch denkender Gewerkschaftler mit dem Problem beschäftigen will."

Interviewer: „Ja, aber sehen Sie es denn als einen Zufall an, daß gerade diese gemeinsame langfristige Planung zwischen politischen Stellen, öffentlicher Hand und zwischen einzelnen Betrieben nicht zustande kommt?"

Werner Jabel: „Nein, das ist kein Zufall. Sondern das ist vielleicht für manchen, ich will nicht sagen für alle, für manchen, der im politischen Bereich tätig ist, zu hoch."

Interviewer: „Man könnte auch sagen, es sind unterschiedliche Interessen. Wenn man von der einzelnen Firma ausgeht, versucht man natürlich, die Interessen dieser Firma zu vertreten. In der öffentlichen Hand können Sie das nicht. Wo stehen Sie da als Betriebsrat? Stehen Sie dazwischen? Stehen Sie mehr auf der Seite des Einzelbetriebes?"

Werner Jabel: „Ich muß zunächst einmal davon ausgehen: Der Auftrag für den Betriebsrat kommt ja aus der eigenen Belegschaft, für die Interessen der

159

Belegschaft vor Ort. In dem Gesamtbetriebsrat oder Konzernbetriebsrat ist es die Gesamtbelegschaft. Aber es wächst natürlich mit dem Vorsitz vom örtlichen Bereich bis in den Gesamtbetriebsrat auch die Einflußmöglichkeit. Es ist doch ein Unterschied, ob ich einen Betriebsratsvorsitzenden hab, der für zehn Mann im Betrieb ist oder wie bei Krupp für 30.000. Auch die Gewichtigkeit im politischen Leben, mal ganz unabhängig vom gewerkschaftlichen Bereich, die kann nicht einfach unter den Teppich gekehrt werden... Wenn wir jetzt in einer Branche mit fünf Gesamt- oder Konzernbetriebsratsvorsitzenden beim Bundeswirtschaftsminister vorsprechen, dann vertreten wir immerhin unter Umständen eine halbe Million Leute in unseren Betrieben. Dann wird uns der Wirtschaftsminister, heute von der CDU und gestern von der SPD empfangen. Zufällig ist das derselbe, nech. Das Gleiche gilt auch für die Ministerialbürokratie. Oder wenn es beispielsweise um wichtige Exportaufträge geht, und dieser Auftrag liegt an der Grenze der Möglichkeiten der Hermes-Bürgschaft, dann ist doch logisch, daß ich dem zuständigen Ministerialbeamten sage, was dahinter steht. Denn ich spreche als Interessenvertreter der Arbeitnehmer, und die Unternehmensleitung durch ihren Beauftragten hat das schon dargestellt... Und wenn ich jetzt als Konzernbetriebsratsvorsitzender untermauere, daß soundsoviele Arbeitsplätze in Gefahr sind, dann hat der das zumindestens in seine Überlegungen einzubeziehen und wird das in der Regel tun.

Das haben wir doch bei internationalen Aufträgen auch gehabt, daß beispielsweise die Siemens-Leute, die AEG-Leute und die BBCisten mit anderen Baufirmen an internationalen Objekten beteiligt sind. Denken wir an den Cabora Bassa Staudamm, wo die Schießerei da unten in Gang war. Da bin ich mit einem Vorstandsmitglied runter gefahren, da habe ich genauso für meine Siemens-Kollegen gesprochen wie für die eigenen."

Interviewer: „Aber bedenken Sie auch, um bei diesem Fall zu bleiben, was das eventuell für Folgen für die dortige Bevölkerung hat?"

Werner Jabel: „Wo?"

Interviewer: „Nehmen Sie mal den Cabora Bassa Staudamm."

Werner Jabel: „Ja, wir sind ja auch bei den Frelimos gewesen. Heute sind sie ja heilfroh, daß sie den Cabora Bassa Staudamm haben ... Heute liefert auf der einen Seite die Republik Moçambique vom Cabora Bassa Staudamm nach Südafrika den ganzen Strom. Sie selber brauchen so gut wie gar nichts davon. Mit dem Strom bezahlen sie heute ihre Infrastruktur. Das wär doch alles nicht möglich gewesen, wenn Eisenbahnlinien und ... Masten in die Luft gesprengt würden ... Das ist viel einfacher, als wenn ich eine Brücke umschmeiße. Und trotzdem geschieht das nicht ... Ideologien sind Wunschvorstellungen und ökonomische Verhältnisse haben in der Regel mit Wunschvorstellungen nicht allzuviel zu tun. Sie können zwar von ideologischen Überlegungen beeinflußt werden."[160]

Werner Jabel wurde 1919 im Ruhrgebiet geboren. „Mein Vater kam vom Niederrhein, war gelernter Schuhmacher, wollte mehr verdienen und übte deshalb verschiedene Tätigkeiten bei der Reichsbahn, bei Krupp usw. aus und arbeitete schließlich als Huf- und Wagenschmied bei einem Großbetrieb im Revier. Er war Sozialist und gewerkschaftlich organisiert. Meine Mutter stammt im Gegensatz zum Vater, der katholisch war, aus einem evangelischen Elternhaus. Vor der Heirat war sie in Stellung gegangen, war Hausangestellte bei einem Bankier, danach arbeitete sie als Hausfrau." Die Eltern lernten sich um 1910 kennen. „Dann war sie eigentlich die treibende Kraft: Aus ihm (dem Vater) sollte etwas mehr werden. Und er machte dann einen Schumacherladen auf." In schlechten Zeiten „ging die Mutter putzen" in einem nahegelegenen Betrieb. Im Ersten Weltkrieg wurde der Vater eingezogen, arbeitete dann wieder als Huf- und Wagenschmied. „Im Jahre 1919 haben die dann geheiratet und er wurde arbeitslos und engagierte sich gewerkschaftlich und politisch. Und er war dann vorübergehend wieder in Arbeit, wurde dann wieder erwerbslos und hat in der Zwischenzeit aber immer nebenbei Schuhe repariert." Werner Jabel erinnert sich seiner ersten politischen Eindrücke in der „Arbeitslosenzeit" (1928 bis 1932): Auf einer nahegelegenen Kreuzung fanden 1. Mai-Demonstrationen statt und es „spielten sich interessante Szenen ab". „An den Ecken standen immer 30, 40 und manchmal mehr Arbeitslose zusammen", und die riefen von den Ecken aus: ‚Wir haben Hunger!' Und die Polizei kam dann mit Überfallkommandos angefahren und räumte die Kreuzung ... Dann zogen die meistens auf den Markt und schon war eine größere Zahl von Arbeitslosen zusammen, und man konnte das als Demonstrationszug mehr oder weniger betrachten, ohne Transparente, ohne größeren Firlefanz." Werner wurde katholisch erzogen und besuchte die katholische Volksschule gegenüber einer Zeche, deren Abgase sie bei Ostwind mitbekamen — dann gab es „Kokerei-Frei". Von den Fuhrwerken heruntergefallene Kohlen sammelten die Kinder auf, denn „zur damaligen Zeit war ja kein Geld zu Hause." Nach der Volksschule ging Werner auf die Oberrealschule, wo man das Abitur machen konnte: „Der Vater und die Mutter, die beiden wollten mehr aus meiner Persönlichkeit oder aus meinem zukünftigen Leben machen. Und da mußte ich also hin; nur mit dem Unterschied, daß also der Vater Schwierigkeiten mit dem (Hoch-) Deutschsprechen hatte, und die Mutter versuchte das immer zu übertünchen. Aber eine entsprechende Rückendeckung zu Hause beim Lernen, die hatte ich nicht. Und die Folge war natürlich, daß man feststellte, das ist also eine Nummer zu groß. Denn ich kam nun als Sohn armer Schlucker, will ich mal sagen, auf die Oberrealschule, wo in der Hauptsache Kinder aus der Hierarchie (des Großbetriebs) waren, wenn ich mal die Hierarchie schon beim Meister und Betriebsleiter ansetze." Nach einem Jahr mußte Werner Jabel daher die Oberrealschule verlassen und machte dann auf einer Mittelschule die Mittlere Reife. Die Jabels wohnten in einem Miets-haus zusammen mit sechs Familien und 18 Kindern. Zehn Kinder waren 1929 älter als 14 Jahre und allesamt arbeitslos. Die Gegend, in der sie lebten, hatte „eine gute Nachbarschaft", wo die Mütter zusammen „Kappes schnippelten" und die Väter auf einer Bank klönten. „Der Vater war nun gewerkschaftlich aktiv, war auch in verschiedenen Tarifkommissionen tätig. Und Tarifverhandlungen wurden vorbesprochen zu Hause. Da kamen dann 5, 6 oder 7 Mann. Die Mutter, die kochte dann also einen Pott Erbsensuppe mit Würstchen. Und dann wurden die ganzen Tarifverhandlungen zu Hause vorbesprochen. . . Mit der Machtübernahme des Tausendjährigen Reiches wurde der Vater verhaftet. Es wurde überall nach Gewerkschaftern und Politikern gesucht. Bei uns wurde der Fußboden aufgerissen, Schränke wurden durcheinander gekegelt, um an irgendwelche Mitgliederunterlagen zu kommen. Der Vater hatte aber schon einen Monat vorher alles verbrannt. Die konnten also nichts finden, hatten aber den Vater mitgenommen. . . All dieses verärgerte natürlich die Bewohner im Hause, was sich die Nazis einfallen ließen. Denn man muß ja davon ausgehen, daß nur geringe Teile der Arbeitschaft auf der Seite des Nationalsozialismus gestanden haben. In einigen Häusern versuchte man sich auch zur Wehr zu setzen, d. h. wenn solche Horden Nazis, also SA-Leute, anmarschiert kamen, dann waren das meistens so zehn bis fünfzehn Mann, die den Hauseingang besetzten und in den einzelnen Etagen die Türen zuhielten, damit die an die entsprechenden Wohnungen nicht ungehindert rankommen konnten. Das ging natürlich nicht überall reibungslos ab. Das ging auch bei uns ziemlich rauhbeinig zu. Da flog denn so ein SA-Mann die Treppe runter, die anderen stürzten sich dann drauf. Und dann ging auch in den Wohnungen, die eigentlich nicht davon betroffen waren, das Porzellan kaputt. Das sind natürlich Erlebnisse, die bei einem Vierzehnjährigen — ich war damals vierzehn Jahre alt — ganz anders wirken als bei einem Sechs-, Sieben- oder Achtjährigen. Denn diese Erlebnisse und die gewerkschaftliche Tätigkeit meines Vaters — auch meine Mutter stand dem gewerkschaftlichen Gedanken, ich möchte mal sagen, nicht feindlich gegenüber — hatten mich bereits für den gewerkschaftlichen Gedanken eingenommen. Während die damals Sechs-, Sieben- oder Achtjährigen stärker vom Nationalsozialismus, der Hitler-Jugend oder Bund Deutscher Mädel beeinflußt wurden. Das waren natürlich Erlebnisse, die man nicht so schnell vergißt." Der Vater bekam nach einer dreivierteljährigen Gefängnishaft keine Stelle, so daß die Mutter bis 1940 putzen gehen mußte. Außerdem erhielt die Familie durch den Geldbriefträger von einer unbekannten Stelle, die sie auch später nicht ermitteln konnte, Geld. Werner bekam um diese Zeit Nachhilfestunden von Jesuiten, durch die er auch zu einer katholischen Jugendgruppe („Neu-Deutschland") kam, was der Vater nicht wissen durfte. „All dieses hat dazu beigetragen, daß ich dann nicht zur HJ gegangen bin, auch nicht zu dem Staatsjugendtag." Stattdessen machte Werner noch in den ersten

Jahren des Nationalsozialismus mit seiner katholischen Jugendgruppe, zu der auch seine spätere Frau gehörte, Fahrten in die nähere und weitere Umgebung. Die Freunde aus „dieser Clique" sind alle bis auf ihn selbst im Krieg gefallen.

Nach Abschluß der Mittelschule im Jahre 1936 begann Werner Jabel auf Wunsch des Vaters eine Lehre als Elektromonteur. „Auch in meiner Lehre hatte ich Glück, denn der Besitzer war Jude, war aber für die Nazis wichtig, weil er viele Patente entwickelt hat, und auch ein Geselle, der war Kommunist (und war im KZ gewesen). In der ganzen Belegschaft waren kaum Nazis. Nach der Lehre wollte ich dann auf die Ingenieurschule nach Dortmund. Ich kam auch an, aber nach zwei Semestern wurde ich einberufen (im Oktober 1940) und habe dann den Krieg mitgemacht, meistens an der Ostfront, den Vormarsch und später auch die Flucht." Werner Jabel wurde entsprechend seiner Ausbildung Funker, kam zunächst nach Poitiers und wurde dann bei Beginn des „Rußland-Feldzugs" nach Ostpreußen verlegt. „Da wurde man ja aus dem bekannten und entwicklungsmäßigen Zusammenleben rausgerissen und kam jetzt in eine vollständig neue Umgebung; da war eigentlich der politische und gesellschaftspolitische Gegensatz überhaupt nicht erkennbar." Zudem hat die „Euphorie der Siege alle Menschen erfaßt. Und man selber konnte sich bei dieser Geschichte gar nicht mehr oder weniger ausschließen." Auch er war — wie beschrieben — von den Blitzkriegen so beeindruckt, daß er meinte: „Der Hitler schafft das also doch." In dem Moment, in dem er, Freunde aus der Bündischen Jugend oder der Ingenieursschule, „die von diesem Krempel nicht allzuviel hielten", „in die Kaserne kamen, war eigentlich alles einer Meinung, daß wir mehr oder weniger den Krieg gewinnen werden." Erst später, etwa ab 1942, tauschte man sich an der Front wieder in politischen Diskussionen aus. Einmal bekam er in seiner Kompanie Ärger mit einem Unterbannführer, der sie bei einer Feier „mit seinen überspannten nationalsozialistischen Vorstellungen aufmöbeln" wollte. Werner und drei Kameraden — alle aus dem „Neu-Deutschland" — haben den dann verhauen. Das führte zu einer Meldung beim Kompanie-Chef, „der auch kein Nazi war", und diese Geschichte nicht weitermeldete. Allen vieren wurde nur der Heimaturlaub gestrichen, so daß Werner erst nach zweieinhalb Jahren wieder nach Hause kam, was aber sein „Glück" war, denn zu der Zeit brach die Ostfront zusammen und seine ehemalige Nachrichteneinheit wurde aufgerieben. Er kam dann in einen neuen Funktrupp, hörte dort wie schon vorher „Feindsender", machte den Rückzug bis Stettin mit und flüchtete dann mit fünf Mann, als während der Kapitulationsverhandlungen bekannt wurde, daß ihr Nachrichtenregiment nach Schottland gebracht werden sollte.

An der Elbe wurden sie von einer englischen Militärstreife aufgegriffen, in ein Internierungslager in Schleswig-Holstein gesteckt und mit „Zigtausenden von Landsern" bei Bauern verteilt. Dort mußten sie auf den Höfen arbeiten, und Werner Jabel konnte dank seiner Ausbildung landwirtschaftliche Maschinen reparieren, wofür er Lebensmittel erhielt. „Und da habe ich dann gedacht: ‚Donnerlittchen, ist doch gut, daß Du also was gelernt hast.'" Dann hat es geheißen, Eisenbahner, Elektriker und Bergleute können vorzeitig in die amerikanische Zone entlassen werden; also meldete er sich freiwillig dahin und setzte in einer Kleinstadt in Bayern den Transformator bei den dortigen Elektrizitätswerken instand — ein Erfolgserlebnis, das ihm auch einige Vorteile einbrachte. Die Familie war nach den großen Bombenangriffen ebenfalls nach Bayern evakuiert worden, wo der Vater gegen Schuhreparaturen, die ihm immer wieder in verschiedenen schlechten Lebenslagen nützten, Naturalien bekam. Unter großer Mühsal hat sich dann die ganze Familie Mitte 1946 nach Hause durchgeschlagen. „Und jetzt sind wir mit dem Güterwagen 14 Tage unterwegs gewesen. Und jetzt mußten unsere Klamotten raus. Und alles, was uns hier noch bekannt war, haben wir versucht abzulaufen. Und da hatten wir überhaupt erstmal eine Vorstellung davon, was von der Stadt noch übrig geblieben war. Waren ja nur Trümmer. Wir hatten ja ganz andere Vorstellungen da unten. Daß das am Ende hier so gerumst hatte, das war uns ja im Grunde genommen aus den Entfernungen heraus gar nicht so bewußt. Denn wenn man das gewußt hätte, hätte man das vielleicht nicht gemacht. Aber jedenfalls, wir haben dann unsere Sachen bei Bekannten untergestellt im Keller, und überall haben wir sie verteilt. Und nun muß man ja davon ausgehen, die Leute waren ja alle untereinander hilfsbereit. Das Zusammengehörigkeitsgefühl, überhaupt daß man mal wieder voneinander hörte, das versetzt ja eigentlich Berge." Ein solches Zusammengehörigkeitsgefühl ist heute verloren gegangen. Werner Jabel hörte dann auch, daß alle Freunde seiner Clique tot waren bis auf seine spätere Frau. Mit ihr freundete er sich dann an; beide erklären, daß man sich schätzte und sich aufeinander verlassen konnte. Und ein „Flintenweib" aus der Politik und Gewerkschaft hätte er wahrscheinlich nicht gemocht. Mit Hamsterei schlugen sich alle mühsam durch. Bereits 1949 begannen seine und die Familie seiner späteren Frau aus Trümmergut ein eigenes Haus in Handarbeit zu bauen. Als das Haus nach jahrelangen Schwierigkeiten fertig geworden war, heiratete er im Jahre 1952 kirchlich. Nach der Geburt der zweiten Tochter 1960 hörte Frau Jabel, die zuvor Filialleiterin einer Fleischerei gewesen war, mit diesem Beruf auf und sprang nur noch manchmal — „mehr aus Spaß" — als Aushilfe ein. Die Töchter studieren heute beide.

Nach einigen vergeblichen Versuchen fand Werner Jabel 1946 Arbeit als Elektromonteur auf verschiedenen Montagestellen des gleichen Konzerns, in dem er bis zu seiner Pensionierung 1984 beschäftigt blieb. Im gleichen Jahr trat er auch in die IG Metall ein — „das war für mich eigentlich eine Selbstverständlichkeit", aber von Politik wollte er zu der Zeit, wie bereits beschrieben, nichts wissen; denn Politik hatte sich als gefährlich erwiesen, sowohl für seinen Vater 1933 und ihn selbst als katholischen Jugendbündler, als auch für Nazis 1945. Mit der Entnazifizierung wuchsen auch in seinem Montagebetrieb die Spannungen zwischen der alten Betriebsleitung und den neuen Betriebsräten, „zumal die Monteure immer etwas freizügiger denken und mit ihrer Meinung nicht hinterm Berg halten. Die neugewählten Betriebsräte waren meistens schon vor 1933 Betriebsräte und hatten einiges im Tausendjährigen Reich erleben müssen. Nach dem Krieg begann nun das große Reinemachen. Während dieser Auseinandersetzungen hat es eine Reihe von turbulenten Beriebsversammlungen gegeben, die eine Zusammenarbeit zwischen Betriebsrat und Betriebsleitung nicht mehr ermöglichten. Eine Reihe älterer Belegschaftsmitglieder, die die politische Einstellung meines Vaters kannten, veranlaßten mich und sagten: ‚Du solltest eine Kandidatur für den Betriebsrat nicht ausschlagen. Du bist von den ganzen Dingen unbelastet.' Dieses Angebot war für mich keineswegs selbstverständlich. Ich habe mich zur Wehr gesetzt: ‚Nein, nein. Ich weiß doch, wie die politischen Ereignisse der Vergangenheit waren. Ich will das ganze Theater in der Familie später einmal nicht haben, wie das bei uns zu Hause früher war. Ich will davon nichts wissen.' In der Nachkriegszeit war diese Einstellung allgemein vorhanden, und aus verständlichen Gründen wurde das in meiner Generation überall gesagt und gedacht." Aber auch der überalterte Betriebsrat brauchte Nachwuchs, „denn im Nachwuchs gab es eine Lücke von 12 Jahren. Viele waren gestorben, gefallen oder umgebracht worden. Schließlich habe ich mich denn doch überreden lassen und bin (1950) in den Betriebsrat gewählt worden. 1951 wurde ich als junger Dachs sogar zum Vorsitzenden gewählt. Das war zu der damaligen Zeit mit 31 Jahren etwas Ungewöhnliches." In den fünfziger Jahren ging es ihnen immer besser, „wie allen, die arbeitsam waren" (Frau Jabel); man konnte die ersten größeren Dinge anschaffen vom Schlafzimmer bis zum Kühlschrank, vom Motorrad bis zum Auto, vom Telefon bis zum Campingwagen, mit dem Werner Jabel und seine Frau bis heute große Reisen unternehmen. Obwohl er als „Unpolitischer" in den Betriebsrat kam — diese Tatsache betont er noch 1952 auf einer Gewerkschaftssitzung —, wurde er 1953 Mitglied des Gesamtbetriebsrats, 1959 stellvertretender Vorsitzender des Gesamtbetriebsrats und Mitglied des Aufsichtsrats des Konzerns, 1963 Vorsitzender des Gesamtbetriebsrats, 1978 stellvertretender Vorsitzender des Aufsichtsrats, zugleich Konzernbetriebsratsvorsitzender. Trotz dieser Ämterhäufung ließ er sich erst Anfang der 70er Jahre als

Betriebsrat freistellen. Auch außerhalb des Betriebsrats nahm er wichtige Funktionen wahr: Nach Besuch der Sozialakademie in Dortmund von 1952 bis 1955 wurde er Mitglied einer Ortsverwaltung der IG Metall, der Bundesmanteltarifkommission und in Arbeitskreisen beim Vorstand der IGM. Seit 1962 war er Vorstandsmitglied einer großen Berufsgenossenschaft, seit 1974 deren Vorsitzender. 1957 trat er in die SPD ein. In den 70er Jahren erhielt er das Bundesverdienstkreuz. Die Familie erfuhr von dieser Verleihung erst durch den „Protokollchef" der Feierlichkeit, der Frau Jabel anrief, um ihr zu eröffnen, daß „lange Garderobe" Vorschrift sei. Auch die Töchter erklären, daß sie von seinen „hohen Funktionen nichts gewußt haben"; sie haben in der Schule immer bei der Frage nach dem Beruf des Vaters angegeben: „Elektromonteur". Herr Jabel erklärt dazu: „Betriebsrat und Aufsichtsratsmitglied sind ja auch keine Berufsbezeichnungen."

In der Familie hat die Frau alle wichtigen Funktionen übernommen, da ihm insgesamt sehr wenig Zeit für Frau und Töchter blieb; er mußte sich „immer selbst weiterbilden" und hat — wie Frau Jabel betont — „nur 5 Stunden geschlafen. Und das über Jahre."

Schon die Mühen im Eingangsgespräch zeigen, daß die Frage des Verhältnisses von betrieblicher und gesellschaftlicher Politik eine empfindliche ist. Zwei Tendenzen lassen sich unter den anderen befragten Betriebsräten ausmachen: die eine lautet, daß die negativen Seiten des Kapitalismus nur dadurch eingeschränkt werden können, wenn es eine „allgemeine Syndikalisierung" der Gesellschaft gäbe und die Gewerkschaftsvertreter so etwas wie eine gesamtstaatliche Planungsfunktion übernähmen. Die geeigneten Mittel dazu seien eine Investitionskontrolle durch Staat (und Gewerkschaft), und ein abgesprochenes, gemeinsames Vorgehen der Betriebsräte in den Wirtschaftsausschüssen der Betriebe einer Branche, vermittelt über die Branchenausschüsse der Gewerkschaften. Dadurch solle die kapitalistische Konkurrenz zwischen den einzelnen Betrieben, die auch auf die Arbeitervertretungen einer Branche zurückschlage, aufgehoben werden.

Die Forderung nach einer Beschränkung auf die betriebliche Vertretung kommt in der anderen Tendenz zum Ausdruck: Man widmet sich dem einzelnen Betrieb und dessen Wohlergehen, um dadurch auch für die Kollegen des einzelnen Betriebes mehr „rauszuholen", denn: „Nur eine fette Kuh kann gemolken werden". Oder in den Worten Herrn Bergers:

> „Wenn ich bestimmte Interessen des Betriebes, die meinetwegen die Produktionsauslastung betreffen, als das ansehe, was ich auf der Schulter der Geschäftsleitung mittragen muß, dann ist das ja auch im Interesse des Betriebes, auch der Belegschaft."[161]

Diese Tendenz aber scheint in den letzten Jahren durch die zunehmend krisenhafte Entwicklung brüchig und auch hilflos zu werden: Man weiß nicht so recht, ob Betriebs- und Belegschaftsinteresse so einfach zusammenzubringen sind und ob man nicht, entgegen den eigenen Hoffnungen, als Krisendämpfer mißbraucht wird.

Interviewer: „Ich frage mich etwas naiv: Was macht man eigentlich als Betriebsrat, sagen wir mal, bei Ford. Ich weiß genau als Betriebsrat, daß ich die Produktionsziffern nur steigen lassen kann auf Kosten der Produktionsziffern bei Opel. Das heißt: ich trete als Konkurrent der einen Firma gegenüber der anderen auf. Wie kann ich denn da die gemeinsamen Interessen der Arbeiter beider Betriebe vertreten?"

Herr Pohl: „Sie können ja folgendes machen: Vorschläge machen im Wirtschaftsausschuß oder im Aufsichtsrat, daß der eine die Tische, der andere die Stühle, der andere die Bänke, macht. Dann müssen Sie sich natürlich darüber im Klaren sein, daß dann die Freie Marktwirtschaft im Eimer ist, mit dem Konkurrenzkampf. Sehen Sie mal, wir haben uns vorhin darüber unterhalten, daß ich in jungen Jahren als Betriebsrat gegen die Wiederbewaffnung war. Und wie hat es ausgesehen im Jahre 1977, als die Firma kaputt ging? Ich selber bin nach Bonn auf die Hardthöhe gefahren und habe verhandelt, ob es nicht möglich ist, als Übergang wenigstens, um Arbeitsplätze zu erhalten, daß wir Panzerwannen hier schweißen können. Da war mir das im Moment, ich muß das jetzt mal sagen, scheißegal. Wenn wir nicht Panzerwannen schweißen, dann schweißt sie irgendein anderer. Ehe sie bei uns 100 rausschmeißen, dann laß uns sie schweißen. Dann können wir die Arbeitsplätze erhalten. Denn Sie stehen ja als Betriebsrat immer unter dem Druck des Realen, des Wirklichen. Sie kommen gar nicht dazu, irgendwelche großen politischen Ideen zu verwirklichen. Sie stehen als Betriebsrat immer vorne an der Front unter dem Druck der im Moment herrschenden Realitäten."

Etwas später wird vom Interviewer gefragt: „Das ist doch nicht nur ein Problem für die Konkurrenz zwischen einzelnen Betrieben, sondern auch die Frage, wie Sie sich als Betriebsrat eines Weltkonzerns zur Dritten Welt verhalten." Pohl: „Zur Dritten Welt ist jede Information schwer zu filtern, weil sie zweckgebunden ist, weil der Informationsgeber damit Interessen verfolgt."

Interviewer: „Jeder Konzern wird in die Dritte Welt nicht investieren, wenn er nichts wieder rausholt. Und Sie als Betriebsrat stehen mitten dazwischen."

Pohl: „Ganz klar. Aber passen Sie mal auf: ich habe eines gelernt. Auf der ganzen Welt gibt es nur eine Betriebswirtschaftslehre, die ist überall gültig. Es gibt nirgends einen Betrieb, der nur mit Minus arbeiten kann oder nur aus Menschenfreundlichkeit."[162]

Wie hier wird insgesamt — und mit den vorher benannten ambivalenten Haltungen zusammenhängend — die Arbeit des Betriebsrats als zwischen verschiedenen Widersprüchen zerrissen dargestellt. Einige sprechen sogar davon, daß der Betriebsrat die „Polizei des Betriebes" sei, mehrere davon, daß er „auf zwei Schultern tragen" müsse, weil das Betriebsverfassungsgesetz ihn zur „vertrauensvollen Zusammenarbeit" mit der Unternehmensleitung verpflichte.

„Ja, der Betriebsrat trägt auf zwei Schultern. Man muß sich oft selbst kontrollieren, daß man nicht die Polizei des Betriebes wird." Man müsse sich von den Kollegen prüfen lassen, daß man nicht auf der Schulter mehr trage, „auf die man gekloppt wird."[163]

Besonders deutlich wird diese Zerrissenheit in der Behandlung der Friedens- und der Schweigepflicht, die den Betriebsräten vom BVG auferlegt wird. Die einen, die auch mehr eine „politische Linie" vertreten, erklären mit Augenzwinkern, wie sie diese Pflicht umgehen — im übrigen genau wie die Geschäftsleitung, die auch nicht alles sage.

Werner Jabel: „Ich kann doch in einer Betriebsversammlung, wenn ich das geschickt mache, zu einem gewerkschaftlichen Streik aufrufen und die Vorbereitung leisten. Ich muß das als Betriebsrat gar nicht selber machen. Ich kann ja auch einen von der Gewerkschaft beauftragen, wir haben dann und dann Betriebsversammlung, dann kannst Du mal auf die Pauke hauen . . . Die kommen dann in die Betriebsversammlung, wenn der Betriebsrat glaubt, er bekommt Schwierigkeiten. Aber die älteren Betriebsräte hatten eigentlich einen entsprechenden Zungenschlag dafür, wie man das der Belegschaft verkaufen konnte, daß sie bei der Urabstimmung sich so und nicht anders zu verhalten hatten . . . ohne Schwierigkeiten (mit der Friedenspflicht). Und bei den Verhandlungen im Hintergrund ist ja immer gesagt worden (von den Betriebsräten): Eigentlich könnten wir (!) die Lohnerhöhung bezahlen — in Diskussionen mit der Unternehmensseite, weil man über wirtschaftliche Dinge Bescheid wußte." Wenn man von Rationalisierungen oder Teilstillegungen wußte, „dann wurde durch einen geschickten Schachzug der örtlichen Basis mitgeteilt: Frag bei der Betriebsversammlung . . . oder stellt diese oder jene Frage . . . Wenn der Betriebsvertreter dann antworten würde: ‚Nein, da stehen überhaupt keine Gespräche an' . . ."
Interviewer: „Was sagen Sie dann?"
Werner Jabel: „Das wird der doch nicht tun. Dazu gehört eine Kaltblütigkeit, die ich der ganzen Mannschaft nicht zutraue."
Interviewer: „Der wird das doch begründen können. Der wird sagen: ‚Wenn ich zu früh Unruhe schaffe.'"
Werner Jabel: „Langsam. Der wird darauf verweisen, daß Schwierigkeiten bestehen, so ist der Regelfall, und er wird sagen: Wir stehen in Beratungen. Damit kann man sich zunächst einmal zufrieden geben. Man kann auch als Betriebsrat dann weitere Fragen stellen. Aber zunächst einmal ist eine Verunsicherung in der Belegschaft da. Und diese Verunsicherung führt dann dazu, daß man dann über den Gesamtbetriebsrat sagt: Da unten haben sie schon die Glocken läuten gehört und jetzt müssen wir also was tun." Es gäbe aber auch Fälle, in denen die Schweigepflicht zu einer Gewissensfrage für den Betriebsrat werde, zum Beispiel bei ganz langfristigen Planungen und Problemen, die vielleicht später doch noch von Betriebsräten gelöst werden können.[164]

168

Andere, die die Bedeutung der sozialpartnerschaftlichen „Kleinarbeit" im Betrieb hervorheben, schildern ihren Umgang mit diesen gesetzlichen Verpflichtungen anders:

Interviewer: „Hing man da nicht zwischen den Stühlen, wenn man die Interessen der Firma vertreten und gleichzeitig für die Kollegen da sein muß?"
Paul Keller: „Ja, das ist das Schlimmste dabei gewesen . . . Denn die Kollegen, die einen guten Job hatten und in aller Ruhe viel Geld verdienten, die waren natürlich nicht bereit, zugunsten der Firma was abzugeben . . . In den letzten Jahren, da sind viele jüngere Betriebsräte beigekommen, die hatten da einfach kein Verständnis für. Die haben da einfach nur immer an ihren guten Job gedacht, nicht an die Firma . . . Wenn man versucht hat, und wir haben uns ja vielleicht oft genug gestritten und denen beibringen wollen, daß das ja im Interesse aller ist, wenn man mal ein bißchen verzichtet, um irgendwie konkurrenzfähig zu bleiben . . ."
Interviewer: „Bei Entlassungen war man doch zu Stillschweigen verpflichtet. Hat man sich strikt daran gehalten oder hat man einiges durch die Blume durchblicken lassen?"
Keller: „Ich persönlich habe mich da ganz dran gehalten . . . Ich hatte mal eine Etage mit einem Arbeitskollegen. Der stand mit acht Kollegen vor der Kündigung und ich habe da nicht ein Wort von verlauten lassen und meine auch, richtig gehandelt zu haben. Denn wir haben dann alle anderen halten können . . . Irgendwelche speziellen Facharbeiter hätten immer einen Arbeitsplatz gekriegt . . . Das ist irgendwie, um keinen zu beunruhigen . . . Das sind unangenehme Dinge." [165]

Hinzuzufügen bleibt nur, daß dieser unangenehmen Arbeit zum Trotz der Betrieb die Belegschaft in den 70er Jahren um zwei Drittel „gesund schrumpfte" und inzwischen Konkurs anmelden mußte. Paul Keller erzählt auch verbittert, daß es mit der von Werner Jabel so positiv geschilderten Zusammenarbeit zwischen den Betriebsräten der gleichen Branche nicht so weit her sei; Konkurrenz herrsche vor:

„Gegen Entlassungen haben wir uns praktisch immer gewehrt und hart gewehrt, aber im Endeffekt hat man dann nichts zu sagen." Es habe auch keine Zusammenarbeit zwischen den Betriebsräten der Konkurrenzfirmen gegeben. Wenn man die zum Beispiel auf Gewerkschaftsversammlungen nach den (über- und außertariflichen) Löhnen fragte, „da kriegte man gar keinen Kontakt. Die gaben einem auch gar keine Auskunft als Kollege. Wenn man auf den Gewerkschaftsdelegierten-Versammlungen zusammenkam und sagte: ‚Mensch, komm mal, du bist doch von der und der Firma, können wir uns nicht mal unterhalten?' Dann haben die sofort so gemacht (schneidet ein Gesicht): ‚Ihr seid die Konkurrenz.' Das Konkurrenzdenken war da und da kam man nicht darüber weg." Ein befreundeter Betriebsratsvorsitzender, der früher in dem Betrieb Paul Kellers gearbeitet hatte, vermittelte einmal ein Treffen mit „Konkurrenz-Betriebsräten". „Und wo ich da mit denen ins Gespräch kam, da

169

kriegte man keine Zahlen, da kriegte man gar nichts, da wurde nicht gesagt, wir verdienen bei uns 14 Mark und so weiter. Also das kam überhaupt nicht infrage. Da war die Konkurrenz. Die war immer da, die ist immer dagewesen."[166]

Angesichts dieser Widersprüche, in denen der Betriebsrat „auf mehr als einer Schulter tragen muß", wird eine Haltung verständlich, die diese Arbeitervertreter heute kennzeichnet: eine *„doppelte Loyalitätsbindung"*. Die Betriebsräte müssen sich loyal sowohl gegenüber den Belegschaften verhalten, von denen sie gewählt werden wollen, als auch gegenüber dem Betrieb, wenn sie nicht mit Gesetzen in Konflikt kommen wollen. Darüber hinaus fühlen sich viele aber auch in einem anderen Loyalitätskonflikt: Auf der einen Seite wieder gegenüber der Belegschaft, auf der anderen gegenüber der Gewerkschaft, gegenüber der SPD oder sogar gegenüber gesamtstaatlichen Interessen, mindestens in der jüngeren Vergangenheit, als die SPD die Hauptverantwortung in der Regierung trug. Denn häufig müssen sie bei Tarifverhandlungen, Urabstimmungen usw. diesen Konflikt als Basiselite austragen.

Viele Betriebsräte betonen, daß man selbst aufpassen müsse, nicht korrumpiert zu werden: zunächst von so einfachen Dingen wie dem „Schulterklopfen" der Direktoren oder von der Freistellung, dann aber auch von materiellen Vorteilen wie den vielen Reisen, schönen Tagungsorten und einer gewissen Unabhängigkeit. Ab und zu wird auch von gewichtigen Korrumpierungs-Versuchen berichtet: Meister- oder gar Abteilungsleiter-Posten wurden angeboten und in einigen Fällen wohl auch angenommen. Die überwiegende Mehrheit vor allem der Jüngeren betont, daß man sich selbst immer kontrollieren oder sich der Kontrolle anderer aussetzen müsse. So wurden mir in einigen Fällen Kontoauszüge gezeigt, ohne daß ich darum gefragt hätte, um zu demonstrieren, daß man beispielsweise Aufsichtsratsgelder der Böckler-Stiftung überweise. Wichtiger in diesem Zusammenhang ist es jedoch, daß man „ein Mensch mit Verbindungen" ist, daß man mit kommunalen, gewerkschaftlichen, wirtschaftlichen oder gar kirchlichen Kreisen Kontakt hat, daß Möglichkeiten des Aufstieges in der Gewerkschaft, der SPD oder der Kommunal-Politik bestehen. Solche Gefühle der eigenen Wichtigkeit und solche realen Möglichkeiten können im Konflikt der doppelten Loyalitätsbindung die Waagschale zuungunsten der Belegschaften ausschlagen lassen. Denn die Betriebsratsfunktion ist zumeist die notwendige erste Sprosse auf einer Karriere-Leiter für aufstiegsbewußte Arbeiter. Die meisten der Befragten hatten mittlere bis hohe Positionen in Gewerkschaft, Betrieb und Politik. Sie betonen selbst jedoch immer wieder die Gefahr der Korrumpierung und die Notwendigkeit der Selbstkontrolle und empfinden sich trotz des Aufstieges kaum abgehoben von den alten Kollegen. Sie fühlen sich weiterhin an ihre Basis

170

gebunden, und ihr Lebensstandard entspricht auch nicht dem der Aufsichtsratsmitglieder von der „anderen Seite".

Aber es sind keineswegs nur politische Probleme, vor denen Betriebsräte stehen: Die meisten erklären, daß sie viel Zeit für die persönlichen Sorgen und Nöte der Kollegen aufbringen müssen „von der Scheidung bis zur Abtreibung. Ich komme mir manchmal vor wie Pfarrer Sommerauer."

3. „Die wußten, die machen das schon für Dich" - zum Stellvertreter-Bewußtsein.

(Undine Ravens Lebensgeschichte)

Undine Raven: „Ich wurde von denen unterstützt, daß die gesagt haben: ‚Gut, mach das.' Die wußten eben, wir haben da eine Person, da können wir uns dran wenden, die macht das für uns. Und wenn ich dann schon mal gesagt hab, ich gehe weg zur Sitzung, (dann sagten die:) ‚Ja, so gut möcht ich es auch haben.' ‚Ja', sag ich, ‚Ihr könnts ja haben.' ‚Nee, nee, nee, mach mal.' Selber wollten sies nicht machen, aber auf der anderen Seite waren sie froh, daß sie jemanden hatten, den sie ansprechen konnten."[167]

Undine Raven wurde 1922 in Thüringen, woher ihre Mutter stammte, als zweite von drei Kindern geboren. Der Vater war gelernter Anstreicher aus dem Ruhrgebiet, der während des Ersten Weltkrieges die 13 Jahre jüngere Mutter in Berlin kennenlernte und nach dem Kriege zu ihr zog. Sie war evangelisch, er katholisch; die Kinder wurden evangelisch getauft. 1929 wurde Undine in eine „Zwergschule" eingeschult. Im gleichen Jahr zog die Familie wegen der schlechten Arbeitsbedingungen in Thüringen in eine Stadt des Ruhrgebiets, in der die Großmutter väterlicherseits lebte. Die Familie mußte zunächst getrennt wohnen, dann in einem Zimmer, bis sie eine größere Wohnung fast ohne eigene Möbel fand; für die Kinder wurde immer nur eine Matratze ausgelegt,; abends wurde dann noch eine Apfelsine oder Schokolade unter die Kinder aufgeteilt — „wir fanden das gemütlich." Der Vater machte sich selbständig, mußte jedoch in der „Flaute" das Geschäft wieder aufgeben, war dann 8 Jahre arbeitslos, da er als „zu alt" (Jgg. 1883) nicht vermittelt wurde. Die Mutter nähte dann manchmal für Firmen, was „sie aber schnell wieder dran gab" wegen des schlechten Verdienstes. „Anfangs war das kein schönes Wohnen und Leben. In dem Haus wohnten zwei, drei, die immer kräftig geschluckt haben." Die spätere Nachbarschaft in einem Bergarbeiterviertel dagegen lobte sie sehr: „Wir haben sehr viel auf der Straße gespielt. Mit der Nachbarschaft waren wir uns alle eins, ob Jungen oder Mädchen, ob katholisch oder evangelisch. Da waren wir mal da auf dem Hof, mal da."

Der Vater bekam allerdings weniger Kontakt als sie und die Mutter, da er während der Arbeitslosigkeit schwarz arbeitete. Die Mutter dagegen war in der Frauenschaft und in der evangelischen Frauenhilfe aktiv. In der evangelischen Nähstube nähte sie auch für die Kinder, während der „Vater viel kochte". Undine meldete sich mit ihrem Bruder für die Kinderlandverschickung an: „Andere Kinder fahren in Ferien, da wollte man auch mal in Ferien." Ihr Bruder wurde abgelehnt, aber sie kam nach S. zu einem Gutsbesitzer, den die Eltern später mal besuchten. „Wir Mädchen sind im BDM und der Junge in der Hitler-Jugend gewesen. Ich bin an und für sich auch ganz gern gegangen, ich weiß nicht, ich hab schon immer diesen Drang gehabt: Ich mußte mich immer irgendwo beteiligen." Undine Raven meint, daß sie deshalb auch die gewerkschaftliche Arbeit heute macht. Allerdings hatte sie beim BDM keine Funktionen, da dort Mädchen aus „besseren Verhältnissen" Gruppenleiterinnen wurden. Nach der Schulentlassung im Jahre 1937 fand Undine Raven keine Lehrstelle und ging deshalb für neun Monate nach Schlesien ins Landjahr. Vorher machte ihr die Handarbeit keinen Spaß, „aber im Landjahr, da hat mir das scheinbar einen Ruck gegeben:" sie hat dort 44 Blusen und Kleider für das Landjahrlager genäht. „Und da bin ich selbst mal so zum Arbeitsamt gegangen, und ich wollte an und für sich in ein Handarbeitsfach. Das war mein Interesse. Wenn man mir jetzt gesagt hätte: ‚Schneiderin — da hast Du auch mit Handarbeiten zu tun'. Aber da wurde man ja nicht aufgeklärt." Beim Arbeitsamt „bekam ich eine Zuweisung zu einer Bonbonfabrik. Und da bin ich hingegangen, habe mich vorgestellt und habe gedacht: ‚Drei Monate kannst Du Geld verdienen', und da bin ich geblieben", obwohl sie eigentlich nach diesen drei Monaten eine Lehre beginnen wollte. Aber „meine Schwester kam im ersten Lehrjahr mit 15 Mark, und nach allen Abzügen mit 12 Mark nach Hause." Das war ihr zu wenig, denn sie verdiente im Akkord beim Bonboneinwickeln das Vielfache. „Und da haben meine Eltern immer gesagt: ‚Nicht daß Du uns mal den Vorwurf machst, sie durfte lernen und ich nicht.' Und da bin ich da geblieben." Ihr wurde jedoch gekündigt, als sie für die Berufsschule frei bekommen wollte, was eigentlich selbstverständlich war. Danach arbeitete sie als Zimmermädchen. „Also ich war immer so. Ich kannte das nicht so, zu Hause zu hocken. Ich hab mich immer draußen herumgeschlagen. Ich war im Landjahr und jetzt — sollte ich jetzt zu Hause sitzen?" „Und das war 1939, da war ich 17. Da sind wir von da aus sofort rauf zur Meldestelle, zur Polizei und haben uns freiwillig zum Arbeitsdienst gemeldet", den sie vom September 1939 bis zum März 1940 im Sauerland absolvierte. Mit zwei Frauen, die sie dort kennenlernte, hat sie noch heute Kontakt. „Wir waren im Lager auch wieder so alle zusammengefaßt und wurden von da aus zum Bauern geschickt. Wir kriegten auch Uniformen genau wie die

Männer, diese Arbeitsdienstuniform. Jeden Morgen Fahnen hissen . . . 1939 im September war ja dann schon der Krieg ausgebrochen. Gott, sicher, man war begeistert, wenn irgendwie was durchgegeben wurde." „Und dann kam ich zurück, und da war ich ja nun 18 Jahre, und da hat man mich bei der Bonbonfabrik wieder eingestellt." „Da wurden diese Vitamin-Rollen an die Soldaten verschickt. Und da haben wir, das war ja verboten, auf die Kontrollzettel geschrieben: ‚Liebe, liebe Grüße' oder ‚Alles Gute' und haben unsere Anschrift drauf geschrieben und haben das ganz klein gefaltet, daß es zwischen zwei Drops paßte. Wir haben gedacht, der eine oder andere wird mal schreiben. Und auf der anderen Seite kriegte der, der die Rolle bekam, einen Gruß aus der Heimat. Es hat mancher Soldat geschrieben. Ich muß sagen, ich hab immer sehr viel Post gekriegt. Einen dieser Kontakte habe ich auch bis zum Kriegsende gehabt, aber dann kam mein Mann dazwischen." Sie wohnte bei ihren Eltern, hatte aber Freiheiten: „Wir waren auch so veranlagt: Wenn wir raus waren, meine Schwester und ich, tanzen oder sonst irgendwohin und kamen nachts zurück, und wenn es ein Uhr war, dann haben wir uns bei der Mutter auf die Bettkante gesetzt und haben ihr erzählt. Also darum konnten die Vertrauen haben in uns. Und der Vater hat uns auch aufgeklärt: Wenn uns mal ein Mann angreifen würde, uns zu nahe kommt, wie wir uns zu wehren haben. Sein Ausdruck war immer: Er wollte nicht erleben, daß die Kinder als Vordermann marschieren . . . Aber wir sind nicht richtig aufgeklärt worden. Wenn ich daran denke, als ich meine Periode bekam. Morgens war die Bescherung da. Das hat die Mutter natürlich gesehen und die hat nichts gesagt. Kam sie zu mir und sagte: ‚Ich hab Dir das Ding dahin gelegt, tu das um.' Da hab ich mich nicht getraut zu fragen, wie . . . An den einen Spruch, den mein Vater immer getätigt hat, (erinnere ich mich): Also, wenn wir mal heiraten, Bergmann wäre das Letzte, den wir ihm bringen sollten . . . Wir haben alle keinen Bergmann . . ., sein Vater war selber Bergmann, seine Brüder waren Bergmann." Kurz nach der Arbeitsaufnahme erlitt Undine Raven einen schweren Betriebsunfall mit langem Krankenhausaufenthalt. „Und von der Firma wurde ich dann auch ein paar Mal angeschrieben, wann ich denn gedächte, meine Arbeit wieder aufzunehmen. Und da war ich dann nachher doch ein bißchen erbost darüber. Dann habe ich gesagt: Nein, also da habe ich mir den Unfall geholt, und da habe ich gesagt: Da fange ich nicht wieder an. Und ich habe mich dann 1944 wieder freiwillig gemeldet als Nachrichtenhelferin. Da bin ich dann zur Marine eingezogen, bin dann ausgebildet worden auf der Insel Rügen sozusagen als Fernschreiberin und war dann in Berlin und Hamburg bis Kriegsende. Und da haben wir uns dann auf die Socken gemacht (von Hamburg aus) mit 11 Mädchen und einem Soldaten, den hatten wir so als Mädchen verkleidet und sind dann im Mai

1945 per Anhalter nach Hause." Als sie sich freiwillig zur Marinehilfe meldete, fuhr sie zum ersten Mal mit gemischten Gefühlen weg: „Hab ich gedacht, na, siehst Du sie noch mal wieder." Von der Ausbildung auf Rügen erzählt Undine: „Herrliche Zeit. Trotz Krieg herrliche Zeit. Erstmal wars Sommer . . . Wir waren da, glaube ich mit 32 oder wieviel Betten übereinander so wie in der Kaserne. Wir hatten eine Führerin — jede Baracke eine Führerin." Es dauerte nur eine kurze Zeit „und da wurde ich schon als Aufsichtsperson für unsere ganze Baracke von der Führerin benannt. Meldung machen und nach dem Rechten sehen und dergleichen." Außerdem machten sie Schulungen und Ausbildungskurse an den Maschinen. „Fernschreiberin, was natürlich auch Männer machten, die uns schulten. Wir hatten aber auch Freizeit, hatten auch Turnen, Schwimmen. Das gehörte alles dazu. Samstag, Sonntag frei. Unser Gebiet war normalerweise abgetrennt, da durfte keiner rein. Ich meine, es war Kriegszeit, es hatten nicht alle Badezeug. Und unsere Turn- und Schwimmlehrerin, die hat immer gesagt: ‚Mädchen, ihr könnt doch so ins Wasser gehen, braucht kein Badezeug'." Sie gingen manchmal in die nächste Stadt, „wo Fischerkneipen waren". „Für Unterhaltung war gesorgt. Und es war dann nachher teilweise so für Unterhaltung gesorgt, was wir dann abgebogen haben." Beim Baden wurden sie von Sassnitz aus mit dem Feldstecher beobachtet. „Die haben dann so abgegrast und haben gesagt: ‚Ah, im KDF-Bad treiben sie Nacktkultur'." Die weit entfernten Männer hatten davon aber nichts: „Sie kriegen uns nicht, wir wissen nichts. Was solls?" Undine kam nach Berlin-Eberswalde. „Dort wurden wir richtig als Fernschreiberinnen eingesetzt. Und dann mußten wir nachher über Nacht raus, als die Russen kamen". Über die Arbeit in Eberswalde erzählt Frau Raven: „Ich würde sagen, mir hats Spaß gemacht, denn es ist genauso, wenn ich heute im Büro bin und sitze an meiner Schreibmaschine und muß da meine Arbeit verrichten. Wir hatten Schweigepflicht, durften da nicht drüber sprechen. Und in der Freizeit durften wir dann auch wieder tun und lassen, was wir wollten . . . so in Cafes." Als sie Berlin verlassen mußten, kam sie nach Hamburg.

„Da traf ich eine wieder, mit der ich in der Ausbildung war. Und die war natürlich schon ein bißchen aufgestiegen, war nicht mehr nur einfache Helferin, legte Wert darauf, daß man sie mit ‚Sie' anredete. Ich meine, wenn man sich doch kennt, man war zusammen in der Ausbildung — gut, sie eine Stufe höher gekommen. Na ja, in Hamburg hab ich dann sozusagen den ‚Rest' mitgemacht. Unsere Dienststelle war in einem Bunker, da hab ich noch etliche Angriffe mitgemacht. In Hamburg sind wir viel, so wie es die Zeit erlaubte, rumgelaufen. Sind auch oft, was verboten war, auf der Reeperbahn gewesen, aber da haben wir etliche Angriffe mitgemacht. Und dann morgens wurden wir mit dem Bus abgeholt, an den Trümmern vorbei, da hat es noch geraucht und gequalmt und die Leichen nur so eben zugedeckt, da guckten noch die Füße und Schuhe raus. Das war furchtbar. Am Schluß."

Diese Passage über die Zeit bei der Marinehilfe ist der längste zusammenhängende Bericht, den Frau Raven während des Interviews gibt.

Nach der Rückkehr ins Ruhrgebiet wohnte Undine Raven bei ihren Eltern. Vom Arbeitsamt aus sollte sie Steine klopfen. „Und da habe ich gesagt: ‚Nein, das machst Du nicht.' Und dadurch kriegte ich dann eben auch keine Unterstützung. Na ja, dann lernte ich inzwischen meinen Mann (beim Tanzen) kennen, und wir haben dann 1946 geheiratet, '47 wurde meine Tochter geboren. Es haute aber nicht so hin. Mein Mann war lungenkrank . . . und durch seine Krankheit bedingt, war eben doch nicht — keine Wohnung, nichts." Sie wohnten in einem kleinen möblierten Zimmer zu dritt, aus dem Undine Raven raus wollte und in dem das Kind den Mann störte. „Ja, und dann gab es immer Reibereien", in deren Verlauf sie von ihrem Mann geschlagen wurde. „Und dann war ich zwei Mal (beim Vater) zu Hause, weil ich mir immer gesagt habe, die Schläge waren nicht für Dich, die waren ja fürs Kind gedacht. Und da ich ja das Kind immer in Schutz nahm, da kriegte ich sie immer ab. Und da sagte mein Vater: ‚Kind, überleg Dir das. Auf die Dauer geht das nicht' . . . Und weil er sich nicht belehren ließ, mein Mann, da habe ich dann eben den Schritt gewagt und habe die Scheidung eingereicht und bin zurück zu meinen Eltern. Da hatte ich schon Arbeit angenommen. Meine Schwester war bei einer Maschinen-Firma, die hatte dann da gefragt und da konnte ich dann '49 anfangen, aber da lief meine Scheidung schon. Ich bin dann '50 geschieden worden, zwar allein schuldig, trotz allem . . . Und zwar mit der Begründung ‚böswilligen Verlassens' . . . Also da haben die Richter auch nicht so geschaltet. Das habe ich aber in Kauf genommen und was aus mir geworden ist — ich bin bis heute durchgekommen." Ihre Heiratsgründe beschreibt Undine Raven folgendermaßen: „Ja nun, man schlägt sich ja erst mit dem Gedanken, daß man irgendwie was werden will. Aber, ich meine nachher, wenn man so draußen rumfliegt, und wie ich dann zurückkam, da habe ich doch gedacht: Wenn Du doch nicht so, weil man eben nichts gelernt hatte, . . . na ja, vielleicht ist es doch besser, wenn Du versuchst, unter die Haube zu kommen." „Ich will mal sagen, schlecht war mein Mann nicht. Der war nicht schlecht, aber er war von Beruf Friseur. Da war auf der Ecke ein Friseur-Laden, da hat er natürlich auch ausgeholfen. Nicht, daß er faul war. Er war auch weg (in einer Lungenheilanstalt). Und als er weg war, wurde — glaube ich — das Kind geboren. Er hatte nachher schlechte Beeinflussung. Er hat in einem Lebensmittelgeschäft ausgeholfen. Da konnte er dann anschreiben lassen, das Ganze dann wieder abarbeiten." Trotzdem mußte Undine Raven von ihren Eltern

Kartoffeln, Holz, Kohle und alles andere anschleppen. „Auch nachher, als die Kleine geboren war, da ging er die Treppe rauf, beide Hände in der Hosentasche und das war im 5. Stock. Ich hatte die Einkaufstasche, Kind auf dem Arm und dann womöglich hier so einen Kohleeimer mit Holz oder Kartoffeln drauf. Dann sagte er immer: ‚Ich bin krank‘. Dann hab ich mir das eine Weile angesehen."

In dem Betrieb, in dem sie seit 1949 bis 1981 an Bohrmaschinen im Akkord als Hilfsarbeiterin tätig war und seitdem im Versand, gab es „auch schon mal Reibereien mit der Betriebsleitung. Ich hab immer ein dickes Fell gezeigt, weil ich mir bewußt war, in meiner Arbeit kann man mir nichts nachsagen. Denn das ist die Voraussetzung." „Das A und O der ganzen Sache ist ja, man muß erstmal arbeitsmäßig seinen Mann stehen. Daß einem da nichts am Zeug geflickt werden kann. Und bis heute kann man mir in meiner Arbeit nichts nachsagen." In dem Betrieb waren viele Kriegerwitwen, die auch alleine waren. „Durch eine bin ich dann in die Gewerkschaftsarbeit gekommen, indem die gesagt hat: ‚Mensch, Du brauchst doch nicht zu Hause sitzen. Wir haben eine Schulung und mal ein Kaffeetrinken.‘ Dadurch bin ich zur Gewerkschaft gekommen. Und wenn man einmal drin ist . . ." Undine Raven besuchte „viele Schulungen und Seminare" der IG Metall „und so bin ich dann 1958 an die Frauenarbeit gekommen und ich war nicht lange drin, dann hat man mich auch schon als Vorsitzende des Frauenausschusses der Verwaltungsstelle (der Gewerkschaft) gewählt. Und aufgrund dieser Funktion kam ich dann 1961 in den Betriebsrat bei der Firma, wo ich auch heute noch Betriebsrat bin." Ihre Wahl führt Undine Raven darauf zurück, daß sie schon 12 Jahre im Betrieb war, daß sie für die Gewerkschaft kassierte und man sie kannte. „Es gibt auch freigestellte Betriebsräte, aber das sind meistens dann die Männer . . . Das Werk hat bestimmt 300 Türken, da wird auch ein türkischer Kollege freigestellt. Eine Frau wird nicht freigestellt, aber für die Türken wird einer freigestellt . . . Ein Drittel der Betriebsräte sind Frauen. Ich bin jetzt auch noch Mitglied des Vertrauenskörpers. Und durch meine ganzen Funktionen und durch mein Interesse an der ganzen Sache bin ich dann Ortsverwaltungsmitglied geworden und bin dann vor einigen Jahren (1975) aufgestiegen bis in die Bezirkskommission.. . . Ja, und dann kamen noch so ein paar einzelne Funktionen dazu: in der Vertreterversammlung und bei der Krankenkasse, im Bezirks-Frauenausschuß automatisch als Vorsitzende des örtlichen IG-Metall-Frauenausschusses. Und dann bin ich im DGB-Kreisvorstand und als Delegierte beim Beirat in der Verbraucherberatung und in dem Arbeitskreis der Frauenverbände." 1965 trat Undine Raven der SPD bei „und da hat man mich auch in den AfA herein gewählt. Und so bin ich nun ständig unterwegs."

1978 starb ihre Mutter „und seitdem bin ich hier allein in der Wohnung." Die Tochter lernte Buchhalterin und ist heute Hausfrau. „Hin und wieder habe ich meine Enkelkinder da. Ich habe zwar nur eine Tochter, dafür aber drei Enkelkinder, die sind öfter bei mir ... Ich habe auch sehr viel Kontakt mit Kolleginnen und Kollegen, die dann auch schon mal hier waren."

In dem Eingangszitat aus dem Gespräch mit Undine Raven wird eine Haltung sichtbar, die immer wieder in den Interviews zum Ausdruck kam: die des Stellvertreters. Fast alle Befragten wissen, daß sie *für* die Kollegen handeln und daß dies nicht nur Vorteile bringt oder positiv einzuschätzen ist. Besonders krass beschreibt dieses Stellvertreter-Verhältnis Gisbert Pohl:

„Ich hab in meinem Leben keinen offiziellen Streik mitgemacht. Ich hab ein paar mal an Urabstimmungen teilgenommen, auch den Betrieb mobilisiert. Das ist ja komisch: Da müssen Sie auf die Pferde einschlagen, damit Sie die zum Galopp kriegen. Und dann auf einmal sagt die Gewerkschaft: ‚Jetzt ist Feierabend!' Und dann müssen Sie die Pferde, die Sie vorher so richtig schön auf Galopp gebracht haben, die müssen Sie dann zum Stehen bringen. Das ist schwer. Man muß ja die Trägheit der Masse berücksichtigen, wenn Sie so einen Betrieb in Bewegung bringen wollen. Wenn Sie sie dann in Bewegung gebracht haben, dann kriegen Sie den Bescheid: ‚Abblasen!'." „Das hat natürlich auch ungeheuer viel Nachteile, wenn die Belegschaft sich auf den Betriebsrat verläßt ... Wenn es dann hart auf hart ging, dann stellt also die Belegschaft erschreckt fest, daß sie hilflos ist. Aber das ist eine Sache der Schulung. Man muß versuchen, echt demokratisch die Sache von der Basis her aufzubauen."[168]

Einige lehnen explizit jedes andere Modell als das einer „repräsentativen Demokratie" im Verhältnis von Arbeiterschaft und ihren Vertretungen ab.

Interviewer: „Haben Sie manchmal Schwierigkeiten damit gehabt — das ist jetzt eine Gewissensfrage —, daß Sie ja stellvertretend für die Belegschaft gedacht, geplant haben?" Werner Jabel: „Nee."
Interviewer: „Hat Ihnen nie Kopfschmerzen gemacht?"
Werner Jabel: „Man muß immer davon ausgehen, daß man das Vertrauen der Belegschaft hat. Das besagt nicht, daß man das Vertrauen jedesmal bei jeder Entscheidung neu einholen muß. Das besagt das nicht. Sondern man muß in bestimmten Zeitabständen der Belegschaft Rechenschaft schuldig sein und muß sagen, die Überlegungen in der und der Richtung sind uns bekannt gewesen, und wir haben die und die Abwehrmaßnahmen ergriffen und heute ist der Zeitpunkt, wo das vor der Einführung steht."[169]

Ein Modell einer Selbstvertretung mit imperativem Mandat z. B. wird, wenn dies angesprochen wird, sowohl wegen der damit einhergehenden Sachzwänge (Spezialisierung, besondere wirtschaftliche Kenntnisse, die

Freistellung notwendig mache usw.) als auch wegen des „negativen Vorbildes" „der englischen Verhältnisse" und wegen eines latenten Mißtrauens gegenüber den „einfachen" Arbeitern nach den Erfahrungen der letzten 50 Jahre abgelehnt:

„Der Mensch neigt zur Faulheit."[170]

„Und das war die Kurzsichtigkeit von vielen, vielen Arbeitnehmern, daß sie im Vordergrund nur ihre Beschäftigung sahen, daß sie Arbeiten hatten."[171]

„Die sehen doch nur ihr Geld."[172]

„Das versteht doch der Otto-Normal-Verbraucher nicht."[173]

„Wir haben doch den größeren Einblick."[174]

„Heute ist das alles viel komplexer geworden. Der Teufel steckt ja im Detail ... Der Mensch ist doch manipulierbar." An einer anderen Stelle des Gesprächs erklärt Gisbert Pohl: „Meine Kollegen Arbeiter tragen ihr Bewußtsein, daß sie nur Arbeiter sind, wie so ein Schutzschild vor sich her. Da können sie sich so herrlich hinter verstecken: Ich bin nur Arbeiter und kann ja doch nichts ändern. Und das Schutzschild müssen wir denen wegnehmen, aber das ist in unserer Massengesellschaft sehr schwer zu verwirklichen ... Da spielen natürlich die Frauen eine große Rolle. Sehen Sie mal, wenn sich hier zwei Frauen in der Stadt treffen, und worüber die sich dann unterhalten, da müssen Sie mal hinhören: Was die alles sind, die Männer. Oder wenn Sie mal in Urlaub fahren. Haben Sie da schon mal einen Arbeiter getroffen? Mal ehrlich? Überlegen Sie mal, da fängt es doch mit an ... Ich habe noch keinen Arbeiter getroffen, in Heimen z. B., der zugibt, daß er Arbeiter ist, daß er *nur* Arbeiter ist. Wenn die Männer dann noch unter sich wären, dann ginge es ja noch ... Aber dann wollen sie (die Frauen) eine Hackordnung (z. B. auf Montage). Da gibt es dann unheimlich viele Kämpfe. Da haben Sie als Betriebsrat auch mit zu tun."[175]

Hier bündeln sich — so scheint mir — die Erfahrungen aus der Zeit des Nationalsozialismus, des Kriegs- und der Nachkriegszeit zu diesem Modell stellvertretender Betriebspolitik: Erfahrungen von der Manipulierbarkeit der Menschen, von ihrer Kurzsichtigkeit, Beschränktheit und Passivität vermischen sich mit den Erfahrungen aus dem schwierigen Prozeß, sich über Schulungen, Selbststudien und die Praxis in die komplizierte Materie der Betriebsführung einzuarbeiten. Eine Selbstvertretung der Arbeiterklasse würde eben an dieser Kurzsichtigkeit und Faulheit der Masse scheitern. Die Gefahr wird allerdings gesehen, daß man selbst zu dieser „Trägheit der Vertretenen" auch durch eine gute Stellvertreter-Politik beiträgt, wenn man nicht ständig die Rückkoppelung an die Basis suche.

Gisbert Pohl: „Bei den Kollegen herrschte (in den ersten 20 Jahren nach dem Krieg) eine passive, unheimlich passive Haltung. Unheimlich passiv. Es war aber auch im Grunde mehr Solidarität da ... Also, die schweigende Mehrheit war zu der Zeit bestimmt genau so groß, wie sie heute ist. Nur meine ich: Die Probleme, die damals zur Debatte standen, waren lösbar. Wissen Sie, da konnte

man überzeugen, wenn man sich da reingekniet hat in die Materie . . . Und die Bereitschaft der Kollegen mitzuziehen, die war doch viel größer wie heute."
Interviewer: „Also, die war größer. Wie paßt das zusammen mit der Aussage, daß man damals eher passiv war?"
Gisbert Pohl: „Passiver in dem Sinn, daß man sich nicht persönlich engagieren wollte, sondern die Begeisterungsfähigkeit war größer. Und wenn dann einer da war, der auch erklärliche Ziele, punktuell gesehen, keine großen politischen Phrasen, hatte, (dann lief das). Es war ja auch eine Aufbruchstimmung da, zumindest bei denen, die damals versuchten, die Dinge anzuführen."
Interviewer: „Also, wenn ich Sie richtig verstehe, dann meinen Sie, daß es eine Begeisterungsfähigkeit gab auch bei größeren Teilen der Kollegen . . ."
Gisbert Pohl: „Ja, ja."
Interviewer: „. . . aber nicht unbedingt eine Bereitschaft, sich selber zu engagieren. Sondern das machte dann wer anders."
Gisbert Pohl: „Ja — wieder leider die Führerabhängigkeit . . ."[176]

Frauen haben es in dieser Männerwelt der Metallberufe und ihrer Vertretungen sicherlich schwerer; nicht so sehr deshalb, weil der Ton rauh ist und derbe Scherzchen ebenso an der Tagesordnung wie mindestens die Beschließung derselben mit dem „Schnäpsken". Die Frauen, die selbst als Betriebsrätin gewählt wurden, betonen, daß „ihnen dies nichts ausmacht." Schwerer als ihre männlichen Kollegen aber haben sie es als Verheiratete, weil die Männerwelt dominiert und weil auf ihnen — besonders den Älteren — die Familienarbeit lastet und ihnen wenig Zeit für andere Funktionen läßt.

Die meisten männlichen Betriebsräte sind verheiratet mit einer Frau, von der sie glauben, daß sie ihre Auffassungen teile; aber gewerkschaftlich oder politisch aktiv waren diese Ehefrauen nur in seltenen Fällen. Manchmal wurde darüber sinniert: Ob dies vielleicht daran liegt, daß man in Deutschland so spät die besonderen Probleme der Frau bedacht habe — auch in der Gewerkschaft; oder ob man selbst vielleicht am Feierabend Ruhe vor politischen oder gewerkschaftlichen Problemen haben wolle. Die meisten stellen fest, daß es bei ihnen in der Ehe demokratisch zugeht und daß ihre Frau schon allein deshalb sehr selbständig und entscheidend alle Probleme lösen muß, weil er — der Mann — so selten zu Hause ist. Die Frau soll mindestens in allen familiären Angelegenheiten das „Sagen" haben. In anderen will man gemeinsam entscheiden. Bei der weitaus überwiegenden Zahl der Befragten waren die Frauen zeitweilig erwerbstätig und hatten mit ihrem Beruf aufgehört, als „Kinder kamen". Das soll auch von beiden Seiten als selbstverständlich empfunden worden sein.

4. „Ganz oben und Prolet geblieben?" oder über vertikale und horizontale Dichotomie.

(Konrad Vogels Lebensgeschichte)

Interviewer: „Sie haben ja nun sehr viele Posten in der Gewerkschaft, im Aufsichtsrat, in der SPD, im Stadtrat, im Sportverein usw. Was ich gerne mal wissen würde: Haben Sie auch privaten Kontakt mit Leuten — ich sag mal — von der ‚anderen Seite'."
Konrad Vogel: „Was meinen Sie denn — politisch?"
Interviewer: „Nein, nein, privaten Kontakt. Haben Sie sich mal befreundet z.B. mit Vertretern aus dem Aufsichtsrat?"
Konrad Vogel: „Nein. Doch. Moment. Mit einem Kollegen, aber der kommt aus dem betriebsrätlichen Bereich. Aber Sie meinen von der Arbeitgeberseite. Aus dem Arbeitgeberlager habe ich einen Bekannten, das hat aber nichts mit dem Aufsichtsrat zu tun. Aber, das wird für Sie vielleicht interessant sein, wo ich sehr viel Kontakt mit habe und wo wir uns gegenseitig sehr oft einladen: Meine jetzigen Schwiegereltern kommen aus dem kirchlichen Bereich. Mein Schwiegervater ist auch Personalrat bei der Bundesbahn gewesen und GdED-Mitglied, also Gewerkschaft der Eisenbahner Deutschlands, und ist aktiver Kolpingsbruder. Die sind auch aktive Kirchgänger, haben aber einen sehr gesunden Menschenverstand . . . Da bin ich jetzt in das Bildungsprogramm (der Kolpingsbrüder) sogar als Referent aufgenommen worden. Mit drei Familien laden wir uns jetzt ein, weil die mich so gut leiden können, ohne jetzt auf den Putz zu hauen . . ."
Interviewer: „Wie ist denn das im Rat? Haben Sie da persönliche Freundschaften?"
Konrad Vogel: „Ja".
Interviewer: „Auch mit CDU-Leuten?"
Konrad Vogel: „Nein. Ja, eine einzige, da laden wir uns gegenseitig ein, daß man freundschaftlich und mit ‚Du' verkehrt, aber sonst gegenseitige Einladungen nicht. Das gibts schon bei ‚runden' Geburtstagen. Aber bei jeder Kleinigkeit, gegenseitige Familieneinladungen oder bei jedem Geburtstag oder so — das habe ich nicht."
Interviewer: „Und treffen Sie privat Leute, die auch in der Sozialdemokratie, im Rat sind, die Sie früher nicht gekannt haben?"
Konrad Vogel: „Ja, ja. Das ist ein reger Austausch. Das kommt auch manchmal zweimal oder dreimal im Jahre vor. Gegenseitig . . ."[177]

Konrad Vogel wurde 1930 in Thüringen geboren. Sein Vater war von Beruf Zimmermann, seine Mutter Hausgehilfin in Pensionen. Seine Vorfahren waren eingereiste Hugenotten aus der Schweiz. Während der Großvater väterlicherseits Mitglied der Sozialdemokratie war, ging der Vater 1930 — zu der Zeit lange Jahre arbeitslos — in die SA, „der war ein ‚Alter Kämpfer'." Er trat aber 1934 wieder aus der SA aus, „weil er immer wieder gesagt hat: ‚Die Kommunisten sind jetzt alle was geworden. Da kannst Du ja hingucken, wo Du willst, die sitzen jetzt in allen Ämtern drin und wir, die wir für den Nationalsozialismus gekämpft haben, wir sitzen heute immer noch da, wo wir sind'... Da sagte ich: „Ja, da hast Du recht gehandelt, Du bist ja nie was geworden. Die sind alle was und Du bist immer noch Zimmermann' — wie man da so redet als Kind." Der Vater ging dann in die Feuerwehr. Die Familie lebte in einer Kleinstadt mit Kurbetrieb. Sie wohnte in einem Sechsfamilienhaus an der Hauptstraße. Es war eine kleinstädtisch gemischte Gegend. 1937 wurde Konrad eingeschult und besuchte ab 1942 bis 1945 die Oberschule in Gotha, eine NS-Aufbauschule. Bei Kriegsbeginn war der Vater wieder arbeitslos und bekam 12 Mark Arbeitslosenunterstützung pro Woche für vier Personen, so daß die Mutter putzen gehen mußte. „Ich hab also eine ganz bittere Jugend erlebt, mit viel Hunger auch im Krieg." 1940 trat Konrad in das Deutsche Jungvolk ein. Die Aufnahme war „schon ein Ereignis; denn da sind Feierlichkeiten aufgezogen worden; anschließend mußte man eine Prüfung ablegen, ob man das Messer tragen durfte, das sogenannte Fahrtenmesser. Dann mußten Sie die ganzen Daten runterspulen... über den Führer, über Adolf Hitler. Dann (mußte man) eine Sportlerprüfung ablegen. Und wenn man das alles bestanden hatte, dann kriegte man das Fahrtenmesser. Als Symbol. Da war dieses Runenzeichen drin und das Hakenkreuz; an der linken Seite wurde es getragen. Ich war gerne bei den Pimpfen, das kann ich gar nicht bestreiten," vor allem wegen der Streifzüge durch die Wälder und wegen des Sports. Konrad wurde sofort Fahnenträger: „Da haben die mich gewählt. Das war aber, das war eigenartig, daß die mich gewählt haben als Fahnenträger. Da wurde ich nicht bestimmt. Da haben die gesagt: ,Ja, der ist tüchtig in der Schule und so, der wird unser Fahnenträger.' Da kriegte ich hier so ein Abzeichen drauf. Fahnenträger — da war ich ganz stolz drauf. Ja, das stimmt, das weiß ich (noch). Und dann bin ich befördert worden zum Jungenschaftsführer, ein Jahr später war ich Jungzugführer, dann war ich Hauptjungzugführer und zum Schluß bei Kriegsende war ich Fähnleinführer." Er avancierte seiner Meinung nach deshalb so schnell im Jungvolk, weil die älteren Jahrgänge in den Krieg mußten und wegen guter schulischer Leistungen. „Die Beförderung war auch ein Ereignis, das kann man sagen. ... Wir haben uns damit identifiziert; daran gab es gar keinen Zweifel." Konrad Vogel war auch Klassensprecher — „Zugführer, wie das damals hieß." Samstags und mittwochs traten alle in Uniform an, bei feierlichen Anlässen auch die Lehrer. Wegen des „guten Tons" besuchte Konrad auch den Konfirmandenunterricht: „Da war das so üblich. Man ging auch sonntags in die Kirche, aber direkt im christlichen Glauben bin ich nicht erzogen worden. Das war alles schon abgemildert durch die Partei, durch die NSDAP ..., weil ich ja da im Jungvolk war, denn meistens war ja

Sonntagmorgen schon Antreten und da war Kirche Nebensache." Der Vater fiel im Krieg, die Mutter arbeitete als Krankenschwester und wurde zeitweise an die Front verlegt. Eine Tante betreute dann die beiden Kinder. Vor Kriegsende wurden alle „Pimpfenführer" noch in ein Wehrertüchtigungslager gesteckt; so auch Konrad Vogel zweimal drei Wochen lang mit einer Ausbildung am MG 42. Zum Schluß wurde er noch zur Panzerbewachung eingesetzt. „Da hatte man aber keine Ränge mehr gehabt. Da war man weder das, noch was man vorher war. Da hat man einen grauen Drillichanzug angehabt, so eine Knarre am Ast, und dann mußten wir immer im Schichtwechsel Panzer bewachen. Und dann habe ich mich 1945 zwei, drei Tage vorher, als das immer schlimmer wurde, wo dann die Tiefflieger kamen, die Artillerie schoß und die Panzer, dann habe ich mich da abgesetzt mit noch einem Kollegen" und ist nach Hause gegangen. Als die Front immer näher kam, „da hat man regelrechte Angst gehabt, daß man da unterwegs kaputtgeschossen wird oder irgendwie oder was". Als die Amerikaner eingerückt waren, hat er zusammen mit anderen Schülern zusammen „Dolmetscher gespielt. Da wurden wir auch mit Jeeps mitgenommen, und dann gab es auch schon mal die erste Zigarette. Ich hatte überhaupt noch nicht geraucht gehabt in meinem Leben. Ich war 14 Jahre, nicht wahr, und jetzt auf einmal Zigaretten. ‚Ach, in Amerika', haben sie gesagt, ‚da rauchen die Jungen mit 14 Jahren alle', und dann habe ich auf einmal die amerikanischen Zigaretten geschmökt. Ach, da hatten wir eigentlich ein ganz gutes Leben. Wir wurden da sehr gut verpflegt . . . Da gab es auch schon mal Schokoade." Von den Amerikanern hörte Konrad Vogel zum ersten Mal von KZs, obwohl er ganz in der Nähe von Buchenwald wohnte. „Ein einziges Mal hatte ich davon was gehört: In Buchenwald sind Kriegsgefangene; da ist ein großes Lager von Kriegsgefangenen." Als die Amerikaner ihm die wirkliche Funktion vom KZ-Buchenwald erzählten, war er sehr „geschockt". Er wollte das nicht glauben und hat sie gefragt, „ob das nicht durch Bombenangriffe passiert" sei . . . Als die „Nein" antworteten, „da ist man natürlich nachdenklich geworden." In den letzten Kriegsjahren wohnte bei ihnen eine evakuierte Familie aus dem Ruhrgebiet. Als dann im Sommer 1945 die Nachricht kam, daß „Thüringen russisch" würde, beschloß Konrad Vogel ins Ruhrgebiet zu der inzwischen heimgekehrten Familie zu gehen. Der entscheidende Grund für die Übersiedlung war die Hoffnung auf „Arbeit und Ausbildung", denn in Thüringen „hätte ich höchstens in den Wald gehen und Holzfäller werden" können; die Schule sollte erst im Oktober '45 wieder anfangen und die alleinstehende Mutter hätte ihn gar nicht mehr in der Schule durchbringen können. Außerdem waren „wir im Nationalsozialismus ja antisowjetisch erzogen worden. Das waren ja für uns Menschenfresser, wenn man so will, zu der Zeit." Nachdem er im Ruhrgebiet drei Wochen später eine Lehrstelle als Schlosser (Dreher) gefunden hatte, kehrte er noch einmal mit dem Fahrrad nach Thüringen zurück und machte die Rückfahrt ebenfalls mit dem Fahrrad. In seiner Heimatstadt hat er dann „die Russen erlebt, wie sie mit dem Panjewagen eingerückt sind. Da kam ein einziger angefahren mit Pferdchen, zwei kleinen Pferden . . ., also die kamen so kleckerweise, bis daß sie auf einmal mit Lastwagen kamen, kolonnenweise."

1946 wurde Konrad Vogel Jugendleiter ohne gewerkschaftliche Funktion in seinem Betrieb. Am 1. Mai 1948 trat er in die IG Metall ein, deren Jugendausschuß-Mitglied er 1949 wurde. Im gleichen Jahr machte er seinen Facharbeiter und wurde zum Betriebsrat gewählt. 1948 war er schon gewählter Jugendvertreter geworden. 1953 wurde er einer der jüngsten Betriebsratsvorsitzenden und trat in die SPD ein. Auf die Frage, welches die Gründe für die schnelle Entwicklung vom „Pimpfengeneral" zum gewerkschaftlich engagierten Betriebsfunktionär waren, antwortet Konrad Vogel mit einem Zwinkern: „Ja, natürlich, Demokratie und so, ist klar." Er fährt dann fort: „Ja, vielleicht war das einfach daraus geboren, daß man immer wieder Verbindungen mit Menschen gesucht hat . . . Als ich das erste Mal Gewerkschaft hörte und als bei uns Betriebsratswahlen waren, da habe ich gesagt: 'Also, es muß doch etwas geben, was uns während der Nazizeit verschwiegen wurde . . . Über die Arbeiterbewegung haben wir in der Geschichte (in der Schule) überhaupt nichts gehört." Gewerkschaftskollegen und Zentrumsleute haben ihm dann von der Geschichte auch der christlichen Arbeiterbewegung erzählt. Aus Spaß an der Geschichte hat er sich auch zu einem Gewerkschaftsseminar angemeldet. Überdies haben ihn sehr stark kommunistische Gewerkschafter „geprägt". Der Interviewer fragt weiter: „Ich würde Ihnen gerne eine Frage stellen, bei der Sie jetzt nicht böse werden dürfen: Meinen Sie, daß so eine Erfahrung (Funktionär beim Jungvolk) eine Bedeutung hatte für Ihre spätere Arbeit?" Konrad Vogel: „Ich versteh schon. Ich will Ihnen ganz ehrlich darauf antworten. Wissen Sie, wo diese Erziehung noch einen Einfluß hatte? Bei meiner Kandidatur zum Jugendleiter in der Firma (1946). Da haben die gemerkt, der Vogel, der hat so ein bißchen so eine Führerpersönlichkeit . . ., der hat so eine große Schnauze, der könnte eigentlich gewählt werden. Und das war eigentlich das, was noch ein bißchen drin gesteckt hat von der Zeit." In einem späteren Gespräch fügt er zu diesem Gedanken hinzu, daß er bei den Pimpfen auch seine organisatorischen Fähigkeiten gelernt hätte.

Konrad Vogel erfuhr in den folgenden Jahren — wie früher zitiert — verschiedene politische Niederlagen: die Wahl Adenauers, das Betriebsverfassungsgesetz, das Stalin-Angebot von 1952 für freie Wahlen bei einem neutralen Gesamtdeutschland, die Wiederaufrüstung, die atomare

Bewaffnung, das KPD-Verbot und die Notstandsgesetze. Nach der Verabschiedung des Godesberger Programms der SPD zweifelte er kurzzeitig an seiner Partei. Gleichzeitig ging es ihm und seiner Familie in den 50er Jahren immer besser: Seit 1947 besuchte er Abendkurse zur Weiterbildung im Beruf und schloß diese mit dem „Techniker" ab. 1957/58 absolvierte er drei Semester an der Gewerkschaftsakademie in Volks- und Betriebswirtschaftslehre, Sozialpolitik und Betriebsverfassungsrecht. 1966 wurde er erster Bevollmächtigter in der Verwaltungsstelle, in der er schon Jugendsekretär gewesen war, und ist seitdem immer wieder gewählt worden. 1953 wurde er in einen Ortsverband der SPD gewählt, 1960 in den Unterbezirksvorstand. 1971 wählte man ihn zum Vorsitzenden eines Ortsvereins. 1969 kam er über die Reserveliste und 1973 durch Direktwahl in den Stadtrat und ist stolz darauf, daß er in Ausschüssen mitgeholfen hat, bei der Umstellung vom Bergbau viele neue Arbeitsplätze mit geschaffen zu haben. Außerdem ist er seit 1972 Vorsitzender eines Fußballvereins; (er hatte selbst nach dem Krieg Fußball gespielt und dabei von Spielen auf dem Land Naturalien mitgebracht) — „und das ist bei mir die dritte Säule, die im Ruhrgebiet eine große Rolle spielt." Nach dem Mitbestimmungsgesetz von 1976 wurde er in zwei Aufsichtsräte gewählt, jedesmal mit 90 % der Stimmen.

1952 heiratete er: „Ich habe meine ehemalige Frau auf dem Tanzboden kennengelernt. Tanzschule habe ich gemacht. Da wollte man ja auch ausprobieren, ob man einigermaßen tanzen kann. Ja, wie sagt man so schön, wo die Liebe hinfällt. Das war dann halt so, daß man sich danach verlobt hat und dann auch geheiratet. Das ist ein Phänomen, wenn man so jung verheiratet ist, dann gibts keine andere Frau." Er zog dann, nachdem er zuvor seit 1945 bei der in Thüringen evakuierten Familie gewohnt hatte, zu den Schwiegereltern in ein Zimmer. Er hat es nur bedauert, daß seine Frau keinen Anteil an seinen gewerkschaftlichen Aktivitäten nahm, „wo noch keine Kinder da waren." „Nach vier Jahren, als das Kind geboren wurde, hat man sicherlich Verständnis dafür, dann muß die Frau den Haushalt führen, Kind versorgen, der Mann bringts Geld. Und da haben wir uns manchmal nur zwei-, dreimal gesehen." Auf die Frage, warum er keine gewerkschaftlich engagierte Frau geheiratet habe, antwortet Konrad Vogel, vielleicht weil er sich so mehr geborgen gefühlt hätte, nach der ganzen Arbeit. „Im Grunde genommen konnte ich mich entfalten und meine Frau nicht." 1956 kam der Sohn, 1958 und 1965 zwei Töchter. 1974 trennte er sich von seiner Familie, die von ihm weiter unterstützt wird: „Das waren geregelte Verhältnisse." Seit 1977 „hatte ich eine neue Begleiterin", die berufstätig und gewerkschaftlich aktiv ist. 1980 haben sie geheiratet, nachdem die erste Ehe geschieden worden ist. Obwohl Konrad Vogel inzwischen Verständnis für die besonderen Probleme der Frauen hat, weiß er nicht, ob die Frau sich weiter engagieren könnte, wenn ein Kind käme. Konrad Vogel wohnt heute in einer Dreieinhalbzimmer-Wohnung.

Die Lebensgeschichte Konrad Vogels ist ein Beispiel dafür, wie die damals ganz jungen Befragten (der Jahrgänge 1929—1931) den „Zusammenbruch 1945" relativ rasch verarbeiteten, da er für sie nur begrenzte Bedeutung hatte: Man suchte schnell nach neuen gemeinschaftlichen Zusammenhängen, nach Betätigungsfeldern für den früher gelernten Aktivismus. Und das war zusammen mit dem Wunsch nach beruflicher Qualifizierung und Karriere zunächst wichtiger als die Suche nach neuen politischen oder weltanschaulichen Orientierungen, die noch nicht gefunden waren, die aber in den neuen Zusammenhängen (manchmal auch kirchlichen) bald gewonnen wurden.

Die Interviewpassage, die am Anfang dieses Abschnitts steht, zeigt ein merkwürdiges Phänomen: Die meisten, ja fast alle Befragten scheinen sich trotz ihrer mittleren bis hohen Funktionen nicht mit Mitgliedern der „alten Oberschicht" vermischt zu haben. Das stellt die Frage, wo man sie soziologisch „verorten" soll oder wie sie sich selbst einordnen. Sie stammen zumeist aus armen Verhältnissen des Arbeitermilieus und beginnen ihre Aufstiege mit der Betriebsfunktion.

Nicht nur soziales Engagement, Aufstiegsbewußtsein und Leistungsdenken, sondern auch Mobilität scheint eine Voraussetzung für die Bereitschaft gewesen zu sein, zum Betriebsrat zu kandidieren: Da ist zunächst einmal die hohe Zahl der Jüngeren, die eine höhere Schule besucht hatten, sie dann aber abbrechen mußten; viele stammen auch aus einer Bergarbeiterfamilie und sind stolz darauf, in einen Metallberuf gelangt zu sein; viele sind Meister oder Vorarbeiter geworden. Aber es gibt auch einige wenige, die einen „höher" bewerteten Beruf aufgeben mußten und als Hilfsarbeiter und Angelernte in die Industrie oder den Bergbau gingen. Und schließlich gibt es jene, die in Montageberufen an verschiedenen Stellen gearbeitet haben und deshalb viel von der Welt sahen, was — wie betont wird — auch bei den Kollegen gut angesehen sei. Darüber hinaus zeigt sich eine konfessionelle Mobilität: ca. ein Drittel der Befragten stammt aus einer „Mischehe", ungefähr die Hälfte ist heute konfessionslos, wobei nicht genau auszumachen ist, wieviele aufgrund ihrer Betriebsratstätigkeit zur Konfessionslosigkeit wechselten. Lokale Mobilität, sieht man von den Monteuren, die allerdings auch einen festen Wohnsitz haben, einmal ab, findet sich dagegen selten. Die weitaus überwiegende Zahl der befragten Betriebsräte ist bodenständig, bis auf drei Flüchtlinge sind alle in der Stadt Betriebsräte geworden, in der sie auch aufgewachsen sind. Ebenfalls hoch ist die Zahl der politisch Mobilen, die ihre politische Orientierung mindestens einmal wechselten.

Die meisten der Befragten hatten neben den Funktionen im Betrieb und in der Gewerkschaft verschiedene Ehrenämter und Aufgaben in sozialen Institutionen — von der Berufsgenossenschaft bis zum Sozialgericht.

Man sollte nun annehmen, daß es bei einer solchen Gruppe mit so ausgeprägter sozialer Mobilität eine klare Abkehr von einem dichotomischen Gesellschaftsbild gibt. Denn in einer Schichtungsanalyse und unter Berücksichtigung der erreichten Positionen würde man die befragten Personen zur Mittelschicht, in einigen Fällen sogar zur Oberschicht rechnen, wie etwa Aufsichtsratsmitglieder in internationalen Konzernen, Landtagsabgeordnete, Ratsmitglieder der Stadt, Vorstandsmitglieder in Berufsgenossenschaften usw. Auch nach Bildungs-Kriterien haben diese Personen zu ca. 50% ihre frühere Schicht durch Weiterbildung verlassen. Die Kinder aus etwa der Hälfte der Familien besuchen das Gymnasium oder die Universität, die Kinder aus den restlichen Familien sind zumeist Angestellte mit Mittelschulabschluß, absolvieren gerade den „Zweiten Bildungsweg" oder haben im Betrieb nach Facharbeiterausbildung höhere Positionen wie z. B. die eines Ausbildungsleiters erlangt.

Deshalb erstaunt es, wenn etwa Herr Jabel sagt:

„Ebenso wie im Aufsichtsrat bin ich auch in der Siedlung der Prolet."

Keiner der Befragten scheint sich selbst — obwohl man stolz darauf ist, „wer geworden zu sein" — zur Oberschicht oder zur Mittelschicht zu rechnen.

Das Gesellschaftsbild der Befragten möchte ich also folgendermaßen charakterisieren: es ist nach wie vor dichotomisch, jedoch horizontal und vertikal geteilt. Horizontal in dem üblichen Sinne, daß es nach ihren Auffassungen immer noch zwei große Klassenlager gibt mit nur begrenzter Durchlässigkeit; vertikal in der Weise, daß es „dank der Gewerkschaft und der SPD" heute eine Gegnerschaft dieser beiden Lager bis nach „oben hin" gibt und nicht mehr wie früher nur auf den Ebenen unten gegen oben. Selbst ist man auf der einen Seite dieser vertikalen Gleise aufgestiegen, auf der „Seite der Arbeitnehmer". Man steht zwar auf der gesellschaftlichen Leiter auf einer höheren Sprosse als einfache Arbeiter oder Arbeiterinnen, aber eben doch auf ihrer Seite. Der Aufstieg auf der „Arbeiterseite" war möglich aufgrund der Stärke der eigenen Organisationen, der Partei und der Gewerkschaft, aber auch deshalb, weil man sich „immer qualifiziert für die Kollegen eingesetzt" hat „und wegen dieser Leistung immer wieder von ihnen gewählt wurde". Das betonen fast alle Befragten.

Für diese Vermutung von der vertikalen und horizontalen Dichotomie spricht ein weiteres, schon angesprochenes Phänomen: Es gibt nahezu keine Vermischung zwischen der „Arbeiteroberschicht" und der bürgerlichen. Alle erklären durchgängig, daß sie mit „denen von der anderen

Seite" im Aufsichtsrat, Wirtschaftsausschuß oder in der Nachbarschaft keinen wirklich nahen Kontakt pflegen. Man trinkt höchstens mal ein Bier miteinander und dies in der Regel auch nur deshalb, weil man sich gegenseitig Informationen entlocken will. Ganz selten ist auch ein früherer Betriebsrat später auf „der anderen Seite" im Aufsichtsrat zu finden. Wenn dies passierte, dann zumeist über den politischen Umweg: Er wurde als Ratsmitglied oder als Landtagsabgeordneter von der Stadt oder dem Land aus in diese Gremien entsandt; auch dies wird aber eher als Ausdruck der Stärke der Arbeiterorganisation und der persönlichen Leistung begriffen denn als Ausdruck eines Aufstiegs in die bürgerliche Sphäre.

In den Schilderungen zu diesem Problem wird zumeist betont, daß in der Nachkriegszeit die Grenzen zwischen den Klassen schon mal durchlässiger geworden waren, während sie heute wieder abgeschotteter als vor 20 Jahren sind.

> „Wir sind in dieser Beziehung keinen Schritt weiter gekommen." Die Ränder hätten sich zwar zwischenzeitlich verwischt durch die Mitbestimmung, durch die Rentenversorgung, durch „unsere akademisch gebildeten Kinder" usw., „aber die Klassengegensätze treten heute wieder schärfer zutage. Aber die Frage ist: Kann man die Gräben zwischen den Klassen überhaupt mit Geld zukitten? Sicher, wir fahren alle in Urlaub, haben Autos, haben einen Campingbus, haben einen Garten und schimpfen auf die Sozis. Aber ökonomisch geht es heute nicht bergauf, man hat zu tun, das zu erhalten, was man erreicht hat. In dieser Beziehung (des Abbaus der Klassengrenzen) haben wir mit Zitronen gehandelt." [178]

Ein weiteres Indiz spricht für diese These von der horizontalen und vertikalen Dichotomie in den Auffassungen der befragten Betriebsräte: Die Zahl der Ehescheidungen ist gering; nur drei der befragten Betriebsräte sind geschieden. Die Vermutung liegt nahe, daß bei einem Aufstieg in bürgerliche Spären die Zahl der Scheidungen höher wäre. Alle Ehefrauen bzw. Ehemänner der Befragten stammen aus dem Arbeiter-, ganz selten aus dem unteren Angestelltenmilieu. Auch die neuen Ehefrauen der geschiedenen Männer entstammen wiederum diesen Mileus.

Ein letztes Indiz: Nur zwei der Befragten besitzen ein Haus, die anderen leben in Mietwohnungen. Man möchte offensichtlich nach außen hin nicht als Angehöriger einer anderen Klasse erscheinen — nicht erst als Folge des „Neuen-Heimat-Schocks". Nach eigenem Urteil wären also die Betriebsräte, sofern sie auch in andere gesellschaftliche Bereiche aufgestiegen sind, in den gesellschaftlichen Schichtungen nicht einfach „oben" anzusiedeln, sondern: „links oben".

V. Zusammenfassung

Die Buntscheckigkeit der Lebensläufe, die in der Nachkriegszeit über betriebliche Funktionen zur SPD führten, ist eine der ersten Auffälligkeiten, die bei der Betrachtung der Lebensgeschichten der Interviewpartner ins Auge springt. Die wichtigste Schützenhilfe scheint die SPD von den Einheitsgewerkschaften erhalten zu haben, über die die meisten Interviewpartner zur Sozialdemokratie stießen, sofern sie nicht bereits zuvor dort ihre politische Heimat besaßen. Die Einheitsgewerkschaft fungierte als Durchgangsschleuse zur SPD. Mit ihrer Hilfe vor allem gelang es der Sozialdemokratie nach 1945, verschiedene Strömungen aus der Arbeiterklasse und der Angestelltenschaft in sich zu vereinigen:

Da waren zunächst die alten *Sozialdemokraten*, die bereits in der Weimarer Republik für die SPD und die freien Gewerkschaften aktiv gewesen waren; sie hatten sich durch die 12 Jahre nationalsozialistische Herrschaft zwar verändert, kandidierten jedoch direkt nach Kriegsende als zumeist u.k. Gestellte oder nach Rückkehr aus der Gefangenschaft „mit Selbstverständlichkeit" wieder für den Betriebsrat und die Gewerkschaft, weil man ihre Erfahrung und ihre Kenntnisse benötigte; denn es bestand eine zwölfjährige Lücke in der Rekrutierung des Nachwuchses für frei gewählte betriebliche und gewerkschaftliche Funktionen.

Zur SPD kamen nach 1945 aber auch alte und damals junge *Katholiken* aus verschiedenen Motiven: alte Vertreter der katholischen Arbeiterbewegung und des Zentrums, die in der Politik der CDU keine Fortsetzung der früheren Zentrumspolitik erkennen konnten und mit ihr „als bürgerlicher Partei" nicht einverstanden waren; katholische Gewerkschafter, die in Widerspruch zur CDU-Gewerkschaftspolitik gerieten; solche, die sich, da man mehr und mehr Kontakte außerhalb des katholischen Milieus gefunden hatte, in eine evangelische Frau verliebten und eine „Mischehe" eingehen wollten, die von der Kirche abgelehnt wurde; hinzu kamen junge Katholiken, die nach den NS- und Kriegserfahrungen zunächst mit Politik nicht viel im Sinn hatten, sich aber nach gewerkschaftlichem Engagement zunehmend von der SPD angezogen fühlten. Diese verschiedenen katholischen Interviewpartner — und wahrscheinlich nicht nur sie — schlossen sich nach einer Zeit ohne politische Bindung oder einem Zwischenspiel bei dem noch existierenden Zentrum, nach Aktivitäten im Betriebsrat und in der Einheitsgewerkschaft der SPD an. Einige von ihnen bezeichnen sich nach wie vor als „Kirchgänger", andere haben sich von ihrem Glauben gelöst und sind heute konfessionslos. Hier deutet sich ein wichtiger kultureller Wandel an, denn in der Zeit der Weimarer Republik hatten die kirchliche oder religiöse Erziehung und Einstellung ein relativ großes Gewicht.

Unter den befragten Gewerkschaftern und Betriebsräten gibt es auch eine Reihe früherer oder heute noch organisierter *Kommunisten*. Die Älteren unter ihnen hatten während des Nationalsozialismus und des Krieges, wenn sie nicht im organisierten kommunistischen Widerstand waren und u. a. deshalb überlebten, ganz ähnliche Erfahrungen gemacht wie die alten aktiven Sozialdemokraten: Sie hatten sich auf ihre berufliche Tätigkeit beschränken müssen, waren spätestens nach 1935 ohne Kontakt zu im Untergrund arbeitenden Genossinnen und Genossen und mußten sich individuell durchschlagen; sie scheinen ebenso wie die alten Sozialdemokraten bei einigen Veränderungen ihrer politischen Überzeugung treu geblieben zu sein. Sie hatten ihre große Zeit in den ersten Nachkriegsjahren im Aufbau der Gewerkschaften und der Betriebsräte, verloren aber nach Marshall-Plan, Kaltem Krieg und wirtschaftlichem Aufstieg „nach der Währung" ihren früheren Einfluß; einige von ihnen geben auch das Betriebsverfassungsgesetz von 1952 als Einschnitt an, der ihre frühere Bedeutung absinken ließ. Nach dem KPD-Verbot wählten sie — wenn überhaupt — „der Not gehorchend" die SPD. Bei ihnen zeigt sich eine gewisse Erbitterung darüber, daß sie — die die größten Opfer in der politischen Verfolgung durch den Nationalsozialismus hatten hinnehmen müssen — so schnell nach dem Krieg wieder auf der „Abschußliste" standen und manchmal von „Grünschnäbeln" in ihren Funktionen abgelöst wurden, die sie noch „in der HJ erlebt" hatten. Anders als die älteren Kommunisten scheinen es vor allem die damals jüngeren gewesen zu sein, die ab 1948 zur SPD wechselten. Sie waren erst 1945 zur KPD gekommen und begründen ihren neuerlichen Orientierungswechsel hin zur Sozialdemokratie doppelt: mit politischen und persönlichen Argumenten. Politisch steht die Kritik an der sowjetischen Orientierung der KPD an erster Stelle, gefolgt von einer Ablehnung des Stalinismus, der Demontage- und der sowjetischen Kriegsgefangenenpolitik. Persönlich steht die Einflußmöglichkeit in der Betriebs- und Gewerkschaftspolitik im Vordergrund neben dem persönlichen Fortkommen in Betriebs- und Gewerkschaftsfunktionen. Denn jeder spürte den allgemeinen Umschwung im Verhältnis zu Kommunisten als wachsende persönliche Isolierung, jeder empfand auch den Druck auf kommunistische Gewerkschafter nach 1948. Hinzu kamen die täglichen schadenfrohen Seitenhiebe von Kollegen über die „nicht mehr in die Zeit passende" KPD-Politik. Die Jugend war es, die die KPD traditionell gewinnen konnte; aber gerade diese war ihr während der nationalsozialistischen Zeit verschlossen geblieben und scheint es auch für die 50er Jahre gewesen zu sein nach einem kurzen

Zwischenspiel von 1945 bis 1949/50. Obwohl 1948 bereits ein Drittel der Mitglieder der Gewerkschaften so jung gewesen war, daß sie die Weimarer Republik nicht politisch bewußt erlebt hatten, fanden wir nur ein Ehepaar unter ca. 200 Befragten, das nach 1950 von der SPD zur KPD wechselte — ein Indiz dafür, daß die KPD auch bei der Jugend in Betrieb und Gewerkschaft immer weniger gewinnen konnte; hier war die SPD dominant geworden, anders als in der Weimarer Republik.

Der SPD scheint es insgesamt gelungen zu sein, *Jugendliche* aus der Arbeiterklasse zu gewinnen, die ihre ersten öffentlichen Erfahrungen im Nationalsozialismus gemacht hatten — auch diejenigen, die in der HJ oder im BDM einen Aktivitätsschub gewonnen und sich dort engagiert hatten, darunter einige aus höheren Funktionen. Die Älteren unter ihnen, die zunächst von „der" Politik enttäuscht waren, kamen erst über gewerkschaftliche und betriebliche Aktivitäten zur politischen Arbeit für die SPD. Sie scheinen die SPD deshalb der CDU oder KPD vorgezogen zu haben, weil sie durch den Nationalsozialismus antiklerikal und antibolschewistisch beeinflußt waren, sich aber sozial engagieren wollten. Die anfänglich als unpolitisch begriffene Gewerkschafts- und Betriebsratsarbeit konfrontierte sie „zwangsläufig" über kurz oder lang mit der Politik und der Sozialdemokratie.

Darüber hinaus sind auch viele *Angestellte* über die Einheitsgewerkschaften im DGB, der bereits bei seiner Gründung mehr Angestellte in sich vereinigte als andere Organisationen, zur Sozialdemokratie gestoßen. Hier ist ebenfalls eine bedeutsame Veränderung gegenüber den letzten Jahren der Weimarer Republik auszumachen, als national völkische Angestelltenorganisationen die relative Mehrheit unter den Angestelltenverbänden besaßen. Mit der Gründung der Einheitsgewerkschaften hat man sowohl in ihren als auch in betrieblichen Funktionen Angestellte besonders berücksichtigt, um die Angestelltenschaft insgesamt für das Prinzip der Einheitsgewerkschaft zu interessieren. Auch diese Funktionsträger kamen dann zumeist über ihre betriebliche und gewerkschaftliche Tätigkeit zur SPD.

Eine weitere wichtige Gruppe unter diesen Funktionsträgern, die dann später ihr Interesse für die Sozialdemokratie entwickelten, waren die *Flüchtlinge,* die häufig aus ländlichen Gebieten stammend im Ruhrgebiet in industriellen Berufen zu arbeiten begannen, vor allem in den ersten Jahren nach 1945 als „Neubergleute". Ihre alten Bindungen hatten wohl zunächst noch eine gewisse Bedeutung, wurden dann jedoch zunehmend überlagert von den neuen Beziehungen in Betrieb und Gewerkschaft.

Sowohl in der unmittelbaren Nachkriegszeit als auch in den späten fünfziger und sechziger Jahren rückten mehr *Frauen* als zuvor in betriebliche und gewerkschaftliche Funktionen, auch wenn diese Bereiche männerdominiert blieben; über diese Funktionen kamen sie mehr und mehr mit politischen Fragen und der Sozialdemokratie in Berührung. Es scheint so, als ob auch hier die Aktivismus-Erfahrung in den nationalsozialistischen Mädchen- und Frauenorganisationen vom BDM bis zur Marinehilfe und in der Bewältigung der Nachkriegsnot eine Rolle spielte für den Beginn ihres Engagements in der Gewerkschaft und im Betriebsrat. In der Regel beendeten oder unterbrachen diese aktiven Frauen ihre betriebliche, gewerkschaftliche oder politische Tätigkeit, wenn „Kinder kamen"; denn gerade bei den älteren Befragten zeigt sich eine scharfe Arbeitsteilung zwischen den Geschlechtern, die bei den jüngeren in abgemilderter Form ebenfalls zu beobachten ist: Sie werden umfassend erst in der jüngeren Vergangenheit mit „speziellen Frauenproblemen" konfrontiert.

Es wäre nach den Darlegungen besonders der jüngeren Interviewpartner über ihre gewachsenen Bildungs- und Aufstiegshoffnungen merkwürdig, wenn nicht auch Karrieregründe für die Kandidatur zum Betriebsrat Bedeutung gehabt hätten: z. B. bei demjenigen, der als Hilfsarbeiter Sorge hatte, bald „nur noch die Tassen der Kollegen zu spülen", oder bei dem Bergmann, der früher Angestellter gewesen war und nach 1945 bei der Gewerkschaft „kräftig mitmischen wollte", oder bei dem Kommunisten, der Angst davor hatte, bei seinem Engagement in der Gewerkschaft „nichts zu werden". Viele hatten auch gewachsene Bildungswünsche, da gerade unter den Jüngeren viele Personen waren, die noch vor 1939 oder im Kriege eine höhere Schule begonnen hatten, sie aber am Ende des Krieges oder kurz danach hatten abbrechen müssen. Wo sonst hätten sie ihre Hoffnungen verwirklichen können als im Betriebsrat und in der Gewerkschaft mit ihren zunehmenden Bildungs- und Funktionsangeboten, die bald auch andere Bereiche erfaßte. Nur auf der Schiene der Arbeiterorganisationen einschließlich der SPD konnten ihre Wünsche erfüllt werden — außerdem mit der Genugtuung verbunden, sich sozial betätigen zu können. Und die Gewerkschaften benötigten mit zunehmenden Mitbestimmungsmöglichkeiten qualifizierte Funktionäre, die bereit und willens waren, sich selbst oder über „erneutes Schulbankdrücken" auf Gewerkschaftsseminaren weiterzubilden.

Diese Vielfältigkeit der Wege, die zur Sozialdemokratie führten, hätte man nach den Statistiken über die Entwicklung der sozialdemokratischen Dominanz in der Nachkriegszeit des Ruhrgebiets erwarten oder auch aus ihnen ableiten können; denn aus diesen verschiedenen Bereichen mußte die SPD ihren Zuwachs gewonnen haben, da sie hier nun einmal zur stärksten Partei wurde. Aber diese Statistiken sagen nichts über die Erfahrungen, die die Zuwendung zur Sozialdemokratie begründeten.

Die Lebensberichte legen nahe, daß es weniger programmatische Aussagen waren, die die Attraktivität der Sozialdemokratie ausmachten, als vielmehr jene Angebote, die für die „Lebensbedingungen im Alltag" Bedeutung hatten und deren Erfüllung die Sozialdemokratie zu signalisieren schien: Da war zunächst die Armutserfahrung, die ständige Bedrohung mindestens der Väter durch Arbeitslosigkeit und Entlassung; jeder lernte, daß eine ordentliche qualifizierte Arbeit in einem festen Arbeitsverhältnis die beste Lebens- und Altersversicherung für häufig erlebte schlechte Zeiten war; es bestand immer wieder die Notwendigkeit für die Frauen, besonders in der Arbeitslosigkeit der Männer, durch Putzen, Nähen usw. zuzuverdienen und „das Schlimmste für die Familie zu verhüten"; es herrschte der Zwang für die Kinder, möglichst schnell mitzuverdienen, und das hieß für fast alle Töchter, daß sie nicht einmal eine Lehre machen konnten, die schon eher den Söhnen ermöglicht wurde; da gab es die Erfahrung, keine höhere Schule besuchen zu können („denn es gab ja kein Bafög"), sich gegenüber den besser gekleideten Kindern aus „feinen Familien" als „underdogs" zu fühlen und zu wissen, daß die späteren Berufe der Gymnasiasten einem selbst verschlossen blieben; und es wurde tagtäglich die Erfahrung gemacht, sich unterordnen zu müssen, abhängig zu sein, keine Macht außer der eigenen körperlichen Stärke zu besitzen und „nur" in der eigenen Arbeit mitreden zu können. Mit dieser Armuts- und „Subalternitätserfahrung", mit diesem Wissen um die begrenzten Perspektiven derjenigen, die im Gegensatz zu „denen da oben" „hier unten" blieben, scheint es im Nationalsozialismus eine merkwürdig widersprüchliche Veränderung gegeben zu haben. Einerseits muß es in den dreißiger Jahren bis zum Krieg vor allem für die Jüngeren einen *Zuwachs an Perspektive* gegeben haben: Es wuchsen nicht nur die Möglichkeiten in Schule, Ausbildung und Beruf und die „Sicherheit der Arbeitsplätze", sondern es scheint sich darüber hinaus auch das Gefühl entwickelt zu haben, daß man es aufgrund persönlicher Leistung zu „etwas bringen kann", daß man auch als Arbeiterkind in den NS-Jugendorganisationen Anerkennung fand bei guten sportlichen und schulischen Fähigkeiten. Andererseits machte man gerade im Betrieb und in den NS-Organisationen andere Subalternitätserfahrungen durch den militärischen Drill und die Unterordnung unter das „Führerprinzip" in der Schulklasse, im Lager, in der KLV, in den nationalsozialistischen Organisationen, am Arbeitsplatz und beim Militär. Aber diese neue Subalternitätserfahrung scheint weniger als eine solche begriffen worden zu sein, die durch die soziale Klassenlage bestimmt wurde, denn als allgemeine, unter der auch „Bürgerliche" zu leiden hatten.

Während unter den alten Arbeitern viele davon ausgegangen waren, daß die Ausbeutung der Arbeiterklasse, die Begrenztheit ihrer Perspektive und ihre Unterdrückung erst mit einer grundlegenden Veränderung des Kapitalismus oder seiner revolutionären Abschaffung ein Ende finden würden, erlebte man in den dreißiger Jahren unter der Herrschaft des „Erzfeindes der Arbeiterklasse" eine wirtschaftliche Besserstellung und einen Zuwachs an Perspektive. Für die Altaktiven war diese Besserstellung zumeist noch verbunden mit Angst und Vereinzelung, für die Jungen bei umfassender Einordnung in die Gemeinschaftsorgane der NS-Gesellschaft mit persönlicher Perspektive, gewachsenen Aufstiegs- und Bildungshoffnungen — *ohne* die Voraussetzung des Sieges eines „demokratischen Sozialismus" oder der „Diktatur des Proletariats". Die Niederlage der Arbeiterbewegung 1933 zeigte sich also ambivalent. Hier scheint mir eine bedeutsame und bisher kaum wahrgenommenen Bewußtseinsveränderung durch den Nationalsozialismus zu liegen.

Und gerade diese Gesellschaft, die solche Veränderung der persönlichen Perspektive brachte, erwies sich spätestens 1945 als betrügerisch, brutal und verbrecherisch. Auch diese „Niederlage" von 1945 zeigte ambivalente Züge: Bei den meisten Jüngeren scheint sich anders als bei den Altaktiven kein Gefühl der „Befreiung vom Faschismus" eingestellt zu haben; viele fühlten wohl Erleichterung über das Kriegsende und das Ende der Bombardierungen, aber es sollte sich schnell herausstellen, daß die wirkliche Not in der Versorgung, der Hunger und der Kampf ums Überleben an Schärfe zunahmen — nicht unter nationalsozialistischer, sondern unter alliierter Herrschaft. Von dem Idealismus, von dem einige der jüngeren Interviewpartner aus ihrer Jugend im Nationalsozialismus berichten, blieb dann nur noch wenig, nämlich ein damals noch diffuser, eher unpolitischer Wunsch nach sozialem Engagement; aber was über den verlorenen Idealismus hinaus blieb, war die Hoffnung auf persönliche Perspektive und ökonomische Besserstellung, die den Erfahrungen, die im alten Bergarbeitermilieu gemacht wurden, weitgehend fremd gewesen war. Diese persönliche Perspektive scheint auch nach 1945 im Bewußtsein vor allem der „HJ-Generation" wichtiger gewesen zu sein als alle großen weltanschaulichen Entwürfe. Eine solche Perspektive, die Fortkommen, ökonomische Besserstellung und soziales Engagement ohne Extremismus umfaßte, wurde für Arbeiter und Arbeiterinnen wenn überhaupt, dann in der „politisch und weltanschaulich neutralen Einheitsgewerkschaft" und im Betriebsrat garantiert. Dort konnte man sich über den Beruf hinaus betätigen, wenn man den gewonnenen Aktivitätsschub ohne Angst vor politischen Folgen ausleben wollte; hier fand man auch eine neue Gemeinschaft, die anerkannt war und tolerant genug, die verschiedenen Strömungen in der Arbeiterklasse und der Angestelltenschaft in sich zu vereinigen und ihnen Betätigungsfelder anzubieten, ob man nun katholisch, evangelisch, rot oder schwarz, in der HJ oder im Widerstand gewesen war.

Die Einheitsgewerkschaft bündelte diese verschiedenen Strömungen hin zur SPD. Die Brüche, die mit dieser Bündelung einhergingen, steigerten noch einmal das Mißtrauen gegenüber den Extremen und ließen die Bereitschaft anwachsen, sich auf dem kleinsten gemeinsamen Nenner zu finden: Teilhabe der unteren Schichten am wirtschaftlichen Aufstieg der Bundesrepublik, Mitbestimmung auf dem Boden kapitalistischer Verhältnisse, Sicherung der Beschwerdeinstanzen für die bisherigen underdogs mit Macht, Durchsetzungskraft und Einfluß. Das war weit weniger, als sich in der unmittelbaren Nachkriegszeit anzudeuten schien, aber es war sehr viel von dem, was man sich nach früher Armuts- und Subalternitätserfahrungen und den veränderten Perspektiven erwünschte. Es wird nach den vorherigen Erfahrungen auch verständlich, warum man soviel Wert auf Beschwerdeinstanzen in der Mitbestimmung und auf „würdevolle Behandlung" legte, obwohl diese nur als sehr begrenzte Ziele unter politisch-programmatischem Blickwinkel erscheinen könnten. Und der offensichtlich sehr bedeutungsvolle Wunsch nach persönlicher Macht und Anerkennung in gesellschaftlich wichtigen Institutionen wird unter diesen Voraussetzungen besser verstehbar.

Die hier geschilderten Erfahrungen legen nahe, daß die „linke Hegemonie" der ersten Nachkriegsjahre weniger auf dem Bewußtsein breiter Schichten der Arbeiterklasse basierte, als vielmehr auf der Einflußnahme der Alliierten in der Entnazifizierungsphase und auf den Aktivitäten der alten Funktionsträger der Arbeiterbewegung. Inwieweit diese Vermischung der unterschiedlichen Strömungen mit verschiedener Herkunft und Erfahrung zunächst in der Gewerkschaft und dann in der Sozialdemokratie auch den Boden für die Entwicklung der SPD zur „Volkspartei" mit dem Godesberger Programm vorbereiteten, wäre eine eigene Untersuchung wert.

Eine weitere Auffälligkeit zeigt die Auswertung der Interviews mit den befragten Betriebsräten: die Bedeutung der generationell unterschiedlichen Erfahrung. Sie scheint für die Aktivitäten und die Haltungen der Befragten mindestens eine so große Rolle gespielt zu haben wie ihre soziale Lage, ihr Geschlecht oder ihre Konfession. Fast in allen untersuchten Fragen mußte eine Einteilung unter dem Gesichtspunkt des Alters vorgenommen werden. In einem bestimmten Alter gemachte Erfahrungen scheinen je nach biografischer Phase, in der man sich befindet, spezifisch und wirken weit — eine Bestätigung der Blochschen These von der „Ungleichzeitigkeit" — in folgende Lebensabschnitte hinein; dies dürfte im politischen Bereich insbesondere für jene Erfahrungen gelten, die in der Adoleszenz-Phase gemacht wurden. So brachte die Zeit des Nationalsozialismus, des Krieges und der Nachkriegszeit zwar große Veränderungen in den Erfahrungen, die die verschiedenen Altersgruppen ähnlich machten: Sowohl bei den älteren wie bei den jüngeren Jahrgängen ist ein Trend zur Individualisierung, zum Rückzug auf den familiären Bereich, zum Leistungsdenken, zur Aufstiegsorientierung, zur beruflichen und konfessionellen Mobilität und zur Veränderung des früheren dichotomischen Weltbildes zu beobachten. Aber dieser Trend hatte bei den Älteren (Jahrgänge von 1899 bis 1914) bzw. Jüngeren (Jahrgänge 1920 bis 1931) unterschiedliches Gewicht und unterschiedliche Ausprägung.

Die Älteren hatten zumeist vor 1933 schon ihre politische Sozialisation erfahren, waren schon in der Weimarer Zeit politisch oder gewerkschaftlich aktiv gewesen und wurden nun der alten Solidarorganisation der Arbeiterbewegung beraubt. Ihre Individualisierung erscheint durch Angst erzwungen oder als die Folge tiefer Enttäuschungen über das Verhalten der Kollegen, Nachbarn und Genossen während des Nationalsozialismus. Sie zogen sich deshalb auf den familiären Bereich und ihre berufliche Arbeit zurück, betrachteten zunehmend die qualifizierte Arbeit als Schutz, achteten deshalb zugleich auf ein gutes Verhältnis zu ihren Vorgesetzten und auf berufliches Fortkommen. Trotz der großen Enttäuschungen sehnten sich die meisten zurück nach dem alten *kollektiven* Zusammenhalt und den alten Orientierungen.

Bei den Jüngeren scheint weniger der Terror oder die Angst entscheidend für diesen Trend gewesen zu sein; vielmehr wirkten die Aufstiegserfahrungen in den NS-Organisationen, die nationalsozialistische Ideologie, eine nun möglich gewordene Ausbildung, die realen Aufstiegsmöglichkeiten bei entsprechender Leistung in Schule und Beruf. Ihre Individualisierung in der Perspektive war zugleich eine in neuen Gemeinschaften. Außerdem wurden klassenübergreifende Erfahrungen gemacht: Man konnte als Arbeiterkind den alten beengten Rahmen des eigenen Milieus verlassen. Die Kinderlandverschickung, der Reichsarbeitsdienst, das Pflichtjahr und das Militär scheinen hier neben der HJ und dem BDM von besonderer Bedeutung gewesen zu sein. Wenn man mit den Zwängen in den NS-Kollektiven nicht einverstanden war, dann als Individuen. Das Bedürfnis nach individueller Freiheit war zwar verbreitet, selten jedoch war die Erfahrung der Gegnerschaft zum Nationalsozialismus in selbstgewählten Gruppen; sie findet sich — wenn überhaupt — bei Kindern aus kommunistischen Familien, bei Jugendlichen aus der organisierten katholischen Jugend oder bei Edelweißpiraten.

Diese unterschiedlichen generationellen Erfahrungen mit dem Nationalsozialismus mußten die Spannungen in den Arbeitermilieus verstärken. Auch den Krieg erlebten alle als den großen Knall, der alte gewachsene nachbarschaftliche Bande zerriß, Familien versprengte und Freundschaften zerstörte, der aber auch zu neuen klassenübergreifenden Gemeinschaftserfahrungen im Bombenkeller, im Betrieb und in der Nachbarschaft führte. Trotzdem erfuhren beide Altersgruppen und Männer bzw. Frauen den Krieg auch unterschiedlich je nachdem, ob man an der Front, evakuiert oder an der „Heimatfront" u.k. gestellt war. Die Nachkriegswirren und die Nachkriegsnot verstärkten die Risse in den alten Milieus weiter: „Eigentlich normale" Werte und Normen in diesen Zusammenhängen büßten an Gültigkeit ein, Familien mußten wiedergefunden, zerbombte Wohnungen aufgebaut oder zurechtgeflickt werden; und man hatte für sich bzw. die eigenen Familien zu organisieren und zu hamstern oder Arbeit zu beschaffen. Mit der strikten Einhaltung des Siebten Gebots kam man da nicht sehr weit, moralische Skrupel mußten über Bord geworfen werden, und Solidarität herrschte zumeist nur dann, wenn sie auf dem Prinzip der Gegenleistung basierte. Der Schwarzmarkt scheint zu einer Schule des Kapitalismus geworden zu sein, der — frei nach dem ‚Kommunistischen Manifest' — die „parochialen, idyllischen Verhältnisse zerstörte", mindestens aber weiter erodierte. Der Zerstörung früherer Zusammenhänge standen jedoch die Bereiche Betrieb und Gewerkschaft gegenüber: Hier konnten neue, gemeinschaftliche soziale Erfahrungen in kollektiver Hamsterei unter der Ägide der Betriebsräte gemacht werden. Zwischen den Betriebsräten und den Gewerkschaften auf der einen und den Belegschaften auf der anderen Seite entwickelte sich gerade in der Bewältigung der Nachkriegsnot ein festes Klientel- und Vertrauensverhältnis, das ein Fundament für die spätere sozialdemokratisch-gewerkschaftliche Bastion Ruhrgebiet gebildet haben dürfte.

Angesichts dieser Erfahrungen konnten die alten „politischen Lager" aus dem Revier der Weimarer Zeit mit ihrem vielfältigen Vereinsleben nicht in alter Gestalt aufgebaut werden: Sie waren vor 1933 bereits begrenzt wirksam gewesen, wurden durch den Nationalsozialismus und den Krieg zusätzlich und in unterschiedlicher Weise angegriffen. Die alten, im Nationalsozialismus unterdrückten *Kommunisten* hatten nicht nur die meisten Opfer in ihrem Funktionärskader während der nationalsozialistischen Herrschaft bringen müssen, sondern standen nach 1945 veränderten Generationen gegenüber: die Tendenzen zur Individualisierung, zum Rückzug in das Privatleben und in den Beruf bei den Altaktiven bzw. zu Aufstiegs- und Leistungsbewußtsein und Individualisierung in neuen Gemeinschaften bei den Jüngeren, die oben geschildert wurden, widersprachen den alten Milieu-Erfahrungen, die vor 1933 in den Bergarbeitersiedlungen gemacht wurden und zu einem großen Teil der KPD zugute gekommen waren. Das Denken in „oben" und „unten", die Vorstellungen von der Unversöhnlichkeit der Klassengegensätze entsprachen realen Erfahrungen in diesen Milieus, aber kaum mehr den Erfahrungen besonders der Jüngeren nach Nationalsozialismus, Krieg und Nachkriegszeit.

Gerade die Jungen waren es jedoch, die während der Weimarer Republik zur KPD geströmt waren. Dadurch könnte erklärt werden, warum die KPD bei den ersten politischen Wahlen nach 1945 geringere Erfolge als in der Weimarer Zeit hatte, noch *vor* Zuspitzung des Kalten Krieges. Hinzu kam außerdem, daß die allgemeine Erfahrung in allen Generationen gegen die große Politik und gegen große weltanschauliche Entwürfe ausschlug. Neben den Notwendigkeiten der ökonomischen Versorgung waren dafür auch die Erfahrungen mit der Politik aus den vorhergegangenen 12—14 Jahren verantwortlich: Politik hatte sich als gefährlich zunächst für die Linke (1933), dann für die Nazis (1945) herausgestellt, „normale" Zustände mit einer „Politik der Mitte" bei individuellem „Heraushalten" aus der Politik schienen den eigenen Erfahrungen angemessen — das war die andere Seite der Stellvertreter-Politik der Betriebsräte und Gewerkschafter.

Die „linke Hegemonie" in den Jahren 1945 bis 1948 entpuppt sich auch unter diesem Blickwinkel als Schein-Hegemonie, die auf der allgemeinen Verunsicherung und den Aktivitäten der bisher Verfolgten sowie auf der Politik der Alliierten der ersten Jahre nach Kriegsende beruhte, aber in der Arbeiterschaft nur eine geringe Basis hatte.

Diese linke Scheinhegemonie zerbrach dann völlig nicht nur an den äußeren Bedingungen (Zerfall der alliierten „Anti-Hitler Koalition" und Kalter Krieg) sondern auch an den inneren Verhältnissen: als der ökonomische Aufstieg nach der Währungsreform begann, *ohne* Sozialisierung der Industrie oder gar ohne sozialistische Regierung und Herstellung der Einheit Deutschlands, da zeigte sich, daß weiterführende politische Vorstellungen nur eine sehr geringe Basis auch in der Arbeiterklasse hatten. Es ging um den Speck und weniger um die Sozialisierung. (Ulrich Borsdorf) Wieder einmal zeigte sich die Ambivalenz einer Niederlage: Die Währungsreform wurde zunächst als Betrug begriffen, der sich aber schnell als einer mit Zukunft auch für die Betrogenen erwies.

Anders wirkten die Erfahrungen aus Nationalsozialismus, Krieg und Nachkriegszeit auf das *katholische Lager:* Die politischen und die überörtlichen Organisationen der Kirche waren zwar im Nationalsozialismus ebenfalls verboten und ihre Repräsentanten verfolgt worden, aber die Gemeinden konnten sich als religiöser und kultureller Hort behaupten. Vor allem die Auflösung katholischer Schulen und der Antiklerikalismus des Nationalsozialismus blieben jedoch nicht ohne Wirkung auf diejenigen, die im Nationalsozialismus aufwuchsen. So wurde nach 1945 die Kirche einerseits ein Element der Kontinuität über die Zeit des Faschismus hinweg, sie verlor aber andererseits einen Teil ihrer Basis; die frühere Einheit von weltanschaulicher, politischer und gewerkschaftlicher Organisierung des katholischen Lagers zerbrach nach 1933 und wurde auch nicht mehr in der alten Form nach 1945 reinstalliert: Die christlichen Gewerkschafter gründeten mit Sozialdemokraten und Kommunisten die Einheitsgewerkschaften. Der Einfluß der Kirche wurde dann seit dem Ende der vierziger Jahre weiter eingeschränkt durch die Bedenken gegenüber großen weltanschaulichen Entwürfen und vor allem durch den forcierten Trend zur Säkularisierung im Zuge des wirtschaftlichen Aufstiegs der Bundesrepublik mit den Möglichkeiten des Massenkonsums, der Massenkommunikation und des Ausbaus des Sozialstaats. Frühere parochiale Formen des Schutzes und der Integration verloren ihre Bedeutung, was sich in der Bergbau-Krise Ende der fünfziger/Anfang der sechziger Jahre zeigte, als die im Bergarbeiter-Milieu traditionell besonders starke katholische Kirche im Gegensatz zur SPD und Gewerkschaft weder konkrete Hilfe leisten konnte noch sonst eine hervorragende Rolle spielte.

Die KPD als politische Partei verlor also bereits 1946 ihr früheres Gewicht, während die CDU als überkonfessionelle Partei die meisten Zentrum*wähler* gewinnen und damit im Ruhrgebiet zunächst an die früheren politischen Erfolge des Zentrums anknüpfen konnte. Innerhalb der Betriebe hatten die kommunistischen Aktivisten nach 1945 — anders als in der Politik — große Bedeutung. Umgekehrt konnte die CDU ihren politischen Erfolg nicht in die Betriebe hinein verlängern, während die SPD sowohl im Betrieb wie in der Politik großes Gewicht erhielt. Auch der Erklärung dieses widersprüchlichen Phänomens kommt man durch die Untersuchung der Erfahrungen der Beteiligten in der Einheitsgewerkschaft ein Stück näher. Vor 1933 wirkten das kommunistische wie auch das katholische politische Lager mit einem weitverzweigten Vereinsnetz in die Arbeitermilieus hinein; im Zuge der allgemeinen Individualisierung, im Zuge des weiteren Einreißens der Grenzen zwischen den politischen Lagern durch Nationalsozialismus, Krieg und Nachkriegszeit konnte dieses weitverzweigte Vereinswesen nach 1945 nur in sehr viel geringerem Maße als vor 1933 wieder eingerichtet werden. Das hauptsächliche Instrument der gemeinsamen Organisierung der Arbeiter (zunächst noch weniger der Arbeiterinnen) wurde die Einheitsgewerkschaft. Es entwickelte sich bald nach 1945 also eine politische Landschaft nahezu ohne das alte Netzwerk der politischen Lager, jedoch mit einer neuen einheitlichen Organisation, die aber eben nicht weltanschaulich begründet und von daher ohne dauerhafte Verbindung zu den kirchlich-parochialen Strukturen wie in den alten Milieus vor 1933 war. Sie wirkte vor allem über die Betriebe und die Verbindung zu den politischen, kommunalen und sozialstaatlichen Institutionen. Das mußte schließlich zu einer Verringerung des kirchlichen Einflusses in den Betrieben und den Gewerkschaften führen. Die Einheitsgewerkschaft entsprach also der Situation nach 1945, als die alten politischen Lager und die alten Arbeiter-Milieus weitgehend erodiert waren. So zeigt sich die Politik nach 1945 zunächst mit Parteien, die um die Vorherrschaft in einer Wählerschaft rangen, die — mit Ausnahme älterer Aktivisten — von der großen Politik nur wenig wissen wollten und sich auf den familiären Bereich und die Versorgung beschränkte. Die Parteien hatten jedoch nicht die alten Formen der engen Verbindungen zu ihren Wählerschaften wie vor 1933, und in den Einheitsgewerkschaften, die die drei großen politischen Strömungen des Ruhrgebiets vereinigte, mußte erst noch um die politische Vorherrschaft gerungen werden. In diesem Kampf hatten die Christen und die Kommunisten schlechtere Ausgangspositionen als vor 1933. Unmittelbar nach 1945 waren unter den gewerkschaftlichen Funktionären alle drei Strömungen repräsentiert. KPD und SPD hatten hier während der katastrophalen wirtschaftlichen Lage zunächst die größten Erfolge, da die CDU anders als früher das Zentrum mehr und mehr als Unternehmer-Partei begriffen wurde.

Seit 1948, im Zuge des wirtschaftlichen Aufstiegs der Westzonen und dann der Bundesrepublik, und mit der Verschärfung des Kalten Krieges verlor die KPD auch in den Betrieben ihren vorherigen Einfluß. Die Einheitsgewerkschaft, wie sie sich vor allem in den Betrieben über Vertrauensleute und gewerkschaftlich aktive Betriebsräte vermittelte, wurde zur wichtigsten „Durchgangsschleuse" vieler aktiver Arbeiter auf ihrem Weg zur SPD.

Die *SPD* ihrerseits profitierte vom Trend zur Individualisierung, von klassenübergreifenden Gemeinschafts- und Aufstiegserfahrungen, von der Säkularisierung und von dem Abbau der Grenzen zwischen den alten politischen Lagern mit ihren besonderen Werten und Lebensnormen während des Nationalsozialismus, des Krieges und der Nachkriegszeit. Ihr „pragmatischer Realismus", ihr Kampf um die „Teilhabe der Arbeitnehmer" am wirtschaftlichen Aufstieg der Bundesrepublik ohne „extremen Revolutionarismus" auf dem Boden des Kapitalismus dürfte den beschriebenen Erfahrungen eines großen Teils der Arbeiter und Arbeiterinnen des Ruhrgebiets entsprochen haben.

Daher nimmt es nicht wunder, daß zunächst der Einfluß der KPD mit dem wirtschaftlichen Aufschwung und dem Kalten Krieg zurückging und dann spätestens mit der Bergbaukrise und den Strukturveränderungen im Ruhrgebiet seit Ende der fünfziger Jahre auch der Einfluß der CDU, während der Einfluß der SPD wuchs. Seit dieser Zeit wurde im Ruhrgebiet entsprechend der sozialen Zugehörigkeiten gewählt: „Die Arbeitnehmer wählen uns" — wie die sozialdemokratischen Betriebsräte voll Stolz erklären.

Die betrieblichen und lokalen Funktionäre der SPD und der Gewerkschaften selbst entsprachen dieser allgemeinen Entwicklung der SPD und der Arbeiterbasis. Sie waren neben ihrem sozialen Engagement aufstiegsorientiert, leistungsbewußt, pragmatisch und hatten mit großen politischen Entwürfen oder religiösen Bindungen wenig im Sinn. Besonders die älteren der hier untersuchten Jahrgänge wurden — das ist angesichts ihrer frühen politischen Sozialisation mit ihren über den Kapitalismus hinausreichenden Visionen bemerkenswert — auf die sozialpartnerschaftliche Orientierung bei Beschränkung auf den Einzelbetrieb fixiert; denn durch das Wachstum der Wiederaufbauperiode und durch ihren Zusammenhang zu den Gewerkschaften trafen sie auf kompromißbereite Unternehmer und konnten vor allem im Lohnbereich übertarifliche Leistungen verbuchen. Andererseits übten sie entsprechend ihrer früheren politischen Sozialisation eine Kritik am kapitalistischen Klassenstaat, die jedoch für ihre betriebliche Politik folgenlos blieb. Bei ihnen könnte noch eine alte „Lagermentalität" aus der Zeit der politischen Lager der Weimarer Republik wirksam gewesen sein: Sie fühlten sich politisch zunächst außerhalb des Staates, dachten in Kategorien des „Wir hier unten, Ihr da oben" und verstanden sich als unmittelbare Vertreter betrieblicher Interessen der Arbeiter im Betrieb. Nur diejenigen, die sich in der Nachkriegszeit politisch engagierten, setzten sich „voll Idealismus", wie sie betonen, auch auf politischer Ebene für die Entwicklung des Sozialstaats ein. Die jüngeren Jahrgänge beschränkten sich in ihrer Mehrzahl nicht — nach einer Zwischenzeit politischer Abstinenz in der unmittelbaren Nachkriegszeit — auf die betriebliche Ebene: Mit ihrem schärferen Aufstiegs- und Leistungsdenken und mit ihren autodidaktisch oder über gewerkschaftliche Schulungen gewonnenen Qualifikationen konnten sie über die sozialdemokratisch orientierte Arbeiterbewegung in hohe und höchste Positionen der Gewerkschaft, des Betriebes, der Wirtschaft, der SPD und des Staates aufrücken. Sie kämpften um ihre Mitwirkung in Wirtschaft, Staat und Gesellschaft — ohne die Visionen der alten Arbeiterbewegung.

Zugleich waren aber alle an die Anerkennung und die Wahl durch ihre Basis gebunden. Ihr Aufstieg über die Gleise der Arbeiterbewegung band sie also an die Basis und an die SPD und Gewerkschaft in doppelter Loyalität. Da sie von bürgerlichen Bildungsinstitutionen ausgeschlossen waren und oft eine begonnene höhere Ausbildung abbrechen mußten wegen ihrer schlechten sozialen Lage oder wegen der Kriegs- und Nachkriegswirren, waren sie von bürgerlichen Aufstiegswegen abgeschnitten. So erklärt sich auf der einen Seite ihr starkes soziales Engagement stellvertretend für die Arbeiter, aber auch ihre „verschworene Gemeinschaft" in SPD und Gewerkschaften. Auf der Ebene dieser lokalen und betrieblichen Funktionäre gibt es daher wenig Einbruchsmöglichkeiten für die CDU oder die Grünen oder für Kommunisten, solange nur die Sozialdemokratie Mitbestimmung und Mitwirkung auf Konzern- und Sozialstaatsebene sichert. Der Kampf um den Sozialstaat gegen die „Angriffe von rechts" dürfte bei den meisten dieser Funktionäre in den nächsten Jahren bestimmend sein. Bei einem Teil dieser Funktionäre — besonders bei denjenigen, die auf der „unteren" betrieblichen Ebene die Auswirkungen der Krise unmittelbar erfahren — führen diese Angriffe zu einer radikaleren Politik gegen die politische Erstarkung des Kapitals. Allgemein ist ihrem Denken kommunistisch-revolutionärer Antikapitalismus jedoch ebenso fremd wie grün-alternative Orientierung. Der gegenwärtig bei allen Befragten zu beobachtende Ingrimm über die Politik der CDU scheint bei den meisten auf eine Glorifizierung der „goldenen Zeiten des Sozialstaats" und rückwärts auf die Reinstallierung Brandtscher oder Schmidtscher Politik gerichtet zu sein nach dem Motto: „Wir verteidigen mit den Mitteln des Klassenkampfes den Sozialstaat." Nach wie vor scheint das Denken der Mehrheit der Befragten — bei vielfältiger Verunsicherung über die krisenhafte Entwicklung — auf eine Fortsetzung der Stellvertreter-Politik hinauszulaufen, etwas für die Kollegen und weniger mit ihnen gemeinsam zu unternehmen.

Das über Jahrzehnte äußerst erfolgreiche politische Modell sozialdemokratischer Hegemonie entwickelte sich für das Ruhrgebiet (und wahrscheinlich ebenso für die meisten industriellen Ballungsgebiete in der Bundesrepublik) neu: Es basiert weniger auf einer Politik mit Programm als vielmehr auf einem professionellen Netzwerk mit dem Ziel pragmatischer Entwicklung des Lebensstandards und sozialstaatlicher Absicherung; es besteht aus einer engen Verknüpfung betrieblicher, gewerkschaftlicher, kommunaler, politischer und sozialstaatlicher Funktionen und Verbindungen über eine stattliche Anzahl von *Berufs*-Politikern, -Gewerkschaftern und -Betriebsräten. In der Weimarer Republik (zumal im Bergbau) konnte die zahlenmäßig kleinere Gruppe von Berufsfunktionären noch direkt in die Arbeiter- und Angestellten-Milieus hineinwirken; heute fehlt ihnen das alte Vereins- und Verbindungswesen als „Unterbau" in den Milieus mit den alten Arbeitersport-, Wander- und Freidenkervereinen oder den Konsum- und Einkaufsgenossenschaften; ihnen fehlt auch weitgehend das politisch-programmatische Instrumentarium. Während der Zeiten des wirtschaftlichen Aufschwungs der fünfziger und sechziger Jahre, als es etwas über die Institutionen zu verteilen gab, fiel dieses Manko nicht ins Gewicht, da der gesellschaftliche Konsens überwiegend durch wirtschaftliche Teilhabe und Anwachsen des Lebensstandards hergestellt wurde. Im Gegenteil: Die Abgehobenheit der Politik von den ebenfalls durch Nationalsozialismus, Krieg und Nachkriegszeit veränderten Milieus war geradezu eine Bedingung für die Entwicklung sozialdemokratischer Hegemonie gegen christliche und kommunistische Gemeinschaften.

Heute können die Betriebsräte auf eine fast 40jährige Geschichte ihrer

Wirkung zurückblicken: Sie begannen mit ihrer „heroischen Zeit" großer Einflußnahme auf die ökonomischen Entscheidungen des Betriebes; dieser Einfluß schwand zwar spätestens mit dem Betriebsverfassungsgesetz von 1952, aber ihr sozialer Einfluß auf die Belegschaften blieb vor allem wegen ihrer Erfolge im Lohn- und Sozialbereich. Sie wurden institutionell zwar reduziert, aber gesichert und als Beschwerdeinstanz ernst genommen. Darüber hinaus übernahmen sie die meisten sozialbetreuerischen Funktionen. „Ich bin hier wie der Pfarrer Sommerauer", sagt heute ein Betriebsrat. Auch wenn sie zumeist der „Maloche" entwachsen sind, scheinen die Betriebsräte doch persönlich geachtet worden zu sein; sie waren eine soziale Anlaufstelle, die „etwas darstellte" und etwas bewirken konnte sogar noch dann, als man anfing, Sozialpläne für „abgebaute" Belegschaften aufzustellen.

Mit leicht melancholischer Selbstironie faßt ein Betriebsrat die Entwicklung der Funktionen der Betriebsräte in den letzten Jahrzehnten zusammen:

> „Erst waren wir der Kartoffelbetriebsrat, dann der Lohnbetriebsrat und jetzt sind wir Sozialplanbetriebsräte."

Das ist das Stichwort für die Kehrseite: Jetzt, da die alte Generation mit ihren früheren Visionen von einer ganz anderen Gesellschaft längst abgetreten ist, da die „jüngere" Generation zunehmend weniger Wachstum und sozialstaatliche Fortschritte im und für den Betrieb repräsentieren kann, fühlen sich viele als Krisendämpfer mißbraucht und ohne wirksamen Einfluß, die Ursachen der Krise zu bekämpfen. Ihre organisatorische Aktivität hat sie zwar als Vertreter der Belegschaften in zahlreiche höhere Funktionen geführt und zu einer der wichtigsten Basiseliten gemacht, aber sie scheinen den Mangel eines Hintergrunds zu spüren, von dem aus sie neue Alternativen entwickeln könnten. Sie werden nun selbst zu einer abtretenden Generation, die sich eher hilflos zurückzusehnen scheint nach den goldenen Zeiten des Wachstums und eines funktionierenden Sozialstaats. Und in diesen Hoffnungen werden sie kritisiert von einer neuen jungen Generation von Betriebsfunktionären, die ihre Rezepte und Haltungen ablehnt, da man um die Wirksamkeit des bisher erfolgreichen Politik-Modells fürchtet. Die heutigen Betriebsräte sind zunehmend weniger in der Lage, die Interessen der verschiedenen Teile der „Arbeitnehmerschaft" zu vertreten, die sich gerade im Ruhrgebiet segmentiert: Widersprüche zwischen Angestellten und Arbeitern, zwischen Dauerarbeitslosen und Erwerbstätigen, zwischen nur zeitweilig Beschäftigten und Stammbelegschaften, zwischen Belegschaften in „Zukunfts-" und perspektivlosen Branchen bzw. in Klein- und Großbetrieben — alle diese Widersprüche reißen auf. Gemeinsame Interessenvertretung durch Betriebsräte der Gewerkschaftslisten wird schwieriger, ebenso kompliziert wie gemeinsame Interessenvertretung in den Einheitsgewerkschaften. Mit den Tagen des Wachstums oder der „Sicherung des Erreichten" scheinen auch die Zeiten dieses ungefährdeten Politikmodells verloren zu gehen — nicht unbedingt die SPD-Dominanz.

Nachtrag

Nach der Darstellung dieses erfolgreichen sozialdemokratischen Politikmodells soll zum guten Schluß etwas zur Geschichte eines Mißverständnisses nachgetragen werden. Viele Emigranten, die nach dem Zweiten Weltkrieg nach Deutschland zurückkehrten oder den neuen Staat Bundesrepublik besuchten, verspürten eine Enttäuschung darüber, daß in diesem Lande die nationalsozialistische Vergangenheit so weitgehend verdrängt werden konnte. Insbesondere war man darüber bestürzt, daß bei den alten Wählerschaften der NSDAP und bei der „HJ-Generation", die über die „Stunde Null" hinaus als Element deutscher Kontinuität wirkten, so wenig Versuche des Lernens aus der Vergangenheit unternommen wurden. Diese Enttäuschung verspürten nicht nur Emigranten, die insgeheim gehofft hatten, der Nationalsozialismus hätte keine Einbrüche in die Arbeiterklasse erreicht, sondern auch jene, die einen raschen Lernprozeß in einer demokratisierten Gesellschaft erwarteten. (In Klammern sei vermerkt, daß diese Enttäuschung später zu einem Motor des politischen Aktivismus der Studentenbewegung wurde, als Söhne und Töchter bei ihren Eltern und Großeltern eine mangelnde Bereitschaft zur „Bewältigung" dieser deutschen Geschichte bemerkten.) Die scheinbare „Unwirklichkeit" des raschen Aufstiegs Westdeutschlands nach Nationalsozialismus und Kriegsniederlage ist bei emigrierten Beobachtern dieses erstaunlichen Aufstiegs immer wieder auszumachen.

Ein Beispiel dafür war der Bericht Hannah Arendts „Besuch in Deutschland, 1950". Hannah Arendt, deren Totalitarismustheorie ich nicht teile, schrieb:

> „Wenn alles gesagt ist, bleibt die Frage: was konnte man vernünftigerweise von einem Volk nach 12 Jahren totalitärer Herrschaft erwarten? Das deutsche Beispiel zeigt, daß Hilfe von außen wahrscheinlich keine eigenständigen Kräfte der Selbsthilfe freisetzt — und daß totalitäre Herrschaft mehr ist als nur die schlimmste Art von Tyrannei. Totalitarismus tötet Wurzeln."

Zu diesem niederschmetternden Ergebnis kam Hannah Arendt, die selbst als Jüdin emigrieren mußte, am Ende eines Reiseberichts durch das Deutschland des Jahres 1950, in dem sie sensitiv ihre Beobachtungen festhielt.

> „Der Anblick der zerstörten Städte in Deutschland und das Wissen um die deutschen Konzentrations- und Vernichtungslager haben Wolken der Melancholie über Europa gelegt . . . Aber nirgendwo wird der Alptraum von Zerstörung und Schrecken weniger verspürt und nirgendwo wird weniger

darüber gesprochen als in Deutschland selber. Überall stößt man auf die offensichtlich fehlende Reaktion darauf; aber es ist schwer zu sagen, ob dies auf eine halbbewußte Verweigerung von Trauer oder auf eine echte Gefühlsunfähigkeit zurückzuführen ist . . . Inmitten der Ruinen schicken sie einander Postkarten mit Bildern von Kirchen, Marktplätzen, Brücken, die es gar nicht mehr gibt. Und die Gleichgültigkeit, mit der sie durch die Trümmer laufen, findet sich genau in der Abwesenheit von Trauer für die Toten und in der Apathie wieder, mit der sie auf das Schicksal der Flüchtlinge unter ihnen reagieren . . . Diese offensichtliche Herzlosigkeit ist nur das am auffälligsten sichtbare Symptom einer tief verwurzelten, hartnäckigen und manchmal bösartigen Weigerung ,sich dem tatsächlichen Geschehen zu stellen und es auch zu bewältigen, statt es mit billiger Sentimentalität zu überdecken . . . Der Durchschnittsdeutsche sucht die Ursachen des letzten Krieges nicht in den Handlungen des Nazi-Regimes, sondern eher in Ereignissen, die zur Vertreibung von Adam und Eva aus dem Paradiese führten. Keine Klarheit. Alles ist vernebelt . . . Die Flucht aus der Wirklichkeit ist natürlich auch eine Flucht aus der Verantwortung. Alle Völker Westeuropas haben sich angewöhnt, für ihr Mißgeschick Kräfte außerhalb ihrer Reichweite verantwortlich zu machen. Aber in Deutschland ist diese Haltung ausgeprägter als anderswo. Kaum einer kann der Versuchung widerstehen, für alles nur Erdenkliche den Besatzungsmächten die Schuld zu geben . . . Die beharrliche Behauptung, daß es einen sorgfältigen Racheplan der Besatzungsmächte gegen Deutschland geben müsse, dient als tröstendes Argument für den Beweis der gemeinsamen Sündhaftigkeit *aller* Menschen . . . Auf allen Gebieten herrscht offensichtlich Übereinstimmung darin, daß jeder ein Recht auf eine eigene Meinung habe; und dahinter verbirgt sich die stillschweigende Annahme, daß Meinungen im Grunde unbedeutend seien. Das ist nun ein wirklich ernsthaftes Problem — nicht nur, weil dadurch die Diskussionen oft so hoffnungslos werden, sondern vor allem, weil der Durchschnittsdeutsche aufrichtig diese nihilistische Relativität gegenüber Tatsachen für das Wesen der Demokratie hält. In Wahrheit ist das natürlich ein Vermächtnis des Nazi-Regimes . . . Die Schnelligkeit, mit der nach der Währungsreform das Alltagsleben in Westdeutschland zur Normalität zurückkehrte und überall der Wiederaufbau begann, wurde in ganz Europa zum Gesprächsstoff. Zweifellos arbeiten nirgendwo Menschen so hart und lange wie in Deutschland . . . Sieht man unter die Oberfläche, so stellt man jedoch fest: Die Einstellung der Deutschen zur Arbeit hat einen tiefen Wandel erfahren. Die alte Tugend, mit dem fertiggestellten Produkt auch eine besondere Vortrefflichkeit zu erreichen, hat einem nurmehr blinden Bedürfnis Platz gemacht, geschäftig zu bleiben. Wenn man die Deutschen beobachtet, wie sie geschäftig durch die Ruinen eines Jahrtausends ihrer eigenen Geschichte stolpern, die Schultern über die zerstörte Landschaft zucken oder es einem verübeln, wenn man sie an die Schreckenstaten erinnert, von denen die ganze umliegende Welt heimgesucht wurde, dann erkennt man langsam, daß ihre Geschäftigkeit zur Hauptverteidigung gegen die Wirklichkeit geworden ist. Und man möchte ihnen zurufen: Aber das ist nicht wirklich! Wirklich sind die Taten, die Du vergessen hast!"[179]

Hier liegt das Mißverständnis: wirklich war auch die Geschäftigkeit *in* der Verdrängung. Und sehr erfolgreich. Außerdem gab es auch die Wirklichkeit der persönlichen Verarbeitung — nur lief sie anders ab, als beispielsweise Hannah Arendt und viele andere sie erhofften. Ihre verstehbaren Hoffnungen konnten nur in einen hilflosen Antifaschismus und eine ohnmächtige Ablehnung der Entwicklung der frühen Bundesrepublik münden. Im Gegensatz zu diesen Hoffnungen auf spezifische „Bewältigung" des Nationalsozialismus verarbeiteten viele Beteiligte, denen ein solches „gemachtes" Bild des Nationalsozialismus angesichts ihrer eigenen Erfahrung weitgehend äußerlich bleiben mußte, ihre Vergangenheit auf eine Weise, die ihre aus ihrer vergangenen Biografie erwachsenen Wünsche durchaus erfüllte. Man könnte nun vorschnell diese Bedürfnisbefriedigung nach den bisherigen Darstellungen nur im Sinne eines einfachen Verhältnisses von „Eigennutz und Geschichte" interpretieren; aber dieser Eigennutz, diese Hoffnungen auf „normale Zustände" ohne Wirrnisse mit fester Arbeit, gutem Lohn, besserem Lebensstandard, sozialstaatliche Absicherung, Anerkennung und „würdevoller Behandlung" sind aus den Klassenerfahrungen dieser Arbeitergenerationen erklärbar und bei den Aktivisten der Gewerkschaft mit einem sozialen Engagement verbunden.

Beide Formen der Erarbietung der deutschen Geschichte — die einer Hannah Arendt mit hohem politisch-moralischen Anspruch und jene, die die Erfahrungsdimension aufnimmt — sind jedoch notwendig, um die Hilflosigkeit eines abstrakten, die Erfahrungen Beteiligter kaum berücksichtigenden Antifaschismus zu überwinden und die Entwicklung der jungen Bundesrepublik verstehbar zu machen — und zwar nicht notwendigerweise in affirmativem Sinne.

Anmerkungen

1 Diese Befragung fand im Rahmen des Forschungsprojektes „Lebensgeschichte und Sozialkultur im Ruhrgebiet von 1930 bis 1960" in den Jahren 1980 bis 1983 unter der Leitung von Lutz Niethammer in Essen statt. Es wurde von der VW-Stiftung finanziert. Mitarbeiter waren: Anne-Katrin Einfeld, Ulrich Herbert, Bernd Parisius, Detlev Peukert, Alexander v. Plato (für die Betriebsräte im Metallbereich), Margot Schmidt und Michael Zimmermann (für die Funktionäre im Bergbaubereich). Einige der Gedanken, die hier geäußert werden, sind Produkt der kollektiven Diskussion, wenn auch persönlich in der veröffentlichten Form verantwortet und gefärbt.

Die ersten Ergebnisse dieses Forschungsprojektes finden sich bei Lutz Niethammer (Hg.): „Die Jahre weiß man nicht, wo man die heute hinsetzen soll". Faschismus-Erfahrungen im Ruhrgebiet. Lebensgeschichte und Sozialkultur im Ruhrgebiet 1930 bis 1960. Band 1, Berlin-Bonn 1983. Und Lutz Niethammer (Hg.): „Hinterher merkt man, daß es richtig war, daß es schief gegangen ist". Nachkriegs-Erfahrungen im Ruhrgebiet. Lebensgeschichte und Sozialkultur im Ruhrgebiet 1930 bis 1960, Berlin-Bonn 1983 (im Verlag J.H.W. Dietz Nachf.)

Zum Vorgehen in der Betriebsräteuntersuchung: von der IG Metall (und der IG Bergbau) wurden freundlicherweise örtliche Betriebsratsakten aus der Nachkriegszeit zur Verfügung gestellt. Aus diesen Akten konnten 425 noch lebende Betriebsräte der Jahre 1945 bis 1955 durch Adreß- und Telefonbücher, durch die Mitgliederlisten der IG Metall und der IG Bergbau sowie durch Mitteilungen von Interviewpartnern ausfindig gemacht werden. Diese 425 Personen wurden angeschrieben bzw. angerufen. Viele waren krank, einige kurz zuvor verstorben. Zusammen mit der IG Metall führten wir ein Treffen mit früheren Betriebsräten durch. Auf diese Weise geriet ich mit ca. 170 Betriebsräten der Jahre 1945 bis 1955 in Kontakt. Von diesen 170 Betriebsräten waren ca. 140 zu einem Interview bereit. Davon sind inzwischen wiederum einige schwer erkrankt oder verstorben. Ich betone diese Tatsache deshalb so, um deutlich zu machen, daß die Zeit drängt, wenn man noch die Generation der Altaktiven befragen will. Grundlage der hier vorgestellten Überlegungen sind 38 lebensgeschichtliche Intensiv-Interviews (einige Ehepartner eingeschlossen) mit einer Dauer von durchschnittlich siebeneinhalb Stunden (zwischen 2 und 23 Stunden). Dieses sample ist — das muß dem Leser klar sein — keine Grundlage für eine quantitativ repräsentative Untersuchung; es kann jedoch Hilfe leisten bei dem Versuch des „hermeneutischen Verstehens" der Entwicklung sozialdemokratischer Dominanz in der Ruhrarbeiterschaft der Nachkriegszeit. Andere Möglichkeiten für einen solchen hermeneutischen Versuch als lebensgeschichtliche Interviews sind für eine Untersuchung von Erfahrungen kaum denkbar trotz aller Einwände, die gegen diese Methode auf der Hand liegen: die Erinnerungen wurden von heute her in einer dialogischen Situation wiedergegeben und sind daher gefärbt sowohl durch spätere Erfahrungen wie auch durch die Fragen des Interviewers oder der

Interviewerin, die zumeist aus einer anderen sozialen Klasse und einer anderen Altersgruppe als die Interviewten stammen. Häufig spielen auch legitimatorische Gründe für die Erzählungen der Interviewpartner eine Rolle. Daher sind die historischen Rekonstruktionsversuche der Interviewten einer Kontrolle und Gegenüberstellung mit anderen Quellen zu unterziehen. In jedem Fall sind jedoch diese Erinnerungen für eine Verarbeitungsgeschichte dieser Basiselite und für ihre heutigen Einstellungen von Interesse. Darüber hinaus können die Weichenstellungen in den Biografien und die Lebensgeschichten selbst Aufschluß über damalige Gründe für Entscheidungen nahe legen.

Bei der Auswahl der Interviewpartner ging ich nach sehr allgemeinen Kriterien vor: sie mußten im Alter gestreut sein; ein Teil sollte in der Zeit der Weimarer Republik bereits erwachsen bzw. sogar aktiv gewesen sein; ein anderer Teil sollte während des Nationalsozialismus aufgewachsen sein; außerdem weibliche Betriebsräte trotz und wegen der Männer-Dominanz in den Metall- und Bergbauberufen. Überdies sollte die Mehrheit möglichst Mitglieder der SPD und freigestellte Betriebsräte sein. Von den ausgewählten Personen stammten bis auf 2 alle aus der Arbeiterklasse. Etwas weniger als die Hälfte wurde vor 1914 geboren, die anderen (die „Jüngeren") zwischen 1919 und 1931. Das Gespräch wurde in der Regel in zwei oder drei Durchgängen geführt: zunächst sollte die Interview-Person frei aus dem eigenen Leben berichten, und zwar alles, was ihr wichtig erschien nicht nur aus dem gewerkschaftlich-politischen Bereich. Im zweiten Durchgang wurden Nachfragen zu diesen Äußerungen gestellt; und im dritten Durchgang folgten gezielte Fragen nach unserer Frageliste zu verschiedenen Lebensbereichen und spezielle Fragen zur betrieblichen, gewerkschaftlichen und politischen Tätigkeit. Durch dieses Vorgehen sollten Einwirkungen durch die Interviewer möglichst gering gehalten werden.

Die Gespräche fanden überwiegend in freundschaftlicher Atmosphäre statt, obwohl die Interviews für die Beteiligten anstrengend und manchmal auch aufwühlend waren. Allen Interviewpartnern, denen Anonymität zugesichert wurde, möchte ich sehr danken; ein großer Teil der hier geäußerten Thesen sind auch von einigen von ihnen formuliert worden.

Auffällig war, daß Sozialdemokraten — als Sieger der Nachkriegsgeschichte — in der Regel weniger Hemmungen in der Gesprächsbereitschaft als Kommunisten zeigten, die aufgrund ihrer Erfahrungen sehr mißtrauisch gegenüber Befragungen waren — besonders dann, wenn Fragen zur Arbeit der KPD oder zu anderen Genossen und Genossinnen gestellt wurden.

In der Darstellung gehe ich methodisch nach einem sehr problematischen Verfahren vor: Ich ordne Interviewpassagen nach chronologischen und analytischen Gesichtspunkten, reiße sie also aus dem Zusammenhang, und fasse Lebensberichte zusammen. Die Lebensgeschichten würden einige Tausend Seiten umfassen, wenn ich diese Beschränkung nicht vornehmen würde. Es hätte auch andere Beschränkungen geben können: z. B. die ausführliche Wiedergabe nur dreier Lebensläufe und Interviews. Da jedoch die Erfahrungen sehr unterschiedlich und widersprüchlich sind, da außerdem die Wege, die zur sozialdemokratisch orientierten Betriebsrats- und Gewerkschaftsarbeit führten, sehr vielfältig sind, wäre dies eine unzulässige Einschränkung gewesen. Andererseits hätte man sich auf einige Aspekte in den Lebens- und Erfahrungsberichten beschränken können, die hauptsächlich die öffentlich-politischen Erfahrungen betreffen. Dabei wäre aber der Zusammenhang zwischen öffentlichen und privaten Erfahrungen — sowieso eine problematische Trennung — verloren gegangen. Insofern bin ich zu der hier versuchten Mischform gekommen, die jedoch wichtige andere Aspekte einer lebensgeschichtlichen Untersuchung und mündlichen Befragung beiseite läßt: z. B. die Sprache, die fragmentarische und häufig widersprüchlich erscheinende Denkweise, Veränderungen in der Produktion durch technische Neuerungen, Veränderungen im Alltagsleben wie z. B. in der Wohnung oder in der Hausarbeit und so weiter; es fehlt auch eine Untersuchung kultureller Gewohnheiten, der Witze oder auch der Krankheiten usw. usf. Die jetzige Beschränkung soll nicht nahelegen, daß ich solche Untersuchungen auch für das politische oder gewerkschaftliche Bewußtsein für unwichtig hielte. Ich kann sie hier jedoch nur insoweit berücksichtigen, als sie mir in der einzelnen Lebensgeschichte jeweils von Bedeutung erscheinen; ich treffe hier also als selbsternannte Entscheidungsinstanz die Auswahl. Hier liegt eine grundsätzliche Problematik der mündlichen Geschichte, die aus der Dialogsituation heraus lebt, die Interviewer und Autoren jedoch im Dunkeln oder im Dämmer läßt, wenn sie sich nicht auf wenige qualitative Interviews reduzieren will. Und ich berücksichtige diese Aspekte nur insoweit, als sie nicht den Rahmen dieses Buches sprengen. Dieses Buch muß also fragmentarisch bleiben — auch in einer anderen Hinsicht: sinnvoll wäre ein Vergleich der Ergebnisse der lebensgeschichtlichen Untersuchung mit den Akten, Dokumenten und Zeitzeugenberichten aus der Gewerkschafts- und Betriebsratsarbeit der unmittelbaren Nachkriegszeit, die ich im Zuge dieser Untersuchung gesammelt und archiviert habe. Aber auch dieser Vergleich hätte den Rahmen dieser Veröffentlichung gesprengt und kann hier nur angedeutet werden.

2 Zur Veränderung der politischen Landschaft des Reviers vgl. Karl Rohe/Herbert Kühr (Hrsg.): Politik und Gesellschaft im Ruhrgebiet. Beiträge zur regionalen Politikforschung, Königstein/Ts. 1979. Darin vor allem Karl Rohe: Vom alten Revier zum heutigen Ruhrgebiet. Die Entwicklung einer regionalen politischen Gesellschaft im Spiegel der Wahlen. Vgl. dazu auch meinen Aufsatz: „Ich bin mit allen gut ausgekommen" oder: War die Ruhrarbeiterschaft vor 1933 in politische Lager zerspalten?, in: Lutz Niethammer (Hg.): „Die Jahre weiß man nicht, wo man die heute hinsetzen soll", a. a. O., S. 31—66.

3 Wie wenig die reale Erfahrung, sondern „erhofftes" Bewußtsein — also „schlechte Ideologie" — zur Grundlage einer Untersuchung gemacht werden kann, zeigen anschaulich Gerhard Mannschatz/Josef Seider: Zum Kampf der KPD im Ruhrgebiet 1945—1947, Berlin (DDR) 1962. Das liegt auch nicht an dem relativ frühen Zeitpunkt der Veröffentlichung, denn andere Arbeiten aus dieser Zeit sind auch heute noch von Interesse; vgl. vor allem Theo Pirker: Die blinde Macht. Die Gewerkschaftsbewegung in Westdeutschland. Erster Teil: 1945—1952. Vom „Ende des Kapitalismus" zur Zähmung der Gewerkschaft, München 1960, ders.: Die blinde Macht. Die Gewerkschaftsbewegung in Westdeutschland. Teil 2 (und Band 2): 1953—1960. Weg und Rolle der Gewerkschaften im neuen Kapitalismus, Berlin 1979 (Nachdruck von 1960 bei Olle und

Wolter); ähnliches gilt auch für: Eberhard Schmidt: Die verhinderte Neuordnung 1945—1952, Frankfurt/M. 1974 (5. Auflage), Ute Schmidt, Tilman Fichter: Der erzwungene Kapitalismus. Klassenkämpfe in den Westzonen 1945—1948, Berlin 1971, die ebenfalls hoffnungsvoll von einer antikapitalistischen Massenströmung ausgehen.

An Zeitzeugenberichten sind von besonderem Interesse: Franz Spliedt: Die Gewerkschaften, Entwicklung und Erfolge. Ihr Wiederaufbau nach 1945, Hamburg 1948. Für die Entwicklung und Aufgabenstellung einer Ortsverwaltung im Ruhrgebiet nach dem Kriege ist ein gutes Beispiel der Geschäftsbericht der Industriegewerkschaft „Metall" Ortsverwaltung Essen von 1948, in: Archivordner der Ortsverwaltung der IG Metall Essen, Ordner Geschäftsberichte, auch im Archiv Ernst Schmidt, Essen, oder das Gründungsprotokoll der Gründung der IG Metall Essen (7. 4. 1946), in dem Ordner „Delegiertenkonferenzen ab 7. 4. 1946" der IG Metall Ortsverwaltung Essen; zu den ersten genehmigten Aufgaben der Betriebsräte siehe: Anhang ‚D', (Bekanntmachung. An alle Arbeiter in diesem Betrieb, DGB-Archiv, A-1-4:4-2a/1/5. Zwei seltene Dokumente von beteiligten Zeitzeugen auf „unterer Ebene" sind im Archiv Ernst Schmidt in Essen erhalten, nämlich die Aufbauberichte über die Gewerkschaften zunächst auf betrieblicher Ebene bei den Firmen Krupp und Wallram (August bzw. September 1945), dann auf örtlicher Ebene in Essen: Walter Slottke (kommunistischer Betriebsrat bei Krupp in den ersten Nachkriegsjahren): 1945—1947. Drei Jahre Gewerkschaftsarbeit, Ms., Essen o. J. (wahrscheinlich 1947 für den örtlichen Geschäftsbericht der IG Metall geschrieben), und Richard Riegel (kommunistischer Betriebsrat und Betriebsgewerkschaftsgründer bei Wallram, dann bis zu seiner Absetzung 1950 Erster Bevollmächtigter der IGM in Essen): Drei Jahre Gewerkschaftsarbeit, Essen o. J. (1947), mit Notizen seiner ersten Reden aus dem Jahre 1945.

Besonders hilfreich zur Geschichte der Entstehung der Einheitsgewerkschaften: Ulrich Borsdorf: Der Weg zur Einheitsgewerkschaft, in: Jürgen Reulecke (Hrsg.): Arbeiterbewegung an Rhein und Ruhr. Beiträge zur Geschichte der Arbeiterbewegung in Rheinland und Westfalen, Wuppertal 1974, S. 385—413, Borsdorf, Hemmer, Martiny (Hrg.) Grundlagen der Einheitsgewerkschaft. Historische Dokumente und Materialien. Mit einem Vorwort von Heinz O. Vetter, Köln/Frankfurt a. M. 1977; Jürgen Klein: Vereint sind sie alles? Untersuchungen zur Entstehung von Einheitsgewerkschaften in Deutschland. Von der Weimarer Republik bis 1946/47, Hamburg 1972, „1945—1955". Zehn Jahre Arbeit, zehn Jahre Aufstieg. Zehn Jahre neue deutsche Gewerkschaftsbewegung, Köln 1956.

Einen gelungenen Versuch, ohne mündliche Quellen die Bedeutung der Erfahrungen von Arbeitern und Arbeiterinnen zu erschließen, stellt der Aufsatz von Ulrich Borsdorf dar: „Speck oder Sozialisierung?" in: Glück auf, Kameraden! Hrsg. von Hans Mommsen und Ulrich Borsdorf, Köln 1979, S. 345 ff. Allgemein zu Problemen der Einheitsgewerkschaft nach dem Zweiten Weltkrieg: Lutz Niethammer: Das Scheitern der einheitsgewerkschaftlichen Bewegung nach 1945 in Westeuropa, in: Aus Politik und Zeitgeschichte, Beilage zur Wochenzeitung „Das Parlament" vom 19. April 1975, S. 34 ff. Oder auch:

Siegfried Mielke: Der Wiederaufbau der Gewerkschaften: Legenden und Wirklichkeit, in: Heinrich August Winkler: Politische Weichenstellungen im Nachkriegsdeutschland 1945—1953, Sonderheft 5 v. Geschichte und Gesellschaft, Göttingen 1979, S. 74—87. In diesem Sammelband ist auch Kleßmanns Aufsatz zu den Betriebsräten anregend. Besonders für den Betriebsrätebereich ist aber seine neuere Veröffentlichung von Bedeutung: Christoph Kleßmann: Betriebsparteigruppen und Einheitsgewerkschaft. Zur betrieblichen Arbeit der politischen Parteien in der Frühphase der westdeutschen Arbeiterbewegung 1945—1952, in: Vierteljahreshefte für Zeitgeschichte, 31. Jahrgang 1983, Heft 2 (April), S. 272—307.

Auch in diesem Zusammenhang von Interesse, obwohl nicht alle Aufsätze unmittelbar die Themen Gewerkschaften und Betriebsräte berühren: Lutz Niethammer, Ulrich Borsdorf und Peter Brandt (Hrsg.): Arbeiterinitiative 1945, Antifaschistische Ausschüsse und Reorganisation der Arbeiterbewegung in Deutschland. Darin vor allem das Kapitel: Die sozialistische Freie Gewerkschaft Hamburg (von Holger Christier), S. 305 ff., Holger Christier: Sozialdemokratie und Kommunismus. Die Politik der SPD und der KPD in Hamburg 1945—1949, Hamburg 1975. Ebenfalls zu einer anderen Region der britischen Zone z. B.: Peter Brandt: Antifaschismus und Arbeiterbewegung. Aufbau — Ausprägung — Politik in Bremen 1945/46, Hamburg 1976.

Zur politischen Entwicklung vor allem Hartmut Pietsch: Militärregierung, Bürokratie und Sozialisierung. Zur Entwicklung des politischen Systems in den Städten des Ruhrgebiets 1945 bis 1948. Duisburger Forschungen Band 26, Duisburg 1978, vgl. auch P. Hüttenberger: Nordrhein-Westfalen und die Entstehung seiner parlamentarischen Demokratie, Siegburg 1973, Rolf Steininger: Die Rhein/Ruhr-Frage im Kontext britischer Deutschlandpolitik 1945/46, in: Heinrich August Winkler, a. a. O., S. 111—166. Wie sehr die Diskussion um das Pro und Contra des Marshall-Plans in die Gewerkschaften hineinreichten, zeigt das Protokoll des Außerordentlichen Bundeskongresses des DGB (britische Zone) vom 16. bis 18. 6. 1948 in Recklinghausen, Köln o. J., Dieter Schneider/Rudolf F. Kuda: Mitbestimmung. Weg zur industriellen Demokratie?, München 1969.

4 Es handelte sich um die Gemeindewahlen vom 15. 9. 1946, eine Mehrheitswahl, bei der die KPD gegenüber 1932 erheblich an Stimmen verlor; so erhielt sie beispielsweise in Essen statt 26,5 % (1932) nur noch 12,1 %. Und in NRW insgesamt 6,7 %.

5 Insgesamt sind Statistiken über die parteipolitischen Zugehörigkeiten der Betriebsräte und unteren Gewerkschaftsfunktionäre im Metallbereich der ersten Nachkriegsjahre rar gesät; das politische Gewicht der einzelnen Parteien wird geschätzt. Demgegenüber gibt es solche Aufschlüsselungen für den Bergbau: So erhielt die KPD im Oktober 1945 auf 4 Essener Schachtanlagen zwischen 63,5 % und 37 % und war damit stärkste Partei vor der SPD und CDU, die zwischen 25—5,9 % bzw. 29,4—6,4 % erhielten. Ein ähnliches Bild zeigte sich bei 80 Schachtanlagen des Reviers am 20. 11. 1945, bei 96 Schachtanlagen im Januar 1946 und 44 Schachtanlagen im März 1946 mit folgender Stimmenverteilung:

	20. 11. 1945	Januar 1946	März 1946
KPD:	44 %	44,2 %	42,1 %
SPD:	28 %	25 %	25,8 %
CDU:	16 %	14,6 %	17,9 %
übr.:	12 %	—	14,2 %

(Kleßmann/Friedemann: Streiks und Hungermärsche a. a. O., S. 69)

Nach den DDR-Autoren Mannschatz/Seider waren Ende 1946 von 1.716 Betriebsräten im Bergbau 666 Kommunisten, also 38,8 %; 632 Sozialdemokraten, also 36,8 %; 240 Christen, knapp 14 % und 180 Parteilose, knapp 10,4 %. Und bei 864 Betriebsräten der „wichtigsten" Betriebe des Ruhrgebiets waren SPD und KPD mit 28,7 % bzw. 28 % nahezu gleichauf. (Mannschatz/Seider, a. a. O., S. 208)

Hartmut Pietsch schlüsselt überwiegend sozialdemokratische Quellen zu Betriebsratswahlergebnissen des Bergbaus von 1946 bis 1950 nach Städten des Reviers auf; danach hatte die KPD 1946 vor allem im Norden ihre Bastionen; insgesamt im Ruhrbergbau war die Stimmenverteilung:

1946 — KPD 38,8 %, SPD 36,8 %, CDU 14,0 %, übrige 10,4 %
1947 — KPD 31,0 %, SPD 33,0 %, CDU 31,5 %, übrige 4,5 %
1948 — KPD 33 %, SPD 36 %, CDU 20 %, übrige 11 %
1949 — KPD 26,2 %, SPD 37,2 %, CDU 17,6 %, übrige 18,1 %
1950 — KPD 19,9 %, SPD 39,9 %, CDU 17,0 %, übrige 22,2 %
(Pietsch, a. a. O., S. 312)

Nach Kleßmann waren im November 1947 bei 17 entflochtenen Werken der britischen Zone, überwiegend aus Nordrhein-Westfalen, 10 Arbeitsdirektoren Sozialdemokraten und 6 Kommunisten; bei einem ist die parteipolitische Zuordnung unbekannt.
Kleßmann führt auch die Ergebnisse bei Krupp in Essen an:

1945/46 KPD 6, SPD 1, CDU 2, übrige 0 (prov. Betriebsrat)
1947   KPD 9, SPD 7, CDU 4, übrige 0
1948   KPD 1, SPD 10, CDU 9, übrige 0
1949   KPD 0, SPD 14, CDU 11, übrige 1
(Kleßmann, 1983, a. a. O., 302 f. Abweichend davon gibt Slottke a. a. O., S. 1, 11 Mitglieder für den ersten Kruppschen Betriebsrat an.)

Da das Zahlenmaterial über die parteipolitische Zugehörigkeit der Betriebsräte des *Metall*bereichs im Revier mangelhafter als das des Bergbaus ist, habe ich ehemalige und heutige Gewerkschafter und Betriebsräte nach der Zugehörigkeit wenigstens der Betriebsratsvorsitzenden der Metallbetriebe Essens befragt. Grundlage dafür war die Liste der Betriebsräte bei der Ortsverwaltung der IG Metall, die durch mündliche Befragungen ergänzt wurden.
Danach ergab sich folgendes Bild:

Für die Jahre 1945/46 konnten wir nur für 22 von ca. 165 Betrieben die parteipolitische Zugehörigkeit der Betriebsratsvorsitzenden ermitteln, also eine geringe „Grundmasse". Von diesen 22 Betriebsratsvorsitzenden waren alle Männer und sollen bereits vor 1933 aktiv gewesen sein; es waren

14 in der KPD,   (= 63,6 %)
 6 in der SPD,   (= 27,3 %)
 2 beim Zentrum bzw. der CDU (= 9 %).

Das stimmt ungefähr mit den Schätzungen aus den Interviews überein, in denen von 50—70 % KPD-Anteilen unter den Betriebsräten gesprochen wurde. Parteilose sollen nicht dabei gewesen sein; zumindest wurden sie von den Befragten wegen ihrer Politik einer bestimmten Partei zugeordnet.

Besser sieht es schon mit den Zahlen für das Jahr 1948 aus: Wiederum sind 165 Betriebe in den Akten aufgeführt, davon hatten 148 Betriebsräte. Von diesen 148 Betrieben konnte bei 82 die parteipolitische Zugehörigkeit *nicht* ermittelt werden, es sind also 55,4 % in ihrer politischen Zugehörigkeit unbekannt geblieben. 66 Betriebsratsvorsitzende von 148 konnten parteipolitisch aufgeschlüsselt werden (das sind 44,6 %). Von diesen waren (1948)

39 SPD-orientiert   (= 59 %)
21 KPD-orientiert   (= 32 %)
 4 CDU-orientiert   (= 6 %)
 2 indifferent   (= 3 %)

Das heißt, daß schon im Jahre 1948 der Einfluß der KPD bei Betriebsratswahlen in den Metallbetrieben erheblich zurückging, während der der SPD stieg. Erstaunlich erscheint hier der geringe Einfluß der Christen und der „Indifferenten". Weitere Zahlen für die folgenden Jahre konnten bisher nicht errechnet werden. Es scheint aber so, daß noch bis 1950 der Einfluß der KPD in Betriebsratswahlen beträchtlich gewesen sein muß, wahrscheinlich um die 20 %.

Trotz großer einzelner Unterschiede in diesem Material zeigen sich doch deutlich folgende Tendenzen: die KPD war unmittelbar nach Kriegsende in den Betrieben und auch in den Gewerkschaften die Partei mit der höchsten Wählerschaft bzw. mit den aktivsten Mitgliedern. Ab Ende 1947/Anfang 48 begann ihr Einfluß zurückzugehen. Die SPD dagegen lag zunächst als zweite Partei hinter der KPD; schon 1947, spätestens 1948 wird sie in den Betrieben zur führenden Partei, ab 1950 deutlich dominant. Die CDU beginnt ebenfalls relativ schwach 1945/46, kann um 1947 einen Höhepunkt als drittstärkste (im Bergbau sogar zweitstärkste) Partei erleben und verliert dann kontinuierlich ihren Einfluß. Seit Anfang der fünfziger Jahre hat sich also im Betrieb und in der Gewerkschaft die SPD des Reviers durchgesetzt.

Die allgemeine Entwicklung des Verhältnisses zwischen Kommunisten, Sozialdemokraten und Christen schlug sich auch in der parteipolitischen Zugehörigkeit der Mitglieder der Ortsverwaltung der IG Metall Essens in der Nachkriegszeit nieder, die aus folgender Tabelle ersichtlich ist:

Jahr	Gesamt	SPD	KPD	Christ.	Part.los	Frauen
1946	13	4 (31 %)	6 (46 %)	3 (23 %)	0	1 (KPD)
1947	16	4 (25 %)	11 (69 %)	1 (6 %)	0	1 (KPD)
1949	19	8 (42 %)	7 (37 %)	4 (21 %)	0	2 (SP+KP)
1951	19	12 (63 %)	0	7 (37 %)	0	1 (SPD)
1953	19	14 (74 %)	0	5 (26 %)	0	1 (SPD)
1955 (1)	19	16 (84 %)	1 (5 %)	2 (11 %)	0	2 (SPD)
Nach Wahlanfechtung						
1955 (2)	19	16 (84 %)	0	3 (16 %)	0	2 (SPD)
1957	20	16 (80 %)	2 (10 %)	2 (10 %)	0	1 (SPD)
1959	20	16 (80 %)	2 (10 %)	1 (5 %)	1 (Christ)	1 (SPD)
1961	19	16 (84 %)	1 (5 %)	1 (5 %)	1 (Christ)	1 (SPD)
1963	19	16	1	1	1 (SPD)	1 (SPD)
1966	19	16	1	1	1	1 (SPD)
1969	19	18 (95 %)	0	0	1 (SPD)	2 (SPD)

(Quelle: Mündliche Befragung der ehemaligen Gewerkschaftssekretärin, Frau Hellmer, des Ersten Bevollmächtigten, Karl-Heinz Völker, seines Stellvertreters Hans Meyer, des ehemaligen kommunistischen und späteren sozialdemokratischen Betriebsrats Rudi Hellmer und des Archivars Ernst Schmidt, früher selbst in der KPD für Betriebs- und Gewerkschaftsarbeit in der örtlichen Arbeit zuständig. Allen möchte ich hier für ihre Hilfe danken.)

6 Vgl. hierzu vor allem: Christoph Kleßmann/Peter Friedemann: Streiks und Hungermärsche im Ruhrgebiet 1946—1948, Frankfurt/Main, New York 1977.

7 Als Beispiel für die Altersstruktur der Gewerkschaften nach dem Zweiten Weltkrieg kann der Geschäftsbericht der IG Metall Essens mit folgender Tabelle herangezogen werden:

Jugendliche bis 25. . . . . . 5.966
25—40jährige. 5.380
41—50jährige. 5.508
51—65jährige. 4.993
über 65jährige. . . . . 583 (Geschäftsbericht a. a. O., S. 10)

8 Theo Pirker: Die blinde Macht, Bd. 2, a. a. O., S. 117.

9 Zu den „Alten" einige Daten, die keine quantifizierende Bedeutung nahelegen, sondern eine Verständnishilfe sein sollen:
Es handelt sich um 17 Interviewpartner, davon zwei Frauen; alle wurden zwischen 1899 und 1914 geboren; sie stammen fast alle aus einem Arbeiterhaushalt. Sechs hatten ein sozialdemokratisches, fünf ein katholisches, drei ein kommunistisches oder „revolutionäres" Elternhaus; nur einer beschreibt seine Eltern als unpolitisch, zwei machen keine Angaben; insgesamt sind diese Angaben zur politischen Herkunft mit Vorsicht zu behandeln, da sehr häufig nur der Vater als „politisch" beschrieben wird. Heute sind elf der Befragten Sozialdemokraten.

Sechs hatten katholische Eltern, drei evangelische, drei waren ohne Konfession, drei stammten aus einer „Mischehe", zwei machten keine Angaben zur Konfession der Eltern. Aber heute sind 11 dieser Befragten ohne Konfession, drei sind evangelisch, drei katholisch. In der Religionszugehörigkeit hat also ein großer Wechsel stattgefunden.

Acht arbeiteten in Metall- bzw. Stahlberufen, sieben waren Bergleute, eine war bis zu ihrer Pensionierung Angestellte, eine war und ist Hausfrau. Vier sind Meister geworden.

Alle sind oder waren verheiratet.

Zehn waren oder sind Mitglied der Metall-, sechs der Bergbaugewerkschaft, eine Frau war in keiner Gewerkschaftsorganisation. Einer der Bergbauer war früher im christlichen Bergarbeiterverband.

11 der 15 Männer waren u.k. gestellt, vier waren im Ersten oder Zweiten Weltkrieg eingezogen.

Keiner war in einer NS-Organisation, fast alle waren in der DAF.

10 Faust Band 1, 1.
11 Leibold Band 1, 1.
12 Josef Paul Band 1, 1. Da Herr Paul nur über einen anderen erzählt und selbst nicht Betriebsrat war, wird er nicht bei diesen „Alten" mitgezählt. Das Interview mit ihm führte Bernd Parisius. (Vgl. auch Fußnote 87).
13 Faust Band 2, 2.
14 ders. Band 2, 1.
15 Uriczek Band 1, 2. Das Gespräch führte Michael Zimmermann.
16 Cronenberg, Band 1, 2.
17 Wesel Band 2, 2.
18 Marga und Ernst Berger (Paarinterview) Band 5, 2 und Ernst Berger Band 1, 1.
19 Fromm Band 3, 1. Das Interview mit Horst Fromm führte Ulrich Herbert.
20 Kaiser, Band 3, 1. Das Interview mit H. Kaiser führte Michael Zimmermann.
21 ebenda.
22 Jabel Band 6, 1.
23 Wesel Band 2, 2.
24 Stoppok Band 1, 1.
25 Leibold Band 1, 1.
26 Kaiser: Band 1, 1, und Band 3,1.
27 Cronenberg Band 2, 1.
28 Heber Band 2, 1. Das Interview mit Reinhold Heber führte Michael Zimmermann.
29 Ernst Stecker, Band 1, 2.
30 Wesel Band 2, 2.
31 Heber 1, 1.
32 Faust 1,1.
33 Wesel 2, 2.
34 Fromm 1, 1.
35 Vgl. zu diesem Abschnitt Ulrich Herberts Fremdarbeiter-Aufsatz „Apartheid nebenan", in: Lutz Niethammer: „Die Jahre weiß man nicht, wo man die heute hinsetzen soll", a. a. O., S. 233 ff.

36 Wesel 3, 1.

37 Bergmann 4,1. Zitiert nach Ulrich Herbert, a. a. O., S. 236.

38 Walter Faust Band 3, 1.

39 Uriczek Band 2, 1. Ulrich Herbert differenziert in seiner noch unveröffentlichten Dissertation ebenfalls die unterschiedlichen Lebensbedingungen bei den ausländischen Arbeitern aus: zunächst zwischen den Zwangsarbeitern und denen, die wegen verlockender Arbeitsangebote freiwillig Arbeitsverträge unterschrieben; zwischen west- und südeuropäischen Arbeitern auf der einen Seite und Polen und Russen, die die große Mehrheit stellten, auf der anderen; zwischen Kriegsgefangenen und Zwangsarbeitern.

40 Cronenberg Band 2, 1.

41 ErbachBand 1, 2. (Vgl. auch Fußnote 170).

42 Wesel Band 1, 1.

43 Stoppok Band 1, 2.

44 Ulrich Herbert a. a. O., S. 245.

45 Klaus Woiwod, der selbst einer polnischen Familie entstammte: Band 1, 2. Das Interview führte Bernd Parisius.

46 Stoppok Band 1, 1.

47 Stecker Band 3, 1.

48 Cronenberg Band 1, 2.

49 Stoppok Band 1, 1.

50 Fromm Band 1, 2.

51 Woiwod Band 1, 1. und 2, 1.

52 vgl. deshalb Lutz Niethammers Aufsatz: Heimat und Front. Versuch, zehn Kriegserinnerungen aus der Arbeiterklasse des Ruhrgebiets zu verstehen, in: ders.: „Die Jahre . . .", a. a. O., S. 163—232.

53 Harenberg Band 2, 1. Das Interview führte Bernd Parisius.

54 ebenda.

55 Berger Band 2, 1.

56 Maas Band 2, 1. Das Interview führte Michael Clarke.

57 Erbach Band 1, 2.

58 Clarissa Leibold Band 1, 2.

59 Uriczek, Band 2, 1.

60 Fromm Band 1, 2.

61 Frau Berger im Paarinterview Band 5, 2.

62 ebenda Band 5, 1 und 2.

63 Kaiser Band 1, 1 und 4, 1.

64 Woiwod Band 1, 1 und 2.

65 Heber Band 2, 1.

66 Fromm 2, 1.

67 Maas Band 4, 1.

68 Gisbert Pohl, Kassette 1, 1.

69 Vogel Kassette 1, 2 und 3, 1.

70 Paul Keller, Kassette 1, 2.

71 Undine Raven, Kassette 2, 2. Vgl. Fußnote 167.

72 dieselbe, Kassette 1, 2.

73 Gerda Gehrmann Kassette 1, 2.
74 Heinz Geder, Kassette 1, 1.
75 Helmut Krämer, Kassette 3, 1 und 2.
76 Emil Oppeln Kassette 1, 1.
77 derselbe, Kassette 2, 1.
78 Heinz Geder, Kassette 1, 1.
79 Paul Keller, Kassette 1, 2.
80 Gisbert Pohl, Kassette 1, 1 und 4, 2.
81 Paul Keller, Kassette 1, 2.
82 Michael Zimmermann: „Ausbruchshoffnungen. Junge Bergleute in den dreißiger Jahren", in: Lutz Niethammer (Hg.): „Die Jahre . . .", a. a. O., S. 97—132.
83 ebenda, S. 98.
84 ebenda, S. 97 und 98.
85 Undine Raven Kassette 1, 2.
86 Heinz Geder, Kassette 1, 2.
87 Josef Paul, Jgg. 1924, Mutter Hausfrau, Vater Bergmann, Mitglied eines katholischen Arbeitervereins und der SPD; Lehre als Elektroinstallateur; schwere Verwundung im Krieg; städtischer Angestellter, CDU-Wähler; Kassette 1, 1. Das Interview führte Bernd Parisius.
88 Margit Jabel, Jahrgang 1922, Kassette 1, 1.
89 Herta Heimen, Jahrgang 1924, Stenokontoristin, BDM, 1945 Gewerkschaftssekretärin, 1948 aufgehört wegen Heirat (mit einem damals kommunistischen Betriebsrat, der 1954 zur SPD wechselte) und Kindern, später wieder in ihrem Beruf gearbeitet, 1978 Betriebsrätin; Kassetten 1, 1 und 2, 1 und 2.
90 Hans Müller, Kassette 2, 1.
91 Hans Müller, Kassette 4, 1.
92 Gisbert Pohl, Kassette 1, 2.
93 Paul Keller, Kassette 2, 1.
94 Emil Oppeln, Kassette 1, 1.
95 Hans Müller, Kassette 3, 2.
96 Klaus Waschkowiak, Kassette 2, 2.
97 Konrad Vogel, Kassette 3, 1.
98 Keller 1, 1 und 2, 1.
99 Hans Müller 4, 1.
100 Adolf Gerlach, Kassette 1, 1.
101 Gisbert Pohl 1, 1 und 1, 2 sowie bei einem Gespräch am Krankenhausbett.
102 Vgl. hierzu Lutz Niethammers Aufsatz „Heimat und Front", in „Die Jahre weiß man nicht, wo man die heute hinsetzen soll", a. a. O., S. 163-232.
103 Gerda Gehrmann 2, 1.
104 Heinz Geder 1, 2.
105 Konrad Vogel 1, 1.
106 Heinz Geder 1 2.
107 Gerda Gehrmann 1. 1.
108 Paul Keller 1, 1 und 3, 1.
109 Gisbert Pohl, Band 5, 2.

110 ebenda.

111 Herr und Frau Berger 5, 1.

112 Vgl. zu diesem Abschnitt Lutz Niethammers Aufsatz „Privat-Wirtschaft. Er-innerungsfragmente einer anderen Umerziehung", in: ders.: „Hinterher merkt man . . ., a. a. O., S. 17—106.

113 Heinz Geder 2, 1.

114 Gerda Gehrmann 1, 2 und 2, 1.

115 Jan Wesel 3, 1.

116 Gehrmann 2, 2.

117 Ernst Stecker 2, 2.

118 Hans Müller 4, 1.

119 Werner Jabel 3, 1 und Zusatzgespräch.

120 Klarissa Leibold 1, 1 und 1, 2.

121 Ernst Stecker 3, 1 und 3, 2.

122 Konrad Vogel 2, 1.

123 Alexander Stoppok 1, 1 und 1, 2.

124 Ernst Stecker 4, 1.

125 Werner Jabel Extraband.

126 Ernst Stecker 4, 1.

127 Jan Wesel 1, 1 und 2, 2.

128 Helmut Krämer bei Oppeln 3, 2.

129 Ernst Stecker 3, 1.

130 Adolf Gerlach 1, 1 und 2, 2.

131 Werner Jabel 4, 1.

132 Ernst Schulz, Jahrgang 1924, aus evangelischer Arbeiterfamilie, HJ, Kriegs-teilnehmer, Gefangenschaft, Rückkehr 1946, 1947 Eintritt in die IGM und die KPD, dort in verantwortlicher Position für Betriebs- und Gewerkschaftsfra-gen. Nach Rücksprache zitierte Äußerung in einem Seminar zur Nachkriegsge-schichte der Gewerkschaften.

133 Paul Keller 3, 1.

134 Gisbert Pohl 1, 1; 2, 1 und 4, 1.

135 Hans Müller 4, 1.

136 Gisbert Pohl 4, 1.

137 Paul Keller 4, 1 und 3, 1.

138 Helmut Krämer bei Oppeln 3, 2.

139 Gerda Gehrmann, 2, 2.

140 Klaus Gerber 1, 2.

141 Vgl. hierzu Uli Herberts Aufsatz „Die guten und die schlechten Zeiten", in: Lutz Niethammer (Hg.): „Die Jahre . . .", a. a. O., S. 67 bis 96.

142 Konrad Vogel 2, 1.

143 Werner Jabel 12, 1.

144 Mit ähnlichem Unverständnis gingen Linke meiner Generation — und ich selbst — nach der Studentenbewegung an den Versuch heran, frühere Formen der Arbeiterbewegung zu reinstallieren.

145 Konrad Vogel 1, 2.

146 Stecker 5, 1.

147 Konrad Vogel 2, 1 und 3, 2.
148 Erwin Fenne 2, 1. Dieses Interview führte Michael Zimmermann. Vgl. auch
    M. Zimmermann: „Geh zu Hermann, der macht dat schon". Bergarbeiterinter-
    essenvertretung im nördlichen Ruhrgebiet, in Lutz Niethammer (Hg.): „Hin-
    terher merkt man . . .", a. a. O., S. 277 bis 310, hier S. 290.
149 Werner Jabel, Gespräch v. 18. 11. 1983, Kassette 1, 1.
150 Paul Keller 3, 1.
151 Heinz Geder 3, 1.
152 Werner Jabel 3, 1 und Gespräch v. 18. 11. 2, 1.
153 Klaus Gerber 2, 1.
154 Konrad Vogel 2, 1 und 1, 2.
155 Stommeln, geboren 1917 in Schlesien, aus ländlicher, streng katholischer
    Arbeiterfamilie stammend, Lehre als Elektroinstallateur, abgebrochen wegen
    Dienstverpflichtung, Mitglied der HJ, als Flak-Helfer beim Rückzug einge-
    setzt; englische Kriegsgefangenschaft, Einsatz bei Aufräumarbeiten, nach Ent-
    lassung 1946 Arbeit als Landarbeiter, 1949 vom Arbeitsamt als Neubergmann
    ins Ruhrgebiet vermittelt, Mitglied der IG Bergbau, 1955 bei ersten Krisenzei-
    chen des Bergbaus Wechsel in den Stahlbereich, Mitglied der IGM, 1964
    Betriebsrat, freigestellt, 1978 Betriebsratsvorsitzender mit verschiedenen ande-
    ren Funktionen; 1951 Heirat, 3 Kinder; da sein Bruder heute in Polen lebt, fährt
    er manchmal dorthin. Die zitierte Äußerung machte Herr Stommel nach
    Beendigung des offiziellen Gesprächs.
156 Erwin Fenne, Interview von Michael Zimmermann, 2, 1 und 2, 2.
157 Erich Berger 3, 2.
158 Gisbert Pohl 2, 2.
159 Gisbert Pohl 2, 2.
160 Werner Jabel, Gespräch vom 18. 11. 1983, 1, 1 und 1, 2.
161 Erich Berger 3, 2.
162 Gisbert Pohl 2, 2.
163 ebenda.
164 Werner Jabel, Gespräch vom 18. 11. 1983, 1, 2.
165 Paul Keller 3, 2.
166 derselbe 3, 1 und 3, 2.
167 Undine Raven 2, 2. Das Interview führte Anne Katrin Einfeld.
168 Gisbert Pohl 5, 1; 2, 2 und 3, 2.
169 Werner Jabel, Gespräch vom 18. 11. 1983, 1, 2.
170 Willi Erbach, Jahrgang 1904, aus sozialdemokratischem Elternhaus, Schlos-
    ser, Gewerkschaftsmitglied seit 1919, im Krieg u.k. gestellt, Betriebsrat- und
    SPD-Mitglied seit 1945, Kassette 2, 1. Das Gespräch führte Uli Herbert.
171 Horst Fromm 2, 1.
172 Paul Keller 3, 1.
173 Heinz Geder 3, 1.
174 Paul Keller 3, 1.
175 Gisbert Pohl 2, 1; 3, 1 (auch 5, 1).
176 ders. 5, 1.
177 Konrad Vogel 4, 1.

178 Gisbert Pohl 3, 1.
179 Hannah Arendt: Besuch in Deutschland, 1950, in: „Befreiung", Heft Nr. 26, 12/1982, S. 17—36, Berlin (West) November 1982, zitiert nach „Hannah Arendt — Eine Emigrantin kehrt zurück." Manuskript Uwe Storjohann, Sendung des NDR vom 4. April 1984.

Über den Autor

Alexander von Plato, Dr. phil., geboren 1942, Studium der Philosophie, Germanistik, Politik und Soziologie in Berlin (West); wissenschaftlicher Mitarbeiter an der Fernuniversität Hagen.

CIP-Kurztitelaufnahme der Deutschen Biblithek

Plato, Alexander von:
„Der Verlierer geht nicht leer aus": Betriebsräte geben zu Protokoll/
Alexander von Plato. — Orig.-Ausg. — Berlin; Bonn: Dietz, 1984.

    (Dietz-Taschenbuch; 9)
    ISBN 3-8012-3009-0

NE: GT

Hrsg.: Lutz Niethammer,
Bodo Hombach, Tilman Fichter, Ulrich Borsdorf

"Die Menschen machen ihre Geschichte nicht aus freien Stücken, aber sie machen sie selbst"

Einladung zu einer Geschichte des Volkes in NRW

Mit Beiträgen von
Dirk Blasius, Ulrich Borsdorf, Franz-Josef Brüggemeier,
Gerhard Brunn, Dieter Dowe, Bernd Faulenbach, Dieter Friedrichs,
Ulrich Herbert, Bodo Hombach, Christoph Kleßmann, Arno Klönne,
Gottfried Korff, Heinz-Hermann Krüger, Annette Kuhn,
Ulla Lachauer, Alf Lüdtke, Martin Martiny, Hans Mommsen,
Lutz Niethammer, Klaus Novy, Holger Paul, Detlev Peukert,
Claudia Pinl, Alexander v. Plato, Heinz Reif, Ernst Schmidt,
Ute Schmidt, Michael Schneider, Rolf Peter Sieferle, Jutta Stehling,
Hans-Josef Steinberg, Bernd Weisbrod,
Hans-Jürgen v. Wensierski, Michael Zimmermann

268 Seiten · etwa 270 Abbildungen, davon 28 vierfarbig
broschiert 12,80 DM

 Verlag J.H.W. Dietz Nachf.